鎌倉殿と執権北条130年史

岡田清一

角川文庫
22897

プロローグ

深化する幕府政治史研究

治承四年（一一八〇）八月、伊豆国で武力蜂起した源頼朝が、鎌倉に入ったのは同年十月のこと。その後の混乱と朝廷対策のあと、一つの政治権力体として確立されていく。そして、この鎌倉の政治権力体は、元弘三年（一三三三）五月に崩壊する。この間、いわゆる鎌倉幕府は約百五十年間存続したことになるが、実はかなり複雑な流れのなかで推移している。

幕府の政治形態は、将軍独裁体制から執権政治体制を経て、得宗専制体制に移行したと考えられている。頼朝が急死する建久十年（正治元年・一一九九）正月までの十八か年あまりが、いわゆる将軍独裁体制の時期であり、それ以後、北条時政・義時が「執権」の地位を得て継承すると、泰時による合議制を基本とする執権政治体制が確立する。

この執権政治体制の特徴は、政治上の合議制にあり、具体的には評定衆と『関東御成敗式目』をもって、その成熟期ととらえている。このような理解は、鎌倉幕府の本質が武家の政権であるということにあり、多くの武士を合議制によって結集した執権政治体制こそが幕府政治の頂点ということになる。

ところが、「執権」の地位を継承した北条惣領家は、惣領家すなわち得宗であることを根拠に政権を掌握し、専制的な政治を展開する（得宗については第八章を参照）。これを、得宗専制体制という。しかし、モンゴル襲来を契機として御家人社会が動揺するなかで、この専制政治に反発する有力御家人や「悪党」が後醍醐天皇と結びつき、鎌倉幕府を倒壊させる。以上が、通説的な理解であろう。

これに対し、上横手雅敬氏は、十八か年の頼朝独裁制とその後の時政・義時の専制、さらには時頼以降の専制政治をみるとき、鎌倉幕府の政治史約百五十年間のなかで、泰時の約二十年間を除いて、そのほとんどの時期が独裁と専制であったとし、さらに、泰時の合議体制は、執権北条氏の権力掌握の弱さにも起因するのであり、得宗が将軍にとってかわる過渡期の例外的現象であったと指摘する。

それでは、頼朝以降の将軍権力はどのように理解すべきであろうか。頼家以降の将軍が北条氏の傀儡であったのか、それとも将軍としての権力を有していたのか、その権力基盤を考えることが必要であろう。

鎌倉幕府政治史の基本史料ともいうべき『吾妻鏡』は、文永三年（一二六六）七月の六代将軍宗尊親王の帰洛で終わっている。年代的にはなんとも中途半端な時期であり、それ自体が研究の対象ともなっているが、そのため、後期幕政史研究は、どちらかというと少なかったような気がする。しかし、『鎌倉遺文』の刊行が進むなかで、網羅的な編年史料を入手できるようになり（もちろん充分でないにしても）、後期幕政史研究は、多角的な方法論、多様な視点に基づく研究が増えている。たとえば、得宗専制の始期についても、鎌倉時代中期の「宝治合戦」や「深秘の御沙汰」か、鎌倉時代後期の「弘安合戦」や「平禅門の乱」、さらには「嘉元の政変」などがあり、都市鎌倉の研究を含めて、多くの見解が錯綜している。

　そうした研究は、『鎌倉遺文』四十二巻に続いて、補遺四巻、補遺東寺文書三巻・補遺尊経閣文庫文書一巻・索引五巻、さらにＣＤ‐ＲＯＭ版が刊行されるなかで、今後も飛躍的に深化、発展するであろうし、新たな段階を迎えているといってもよい。

　ところで、鎌倉時代の「国家」というものを考えた時、鎌倉時代を公武二元論的に把握する考え方がある。きわめて簡略に述べるならば、古代から近世への過度的段階として、古代の中心勢力である公家＝貴族階級が新興勢力の武士階級にその地位をうばわれ、ついには武士階級が日本全国を圧倒するというものである。したがって、公と武は相対立する存在ということになる。

　しかし、すでにかなり早い段階から、いわゆる権門体制論的な理解も打ち出されていた。これは公家・武家、さらに社寺という権門が相互補完の関係にあって、ともに国家権力の一部をそれぞれが分掌して一つの国家が成立していたというものである。ここでは、国家の頂点に「治天の君」(院や天皇)がおり、そのもとに朝廷や幕府、社寺が、行政や軍事・警察機能、そして宗教施策をそれぞれ担当していたことになる。公家権門と武家権門、社寺権門は対立するだけでなく、補完の関係にあったとされる。このような考えも影響してか、幕府政治の頂点として理解されてきた執権政治に対して異なる見解も示されている。その意味でも、鎌倉時代史研究は新たな局面を迎えているのである。

拡がる地域史研究

一九五〇年代後半の好景気のなかで、積極的な財政・金融政策は高度経済成長をもたらし、一九六〇年代には大規模施策として新幹線や高速道路の建設がつづいた。それにともなって、各地でおこなわれた発掘調査によって、多くの遺跡・遺構は破壊されたが、同時に多くの新しい知見を提供した。自治体史編纂が盛行するなかで、文献史料を中心とした資料整理が進められたが、発掘の成果が反映されることは少なかった。

しかし、一九七〇年代になって、新幹線・高速道路建設が延伸すると、「地方」の発掘成果は、これまでの成果とともに点から線になっていった。おりしも、「社会史」的視点が志向され、歴史地理学や人類学、民族学・民俗学・社会学・言語学・心理学等との学際的な交流も生まれると、金石文（きんせきぶん）や絵画、地名・景観・民俗資料などを活用する機会が増え、総合資料学が提唱されるまでになった。同時に、その研究対象となる「地域」に対する関心も深まり、「地域社会史」を冠した研究も現れるようになった。

　地域の歴史は「郷土誌（史）」と総称されたが、それを定着させたのは柳田国男（やなぎたくにお）といってよい。かれの「郷土史」は、地域住民による自己主張の一方法であり、中央の歴史に現れない「地方」の人びと＝常民（じょうみん）の生活を描くことでもあった。そこには、地域格差が進展するなかで、疲弊する農山村の復権運動が根底にあったともいえる。しかし、そうした情勢は時として「郷土」への過度の自尊心を生み付け、いわゆる「中央」との何らかの結びつきを発見して陶酔するという、狭隘（きょうあい）な「郷土史」に陥ることも多かった。

　こうした反省のなかから、戦後、「地方史」のことばが使われるようになったが、一部の「地方」史研究者は、「中央」史との関連で研究に臨み、その地域性、特殊性をみることなく、「中央」史の基準で地域を判断してしまったのである。ここには、それ以前の地方をある意味で差別した見方、あるいは「地方」史を「中央」史を理解するための手段と見なす傾向があったといえよう。それは塚本学（つかもとまなぶ）氏が説くように、上からの「文明開化」によって中央集権的な日本の近代化が進められた結果、「地方」の歴史を「中央」の歴史の波及と変容によって説く姿勢が根強くなったともいえる。

そうしたなかで、一九七〇年代以降、点と点が結びついて線となった発掘の成果は、「中央」「地方」を相対化し、誤解を招く言い方になるかも知れないが、上下の関係から横の関係に変化させたともいえよう。「中央」に対する（従属する）「地方」という理解ではなく、「地方」が日本を構成する諸地域の一つであるならば、「中央」もまた「地域」の一つであろう。こうして、「中央」史の対語としての「地方」史に対する反省のなかから、「地域」史の誕生を理解することができる。

本書の視点

この二つの研究史の成果は、本書を貫くものでもある。すなわち、北条氏＝鎌倉（中央）史だけでなく、地方（地域）＝御家人の歴史もまた同じように、あるいは多様に存在したことを意味する。本書では、あるいは必要以上に「地域」を意識した部分があるかもしれないが、北条氏と対立する御家人の特殊性と共通性、さらには地域性を理解することが、北条氏を含めた鎌倉幕府の政治史像をより豊かに、そして、より具体的なものにするのである。

同時にそれは、結果的に敗れた者の歴史を描くことでもある。なぜ、敗れたのか、敗者の存在とその特質を理解することで北条氏の意図もより理解できるし、新たな北条氏像を描くことができよう。本書の意図はここにある。本書の視点を、ときに意識しつつ読んでくだされたなら望外の喜びである。

なお、本書の原型は、昭和五十八年（一九八三）に刊行された『鎌倉の豪族Ⅱ』（かまくら春秋社）にある。本書は、畏友野口実（ゆうのぐちみのる）氏の紹介を得て刊行されたものであるが、平成十三年（二〇〇一）、一部加筆のうえ、『北条得宗家の興亡』と題して新人物往来社から再刊された。その後、既述のように『鎌倉遺文』の刊行が進むなかで、それまで手薄であった鎌倉幕府後半の研究が、各地で進められる考古学的発掘の成果と相まって飛躍的に深化、発展してきたといって過言ではない。

そうした研究の成果をもとに、旧版を原型としつつも大幅に加筆・補訂して再構成したものが本書である。それらの研究成果のすべてを取り入れたと断言できず、誤読・誤解もあるやも知れないが、その判断は読者にお任せせざるをえない。

目次

プロローグ―――3

第一章　梶原氏と比企氏―――17
一　鎌倉殿頼朝死後の政局
（一）将軍頼家と「政所」―――18
（二）鎌倉殿頼家と十三人―――23
二　梶原景時の失脚
（一）頼朝と景時―――29
（二）景時の没落―――37
三　比企氏の盛衰
（一）源家と比企氏―――44
（二）比企氏の所領―――48
（三）比企氏の没落―――52

第二章　北条時政と畠山重忠―――61
一　時政と執権
（一）時政の実態―――62
（二）時政は初代執権か―――71
二　元久二年の政変と牧方
（一）畠山重忠の謀殺―――77
（二）武蔵国留守所惣検校職―――81
（三）時政の失脚―――89

第三章　北条義時と和田義盛―――97
一　義時と「執権」制
（一）義時の失政―――98

(二) 義時の政所別当就任と実朝の意欲 102
二 和田合戦
(一) 和田義盛と北条義時 112
(二) 和田一族の滅亡 120
(三) 和田合戦の意義 125
第四章 北条義時と後鳥羽上皇 135
一 後鳥羽上皇と将軍実朝
(一) 後鳥羽天皇の苦悶 136
(二) 実朝と義時 140
(三) 実朝の暗殺と三寅の下向 148
二 承久合戦
(一) 都鄙の衝突 163
(二) 乱後の処置 175
第五章 北条泰時の政治 181
一 執権泰時の誕生
(一) 伊賀氏の事件 182
(二) 公文所の開設と家法の制定 193
二 合議制の光と陰
(一) 幕府の移転と評定衆 204
(二) 関東御成敗式目の成立 208
(三) 執権・連署制の実態 216
第六章 北条時頼と三浦一族 223
一 寛元の政変
(一) 泰時の死 224

(二) 執権経時から時頼へ 227
二 宝治の政変
(一) 源家と三浦氏 234
(二) 三浦氏の滅亡 242
三 北条時頼の政治
(一)「寄合」の発生 253
(二) 専制と御家人保護 258
第七章 北条時宗と安達泰盛 271
一 時宗政権とモンゴルの襲来
(一) 時宗政権の誕生 272
(二) 文永の異国合戦 276
(三) 戦後の警備体制 287
(四) 弘安の異国合戦 291
(五) モンゴル襲来と鎌倉御家人 294
二 安達氏と鎌倉幕府
(一) 源家と安達氏 298
(二) 安達氏と北条氏 303
第八章 北条貞時と安達氏 321
一 貞時の政治
(一) 執権貞時の政治 322
(二) 弘安合戦 326
二 執権から得宗へ
(一) 頼綱の専権 345
(二) 平頼綱追討と貞時の専制 351
(三) 嘉元の政変と得宗専制 360

第九章　北条高時と足利氏・新田氏――365
一　北条高時と後醍醐天皇
（一）高時と寄合――366
（二）幕末期の社会と後醍醐天皇――371
二　足利氏と鎌倉幕府
（一）足利氏と足利荘――379
（二）足利氏と源頼朝・北条氏――385
三　足利高氏と鎌倉幕政
（一）得宗専制と足利一族――393
（二）足利高氏の倒幕行動――395
四　新田氏と鎌倉幕府
（一）新田氏と鎌倉初期幕政――398
（二）新田義貞の鎌倉攻略――408

補論　幕府と官僚――413
（一）大江氏――414
（二）三善氏――418
（三）二階堂氏――420
エピローグ――427
あとがき――435
主な参考文献――439

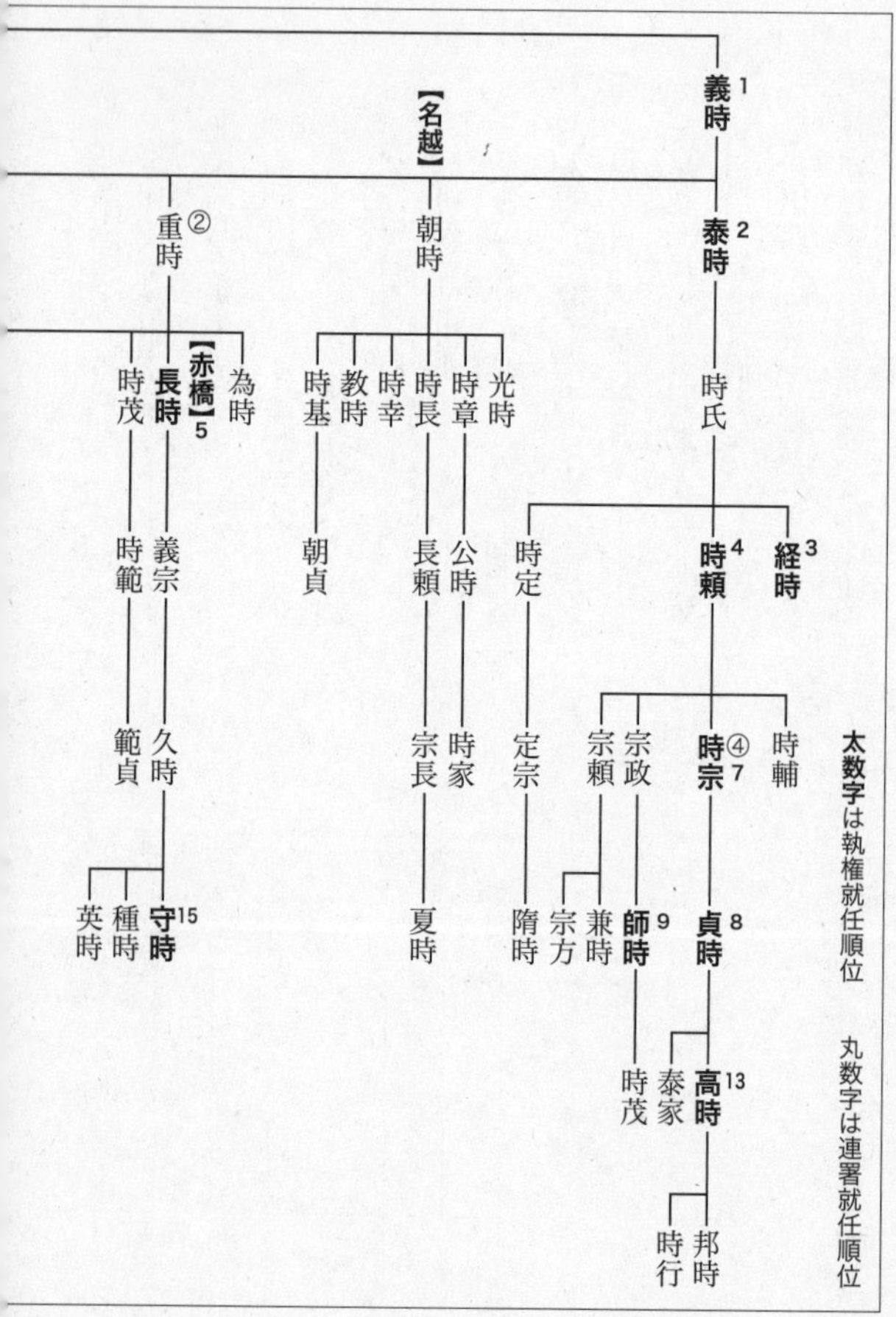

太数字は執権就任順位
丸数字は連署就任順位

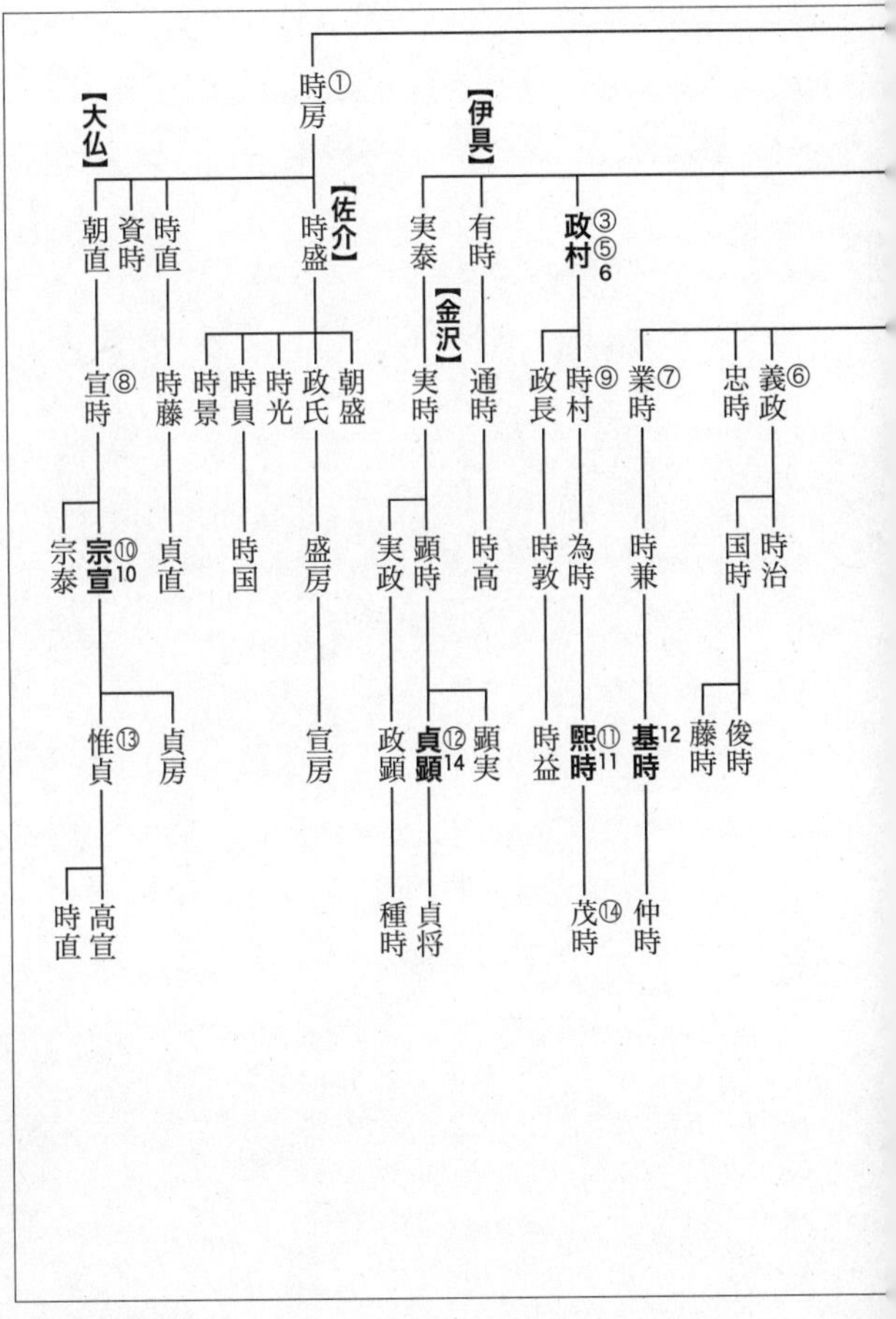
時房①
【大仏】
【佐介】
【伊具】
朝直
資時
時直
時盛
実泰
有時
政村③⑤6
【金沢】
宣時⑧
時藤
時景
時員
時光
政氏
朝盛
実時
通時
政長
時村⑨
業時⑦
忠時
義政⑥
宗泰
宗宣⑩10
貞直
時国
盛房
実政
顕時
時高
時敦
為時
時兼
国時
時治
惟貞⑬
貞房
宣房
政顕
貞顕⑫14
顕実
時益
熙時⑪11
基時12
藤時
俊時
時直
高宣
種時
貞将
茂時⑭
仲時

図1　北条氏略系

第一章　梶原氏と比企氏

一　鎌倉殿頼朝死後の政局

（一）将軍頼家と「政所」

「政所」の吉書始め

建久十年（一一九九）正月二十六日、朝廷は、源頼家に頼朝の遺跡を継承して諸国守護を執行すべき宣旨を下した。翌二月六日、吉書始めの儀式が政所で行われた。この儀式に参列した人びとは、北条時政、大江広元、三浦義澄、源光行、三善善信（康信）、八田知家、和田義盛、比企能員、梶原景時、二階堂行光、平盛時、中原仲業、三善宣衡の十三人、時政、義澄、知家、義盛、能員、景時ら有力御家人六人と、七人の事務官僚（「文士」とよばれる）が列座していた。御家人と事務官僚がほぼ拮抗しているといってよいだろう。

もっとも、この『吾妻鏡』の記述は必ずしも正確ではない。政所という組織は、本来、親王や従三位以上の公卿が設置できた家政機関で、職員を家司といった。このときの頼家の位階は従五位下であって、政所を開設できる地位にはなかったから、厳密には頼家の政所ではない。しかし、幕府の機能を維持するため、実務遂行の組織は存在し、職務は継続して続けられた。それが、次の下文である。

【A】下す　河内国氷野領住人
　女房大宮局をもって預所ならびに地頭職となすべきこと。
右、くだんの預所の所当年貢は、故大将家（頼朝）の御時、天王寺四門持経十二口供料の用に宛てられ、残りは同寺三个院小人等の養料たるべきの由、定め仰せられおわんぬ。然らば、かの局、預所・地頭両職を執行し、十二口持経者供料と云い、三个院小人等の養料と云い、ことに信心の沙汰を抽んじ、合期の勤済を致すべし。然らばすなわち、かつは太子聖憲の照鑑に叶い、かつは先閤の菩提の御資たるか、てえれば、鎌倉中将殿（頼家）の仰せにより、かの職に補任することくだんのごとし。住人承知し、あえて違失することなかれ。もって下す。
　正治元年六月十日　前掃部允惟宗在判
　　散位藤原朝臣在判（二階堂行政）
　　兵庫頭中原朝臣在判（大江広元）

これを、頼朝晩年の政所下文と比較してみよう。

【B】前右大将家政所下す、左兵衛尉惟宗忠久。

早く大隅・薩摩両国の家人奉行人として沙汰致すべき条々のこと。

一、内裏大番を催し勤ましむべきこと。

右、かの国の家人等を催し勤仕せしむべし。

（中略）

以前の条々、仰するところくだんのごとし。そもそも忠久、事を左右に寄せ咎無きの輩を冤凌（貶めること）すべからず。また、家人ら優恕（宥恕・寛大なこころで赦すこと）を誇るのあまり奉行人の下知を対捍（命令の拒否）すべからず。惣じて不慮のこと出来の時、おのおの勤節を致すべし。もって下す。

建久八年十二月三日　案主清原

令大蔵丞藤原（花押）（武藤頼平）　知家事中原

別当前因幡守中原朝臣（大江広元）

散位藤原朝臣（花押）（二階堂行政）

建久八年（一一九七）に下された【B】が、発給機関である「前右大将家政所」を明記するのに対し、頼朝没後の正治元年（一一九九）に下された【A】にはそれがない。にもかかわらず、署判する人物には重複が多い。たとえば、【A】の兵庫頭中原朝臣、【B】の前因幡守中原朝臣はともに大江広元である。大江維光を父とする広元は、外祖父中原広季の養子となったために長く中原を名のっており、大江姓に復するのは建保四年（一二一六）のこと。なお、『尊卑分脈』（南北朝時代、洞院公定らによって企画・編纂された系図集）によれば、建久七年正月に兵庫頭に任命されたというが、【B】に前因幡守とあるので、あるいは建久九年の誤りなのか、【B】を作成した案主清原か知家事中原が誤ったものか判然としない。

【A】【B】に共通する散位藤原朝臣は、二階堂（藤原）行政のこと。行政は、建久三年六月以降に発給された政所下文や関東御教書に「令（次官）民部少丞藤原」として確認され、翌年からは別当「散位藤原朝臣」として記載される。【B】の令（次官）大蔵丞藤原は藤原景頼の猶子（相続権のない養子）で、内裏や院御所の警備を担当する武者所に属したため武藤を称するようになったといわれる頼平である。頼平が「令」として確認できるのは建久年間（一一九〇～九九）だけであり、その後は二階堂行政とその子孫が次官（令）を継承する。【A】の前掃部允惟宗はわからない。【B】の案主・知家事ともに政所の下級役人で、文書や記録を司るなどの業務を行った。

「政所」は開設されたか

政所から発給される下文【B】に署判した別当以下の官人が、【A】の下文にも名を連ねていることから、正式に「政所」が開設されていなくとも、その機能は維持されていたことがわかる。

なお、杉橋隆夫氏は、承元元年（一二〇七）十二月に発給された【A】形式の下文を、建保四年（一二一六）八月十七日の政所下文では「去る承元元年十二月日当家政所下文」と記述していることから、【A】形式の下文も「政所」発給であることを指摘しつつ、正式に開設されていない「政所」段階の文書を「将軍家略式政所下文」と仮称している。筆者もまた杉橋氏の指摘を首肯しつつ、拙著『北条義時』でもそのように記述している。

近年、菊池紳一氏は頼家の「政所」吉書始めに「政所の職員」ばかりでなく、有力の御家人も列席していることから、将軍家の家政機関としてではなく「鎌倉政権内部の機関」として政所は存在したと指摘し、この「政所」は「公家（朝廷の意か。筆者注）には認められないものであった」が故に、「公的な性格を持つ正規の政所下文は発給されず、政所職員連署の下文が発給された」と述べる。

「正規の政所下文」を発給できない「鎌倉政権内部の機関」として「政所」があったとは、わかりにくい論法であるが、要は正規の政所でないということであろうか。しかし、杉橋氏も(筆者もであるが)政務の執行機関として「政所」(と呼称したかは不明)の存在を否定しているわけではない。

ただ、ここでは「正規の政所下文」にしても「政所職員連署の下文」＝将軍家略式政所下文にしても、時政が署判した事例は一つも確認できないことを指摘しておきたい。それでいて、この間、時政は単独署判の関東下知状を発給しつづけており、政権のトップとして幕政を担当していたことになる。「政所」の別当でもない時政にそれができたのは、ひとえに将軍頼家の外祖父という立場しか考えられないし、それが「政所」別当の大江広元をも凌駕(りょうが)するものであった。その意味で、この時期の幕府は未成熟な政治権力体と評価できよう。

(二)鎌倉殿頼家と十三人

「合議制」は始まったか

新政権が発足して間もない四月十二日、『吾妻鏡』は以下のような、ある状況の変化を載せている。

諸訴論のこと、羽林(うりん)(頼家)、直(じか)に決断せしめ給うの条、これを停止せしむべし。

向後、大少のことにおいては、北条殿（時政）、同四郎主（義時）ならびに兵庫頭広元朝臣、大夫属入道善信、掃部頭親能在京、三浦介義澄、八田右衛門尉知家、和田左衛門尉義盛、比企右衛門尉能員、藤九郎入道蓮西（安達盛長）、足立左衛門尉遠元、梶原平三景時、民部大夫（二階堂）行政ら、談合を加え計らい成敗せしむべし。その外の輩、左右無く訴訟のことを執り申すべからざるの旨、これを定めらると云々。

すなわち、頼家が訴訟に直接判決を下すことを止められ、北条時政ら十三人の合議に決裁が委ねられることになったと理解されてきた。

『吾妻鏡』には、頼家の傍若無人の行動を詳しく記し、将軍としての器量がなかったかのような記述が多い。しかし、『吾妻鏡』という史書は、鎌倉時代後・末期、北条氏およびその周辺によって編纂されたという成立上の性格をもっている。かれが年少気鋭であったとしても、従来伝えられる頼家像には、もう一度考えなおすべき部分があるように思われる。

そうしたなかで、五味文彦氏は『吾妻鏡』正治元年四月十二日条は、頼家の親裁を否定したものではなく、頼家に「訴訟のことを執り申す」ことのできる対象者を十三人に限定したものと指摘した。さらに藤本頼人氏は、『吾妻鏡』四月十二日条の「諸訴論のこと、羽林、直に決断せしめ給うの条、これを停止せしむべし」は国史大系本『吾妻鏡』の記述であって、吉川家本『吾妻鏡』では、「諸訴論のこと、羽林、直に聴断せしめ給うの条、これを停止せしむべし」とある点を重視する。

いろいろな『吾妻鏡』

『吾妻鏡』の原本は存在せず、何種類かの写本があるにすぎない。しかも、それらの写本は全て揃っておらず、徳川家康が収集、補訂したもの（「北条本」といわれる）を底本として刊行されたものが「国史大系」本であるが、誤りがないわけではない。

そうした写本のなかで、史料的価値が高いといわれるものが「吉川家本」である。これは、大内氏の家臣である右田弘詮が、収集した写本とその後に入手した欠落分を、大永二年（一五二二）になって全四十八帖に「復元」したものである。この「写本」は大内氏が滅亡すると、毛利元就の子吉川元春の手にわたり、それ以降、吉川家に伝えられたので「吉川家本」と称される。

こうした『吾妻鏡』の諸写本に対する信憑性を踏まえ、藤本氏は以下のように指摘する。すなわち、国史大系本には「直に決断」とあり、最終的な「決断」（決定）を下す権限が停止されたと理解できる。ところが、その後半には「その外の輩、左右無く訴訟のことを執り申すべから」ずとあって、十三人以外は頼家に「直に訴訟のことを執り申す」ことができないというだけであって、頼家が訴訟に関わることを否定していない。これに対して「吉川家本」では、「直に聴断」とあって頼家の「聴断」＝訴訟を直接聞き容れる対象を十三人に限定しただけで、それ以外からは聞き届けないということだから、頼家の親裁権を否定したものでない、というのである。これを「訴訟上申制」と記述しよう。

頼家と御家人・行政官僚との相克

ところが、十三人の「訴訟上申制」が決定された直後、梶原景時と中原仲業は、小笠原長経・比企時員・中野能成らが鎌倉内で狼藉を働いても罰してはならず、かれらのほかは、特別の指示がなければ、頼家の御前に参ることは許可しない、と政所に指示したのである。頼朝以来の重臣による「訴訟上申制」に頼家が反撥し、新たな特権をもった側近集団を作り上げようとしているようにも見られる。

さらに同年十二月、頼家は政所に諸国の大田文を提出させ、記載される御家人の所領高を僧源性に計算させている。その目的は、頼朝の挙兵以来、勲功賞として与えられた所領が五百町（約五百ヘクタール）を超える御家人から超過分を没収し、所領をもたない側近・御家人に与えようとしたのである。この強硬な、抑圧的手段に、多くの宿老たちが反対したことはいうまでもない。

御家人にとって所領とは、まさに「一所懸命」、命を懸けて手に入れたものであったから、頼家の施策は大きな変更であった。もちろん、年少の頼家でも所領の重要性は理解していたろう。それを強行しようとしたところに、頼家の意気込みを読み取ることができる。

すなわち、頼家は宿老・重鎮たちの勢力基盤である所領を削減し、所領をもたない御家人に分け与えることによって、御家人の基盤を均一化しようとしたのではないか。それは、鎌倉殿と御家人の経済的・軍事的基盤の差を明確にするとともに、幕政が宿老・重鎮たちの権力争い、政争の場になることを避けようとしたと考えるのは読み過ぎであろうか。

もし、これが「読み過ぎ」でなく肯定できるならば、頼家は父頼朝の時代とは異なる現状を理解していたとみることができる。頼朝の独裁制は、頼朝自身の器量が根元（こんげん）にあった。しかし、頼家は父と同じ器量を持ちえないことに気づいたのではないか。気づいたからこそ、あるいは鎌倉殿としての自覚を持ちすぎたために、強硬な政策をとらざるをえなかったのではなかろうか。

頼家への反撥

しかし、頼家のこの強硬な方策は裏目にでた。かれの施策に反対したのは、三善善信であった。善信は、京から鎌倉に下った行政官僚のトップの一人である。だが、たとえば善信が地頭に任命された備後(びんご)国太田荘(おおたのしょう)（広島県世羅(せら)郡）はそれだけで六百十三町もあり、優に五百町を上まわっていた。それは、大江広元や中原親能(ちかよし)も同じであった。かれら行政官僚も、多くの所領を与えられており、所領に関しては、有力御家人と何ら異なる点はなかったのである。

頼家の強行策は、将来対立する可能性のあった有力御家人と行政官僚たちの利害を一致させることになった。かれら有力御家人と行政官僚たちにとって、頼家に頼朝のような強力な権限を持たせることは、どうしても受け容れられなかったのである。そして、そのためには、頼家の側近勢力をくじくことはもちろん、頼家の後見勢力が強まることも阻止しなければならなかったのである。

二　梶原景時の失脚

（一）頼朝と景時

梶原郷の原景

梶原氏は、その苗字が示すように、相模国鎌倉郡梶原郷を本貫地（本籍地）とする武士である。『鎌倉市史』によれば、梶原郷は平安時代、東は尺度郷、南は鎌倉郷、西は片瀬郷、北は玉輪荘に囲まれた地域であり、平安時代末期には山内荘に組みこまれていたという。現在の鎌倉市梶原附近である。

梶原氏は、大庭氏や長尾氏と同じように桓武平氏の流れ、鎌倉氏族である。その系譜は、『尊卑分脈』や『続群書類従』に収められた「三浦系図」によって知ることができる。しかし、この二つの系図は異同がはなはだしく、不明な点も多い。

確かに源家との関係は古く、源義家の郎等として東北で清原氏と争った後三年の合戦に従った「相模の国の住人鎌倉の権五郎景正」はその先祖であろう。この景正は、長治年間（一一〇四〜〇六）、高座郡鵠沼郷（神奈川県藤沢市）の開発を行い、永久五年（一一一七）、この地を伊勢神宮に寄進した。こうして大庭御厨が成立し、景正の子孫が下司職を相伝したために大庭氏を名のるようになった。この大庭御厨は、鵠沼郷を中心として、東は境川（藤沢市を南流する小河川）、南は相模湾、西は小出川（茅ヶ崎市）や寒川神社（寒川町）、北は大牧崎（不明）を境とする九十五町ほどの神領であった。この大庭御厨の東方に梶原郷は位置していた。

おそらく、大庭御厨を相伝した景正の子孫は、さらに東の境川を越えて梶原郷に進出、開発を進めていったと思われる。しかし、『鎌倉市史』が記すように、梶原郷が山内荘に組みこまれていたとするならば、山内荘の開発領主山内氏との軋轢も充分想像できる。梶原氏の開発はきわめて制約されたものであり、何らかの対応策を考えざるをえない状況下にあったとみなければならない。

頼朝との出会い

治承四年（一一八〇）八月十七日、源頼朝は伊豆国の目代（国司の代官）である山木兼隆を急襲すると、三浦一族と合流するため、石橋山に陣した。しかし、大庭景親を中心とする三千余騎が頼朝の行く手をはばんだのである。二十三日、景親の攻撃をうけて敗れた頼朝は「杉山」に逃れ、翌日さらに追撃をさけて、後方の山中へと逃れざ

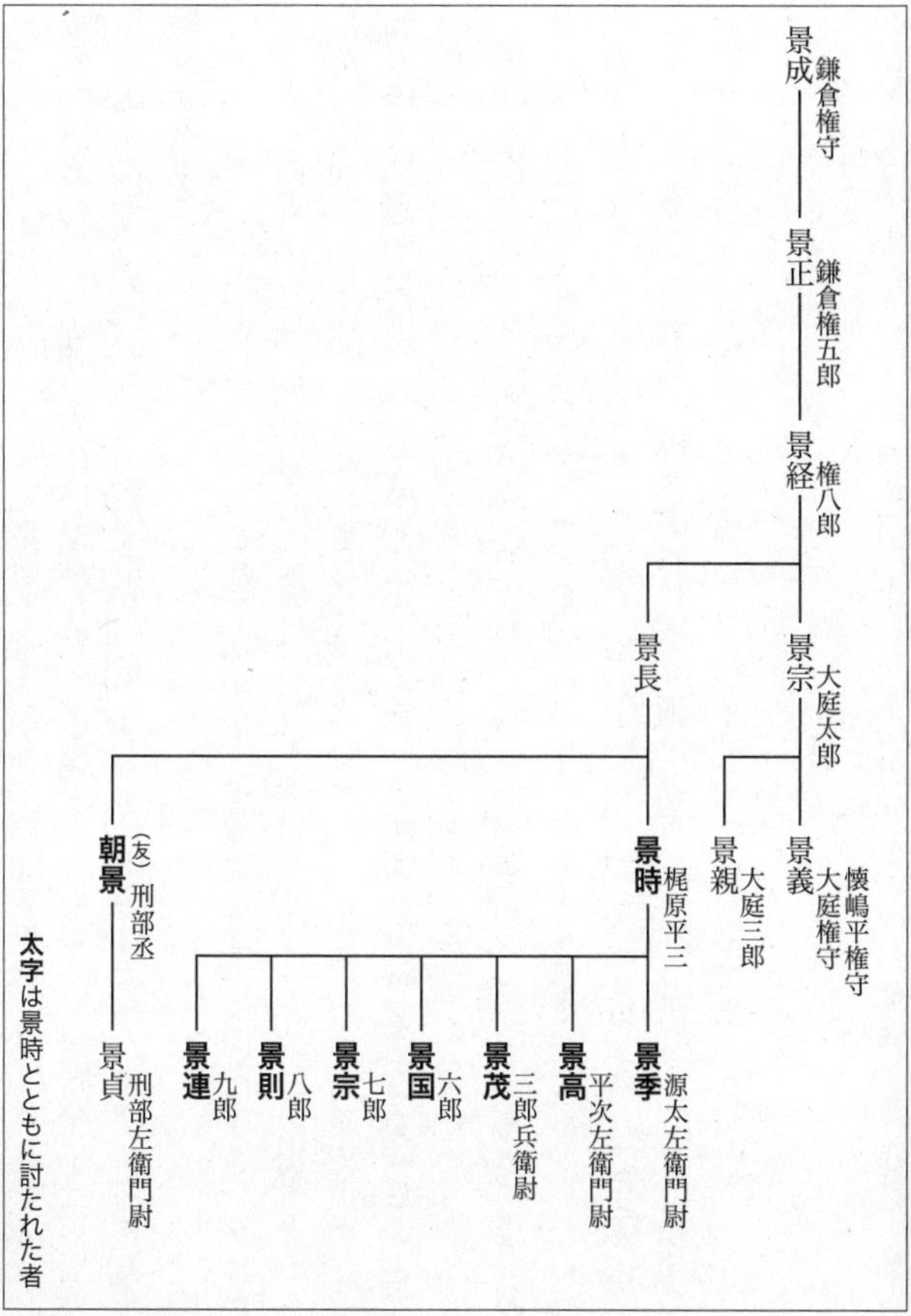

図2　梶原氏略系
（『尊卑分脈』「三浦系図」〈『続群書類従』第六輯上〉等に拠る）

るをえなかった。頼朝とともに敗れた北条時政の嫡子宗時は、伊東祐親の軍勢に包囲されて討ち死に、工藤茂光は進退かなわずに自害、また時政・義時父子は箱根の湯坂路を越えて甲斐国に逃れ去った。土肥実平とともに山中に隠れた頼朝も、きわめて危険な状況下にあった。

しかし、頼朝が潜んでいるのを知りながら、景親勢を他の山中に導き、かれを助けようとした者がいた。梶原景時である。『源平盛衰記』では、大杉の根もとの空洞のなかに隠れている頼朝を知りながら、景時が助けたことになっているが、もとより真偽のほどは確かではない。だが、石橋山の戦いが頼朝と景時を結びつけたことは事実である。

景時が命令により、頼朝の面前に現れたのは、翌治承五年（一一八一）正月のこと。かれは、「文筆に携わらずといえども、言語を巧みにする武士」であったため、頼朝の意にかなったと『吾妻鏡』は記している。この記述は、好意的な表現とは言いがたく、『吾妻鏡』編纂時の景時に対する評価とも考えられるが、これまで頼朝の周囲に集まった多くの東国武士とは異なる才能をもっていたのであろう。

能吏景時

たとえば、寿永三年（一一八四）正月、木曾義仲を滅ぼした後、源範頼・義経、それに安田義定らが飛脚を鎌倉に進め、その戦況を頼朝に報告するということがあった。ところが、その飛脚は単なる戦果だけを報告したのであろう。頼朝がくわしい戦いの様子を問いただしても、誰ひとりとして答えることができなかった。その直後、梶原景時の使者が鎌倉に到着した。その使者は、合戦の状況をくわしく書き記した報告書を持参していたため、頼朝は景時の処置にたいへん感心したというのである。

おそらく、かれの報告書は、御家人の功績のみならず、戦況をも詳しくまとめたものであったのだろう。景時のこのような行動・配慮がかさなって、逆に他の御家人から疎まれるようになったことは確かである。

また、かれの才能は和歌にも発揮された。頼朝が上洛する途中、遠江国橋本宿（静岡県湖西市）に到着したときのことである。多くの遊女が頼朝の周辺に集まってきたので、頼朝は微笑みかけて、「はしもとの君になにをかわたすべき」（橋本宿にいる貴女に何を差し上げたら良いのだろうか）と上の句を詠んだところ、即座に景時が、「ただそま山のくれであらばや」（何もいらないから早く「そまを側に掛けて」杣山が暮れれば良いのに）と下の句を詠みたしたのである。『増鏡』（十四世紀後半に成立した歴史物語）の作者は、二人の関係を、なんとわけへだてのない主従であろうか、と評している。

景時は、側近官僚的な要素を多くもった武士であったが、東国武士のひとりとして武芸にも優れていた。寿永二年（一一八三）の暮れ、謀叛の疑いがあるとして、上総・下総両国に大勢力を有し、両総平氏の族長とも理解される上総権介広常が暗殺されるという事件が鎌倉でおこった。この広常殺害について、慈円の『愚管抄』は、

　景時は、広常と双六を打っていたが、頃合いをみはからって広常を斬り殺した。
　これは景時の高名である。

と記している。いわゆる景時は、文武両方に優れた武士であったといえる。やはり『愚管抄』が、景時を評して頼家の「一ノ郎等」とか「鎌倉ノ本体ノ武士」と記しているのも、もっともな評価なのである。

侍所別当に就く

侍所の長官には、その設置以来、和田義盛が就任していた、ところが建久三年（一一九二）、梶原景時は偽って義盛から別当職を借りながら、これを返さず、ついに景時が侍所の別当、義盛が所司（次官）ということになってしまったと、『吾妻鏡』は記している。しかし、侍所別当という要職が当事者間で貸し借りできるものでもない。景時が適任であると、頼朝が判断したからに他ならない。おそらく、別当職就任後の

景時は、以前にもましてその職務に忠実であったろう。

景時の能力を重くみた頼朝は、かれをいろいろな面に起用しはじめた。寿永三年(一一八四)二月、頼朝は在京中の景時と土肥実平に特使を派遣し、播磨・美作・備前・備中・備後五か国を守護するように命令した。これだけでは二人の分担がわからないが、九条兼実の日記『玉葉』には、同年六月、平家勢が備後国の「官兵」、具体的には実平の子早川太郎の軍勢を追い散らしたため、播磨国の景時に命じて備前国まで進撃させたことが記されている。他の史料とも勘案すれば、景時は播磨・美作二か国の「守護」を担当していたことがわかる。日本中世史の泰斗佐藤進一氏は、このときをもって景時が播磨・美作二か国の守護に任命されたと考えている。

また、景時の弟朝景も、文治元年(一一八五)には土佐国に派遣され、国内の治安の乱れの鎮圧にあたったという。「守護」に就いたと考えられる。景時のみならず梶原一族が頼朝に重用されていたことがうかがわれる。そして、ついに頼朝は、景時を嫡子頼家の後見に選んだのである。

頼家の傅

頼家は、寿永元年(一一八二)八月十二日、頼朝の長子として誕生した。母は、北条政子である。比企尼の娘で、河越重頼の妻が「乳付」をしたが、その後、比企尼の娘である平賀義信の妻が乳母になっている。さらに、比企尼の養子である比企能員の娘が頼家と結婚しているから、比企一族が頼家の後見的立場に選ばれたことは確実である。そして、『愚管抄』には、梶原景時が「メノト」に選ばれたとも記されている。景時の妻が乳母に選ばれたため「メノト」=乳母夫と記されたのか、あるいは「メノト」=傅（幼主のおもり役）に選ばれたかであろうが、景時の妻については確認できないので、後者と理解しておきたい。いずれにしても頼朝は、頼家の後見に比企一族と梶原景時を起用したのである。

だが、景時が頼朝に、そして職務に忠実であり、頼朝の独裁的政治体制をささえる重要な役割を果たせば、それだけ他の御家人とのあいだに摩擦が生じることになった。同じく慈円が『愚管抄』に、

鎌倉幕府の第一の郎等と思われた景時は、やがて傅にも選ばれたが、たいへん専横的になり、つぎつぎと他の御家人を軽んずることがあった。そのため、他の御家人から訴えられ、ついには景時を討とうとしたため、国を出て上洛する途中、殺されてしまった。

と記して、景時追放の要因を的確にとらえているのも興味深い。

（二）景時の没落

結城朝光のひと言

正治元年（一一九九）十月二十五日、鎌倉の御所内で結城朝光が、

「忠臣は二君に仕えず」とは良く聞くことばであるが、とくに前将軍頼朝公から厚恩を蒙った者であるならば、なおさらであろう。前将軍が亡くなられたとき、御遺言があったので出家遁世しなかったが、今にして思えば後悔してならない。今の世情をみると、薄氷を踏む思いがしてならない。

と、頼朝をしのんで、他の御家人に話すことがあった。これを聞いた人びとも涙を禁じえなかったという。

ところが翌々日、御所に仕える女房阿波局が、一昨日の朝光の発言を梶原景時が聞きつけ、朝光が謀叛をくわだてていると頼家に讒言、朝光は殺されることになっていると、朝光に告げたのである。驚いた朝光が親友の三浦義村に相談したところ、義村の返答は、

このようなことは、はっきりと決着をつけるべきだ。しかし、弓箭でもって勝負を決しようとすると国の乱れを招くことになりかねない。とりあえず宿老たちを集めて談合することにしよう。

ということだった。そこで、和田義盛と安達景盛を呼び、朝光のことを話したところ、同志を募って景時糾弾の連署状をつくり、頼家に申し入れることになった。公事奉行人のひとり中原仲業はかねて景時をうらんでいたので、かれが景時糾弾の趣意書を書くことに決定、その日はこれで解散した。

景時弾劾の訴状

翌二十八日、午前十時ころには早くも千葉常胤・三浦義澄・畠山重忠・小山朝政・和田義盛など六十六人の御家人が鶴岡八幡宮の廻廊に集まった。梶原景時弾劾の一味同心の誓いをたてていると、仲業が景時弾劾の訴状を持参した。その後、全員の署判を加えて、和田義盛と三浦義村が大江広元に手わたし、頼家に取り次いでくれるように要請した。

だが、十日余りすぎても、何の音沙汰もなかった。広元としてはまるく収めようと

したのだろう。しかし、義盛はつめ寄って、

あなたは関東の耳目として、関東で永年すごしてきた。景時ひとりを怖れて、われわれ多くの御家人の不満を放っておくつもりなのか。

と強談判におよんだのである。広元もその激しい態度におされたものの、「景時を怖れているのでは決してない。ただ景時の能力の損失を惜しんでいるのです」と応える。さらに義盛が、「将軍に申し上げるつもりがあるのかどうか、今、はっきりと返事を承りたい」とつめ寄ると、広元もついに頼家に取りつぐことを承諾せざるをえなかったのである。

景時の敗訴

十一月十二日、大江広元が梶原景時弾劾の訴状を頼家に取りついだところ、頼家は即座に景時の弁明を求めた。しかし、景時は翌日になっても陳述せず、一族を引きつれて相模国一宮（神奈川県寒川町）の所領に引きあげてしまった。おそらく、幕府の裁判所で景時の陳述が行われるべきであったのだろう。

当時の裁判は当事者主義であったから、当事者同士が法廷で争い、陳述できなくな

った者が敗訴となる。したがって、景時が陳述しなかったことは、景時が自身の非を認めたことになってしまうのである。

十二月九日、いったん鎌倉にもどった景時であったが、十八日には景時の敗訴が決定した。景時に鎌倉追放が申しわたされ、かれの鎌倉の屋敷は取り壊されて鎌倉二階堂の永福寺に寄進された。さらに、かれのもつ播磨国の守護職も没収されたらしく、小山朝政が新しい守護職に任命された。

相模国一宮に城郭をかまえて引き籠もった景時は、翌年正月十九日、子息たちを引きつれて京都へと出発した。かれらの出発を聞いた北条時政・大江広元・三善善信らは、翌日、御所に集まって景時追討を決定、三浦義村・比企兵衛尉らが追撃のために派遣された。だが、景時一行は上洛の途中、駿河国清見関（静岡市清水区）近くで周辺の武士たちに発見され、激しい戦いの後、一族もろとも最期をとげたのである。

その後、景時父子の所領は没収、さらに景時の朋友加藤景廉も所領を没収され、同じく朋友の安房判官代隆重が捕縛された。また、甲斐国では武田有義が弟伊沢信光の攻撃をうけて逃亡、行方不明となった。有義は景時に同調して上洛し、将軍に就任するという計画が練られていたというのである。翌二年五月、和田義盛が侍所の別当に再任された。その間にも、景時に味方した勝木則定や芝原長保の捕縛が続いた。

景時失脚の真実

以上が、『吾妻鏡』が記述する景時失脚の顚末である。この景時の失脚については、九条兼実の日記『玉葉』や『愚管抄』などにも記述がみられる。『愚管抄』についてはすでに述べたが、『玉葉』正治二年正月二日条には、次のように記されている。

> 梶原景時は、他の武士たちに嫉まれることがあった。そこで、かれはこの不満をはらすため、他の武士が頼家の弟千幡（後の実朝）を主君とあおぎ、頼家を亡き者にしようとしていると頼家に訴えた。頼家が他の武士たちを糺問したところ、かれらは景時を召して対決させてほしいと要請した。そこで景時と他の武士たちを面前で対決させたところ、景時は陳述することもできず、景時の讒訴は失敗に終わってしまった。そのうえ、景時父子たちは皆鎌倉を追放されてしまった。

もちろん、当時の日記だからといって、兼実がすべての情報を入手でき、その経緯を記述できたかといえば、それは無理な話である。しかし、少なくとも景時が頼家の「傅」という立場を背景に、幕府内で相当の権勢を有していたこと、さらに一部の御家人が将軍頼家を廃して実朝を新将軍に擁立し、梶原一族を失脚させようとしたことなど、その大枠はあり得る話である。

時政の栄進

この梶原景時の失脚を裏で糸を引いた者として、北条時政を指摘したのは石井進氏である。石井氏は、結城朝光に景時讒訴を密告して景時失脚の発端をつくった女房阿波局とは、時政の娘で、実朝の乳母であること、梶原一族が鎌倉追放後、所領内で合戦の準備をしても見過ごしていたこと、しかも上洛しようとする梶原一族が討たれた駿河国の守護は時政であったことなどを根拠にした。

たしかに、慈円に「鎌倉ノ本体ノ武士」と評された景時の擁する頼家派と、時政の娘阿波局が乳母をつとめ、その擁立をねらう実朝派＝北条氏の対立が、その根底にあったと思われる。そして、景時が職務に忠実であるがゆえに叱責された多くの御家人、たとえば侍所の別当職を奪われた和田義盛などは、景時排除の急先鋒であった。

景時失脚後の四月一日、北条時政は遠江守に任命され、従五位下に叙せられた。頼朝の存命中、国司に任命された者は広元を除いてすべて源氏一門であった。したがって、時政が国司に任命されたことは、かれが源氏一門に準ずる立場を得たことを意味する。しかも当時、政所別当に就くには五位以上が求められたことからすれば、時政が従五位下に叙せられたことの意味は大きい。

頼朝との婚姻関係だけが時政の財産であったことを考えると、国司就任と叙位で時政の得たものはきわめて大きかった。制約はもちろんあったとしても、幕府内でのかれの立場が他の御家人と異なるものになったことは確かである。

三　比企氏の盛衰

（一）源家と比企氏

比企氏と源義朝

永暦元年（一一六〇）、平治の乱で敗れた源頼朝が伊豆国に配流された時、乳母であった比企尼は武蔵国比企郡（埼玉県比企郡周辺）の年貢納入を請け負うかわりに現地支配を委任されると、夫の比企掃部允とともに比企郡に下ったという。比企氏が比

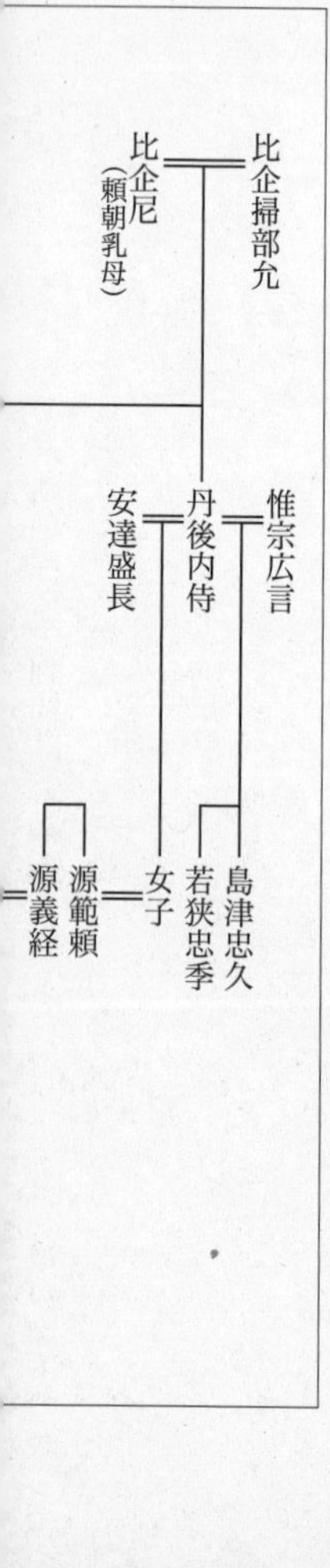

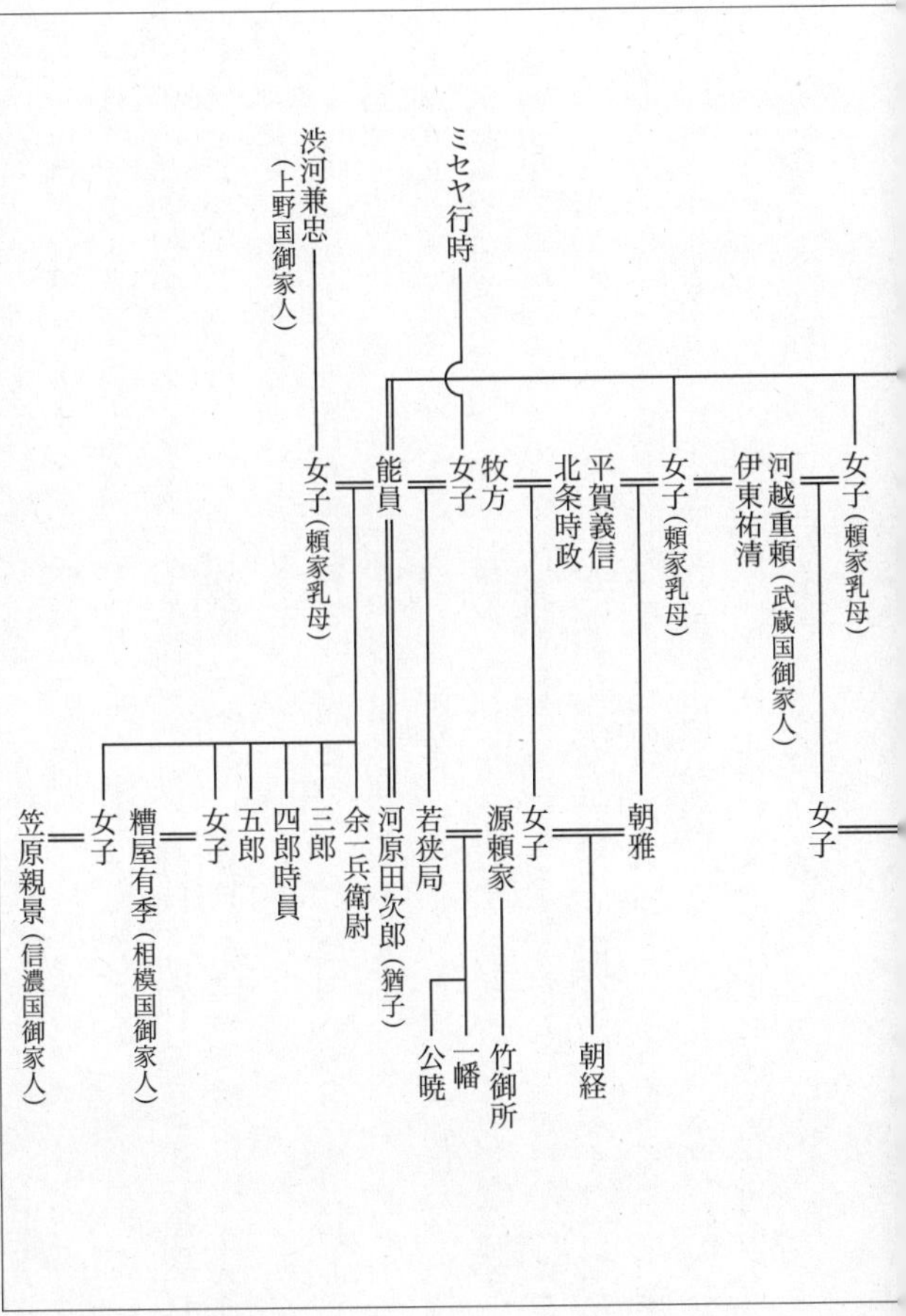

女子（頼家乳母）
河越重頼（武蔵国御家人）
伊東祐清
女子（頼家乳母）
平賀義信
北条時政
牧方
ミセヤ行時
女子
能員
渋河兼忠（上野国御家人）
女子（頼家乳母）
女子
朝雅
女子
源頼家
若狭局
河原田次郎（猶子）
余一兵衛尉
三郎
四郎時員
五郎
女子
糟屋有季（相模国御家人）
女子
笠原親景（信濃国御家人）
朝経
竹御所
一幡
公暁

図3　比企氏の婚姻関係

企郡を支配して、郡名を苗字にしたと考えることはたやすい。ところが、比企氏と比企郡との関係をみようとすると、詳しいことは何一つわからない。

では、比企氏と源家との関係はいつごろから始まるのだろうか。仁平三年（一一五三）頃、頼朝の叔父である義賢（木曾義仲の父）は上野国多胡郡（群馬県高崎市）に居住していたが、武蔵国留守所の惣検校職に就いていた秩父重隆の支援を得て、武蔵国比企郡にまでその勢力を伸ばしていた。

同じころ、頼朝の父義朝は相模国鎌倉を拠点に、さらに武蔵国へ勢力を拡大しようとしていた。そのため、義朝・義賢兄弟の対立が表面化した。久寿二年（一一五五）八月、上野国から南下しようとする義賢と、相模国から北上しようとする義朝は、ついに武蔵国大蔵（埼玉県比企郡）で衝突、義賢は義朝の長子義平と戦い、敗死したのである。

この結果、武蔵国の多くの武士は義朝のもとに結集され、かれの郎等に組みこまれていった。保元の乱（一一五六）に、義朝が相模国ばかりか武蔵国の多くの武士たちを動員できたのは、このような背景があったのである。そして、おそらくこの大蔵の戦いがきっかけとなり、比企掃部允の妻が頼朝の乳母になるなど、源家との結びつきを強めたものと思われる。頼朝の配流後、比企郡に下った比企尼は、治承四年（一一八〇）に至る二十年間、物心両面の支援を続けたのである。

比企尼の三人の娘

比企尼には、三人の娘がいた。長女は丹後内侍といい二条天皇に仕えたが、惟宗広言とのあいだに島津忠久・若狭忠季の二人が生まれた。その後、安達盛長と再婚し、その娘は源範頼（頼朝の弟）と結婚している。また、次女は秩父重隆の孫河越重頼と結婚し、その娘は源義経に嫁いだ。さらに三女は、伊東祐清と結婚したが、その後、源氏一族の平賀義信と再婚した。なお、義信は元暦元年（一一八四）に武蔵守に就いている。このように、比企尼の三人の娘は東国の有力武士と結婚しており、比企氏が頼朝とこれら東国の武士たちとを結ぶ役割をもはたしていたことがわかる。その後、比企尼はなぜか甥の比企能員を養子にむかえている。

ところで、比企尼は鎌倉の比企谷に屋敷を構えていた。そして、頼朝の妻政子はこの比企谷にある比企邸を産所として、頼家を出産した。寿永元年（一一八二）七月のことである。その際、比企尼の次女でもある河越重頼の妻が「乳付」をして乳母となり、さらに平賀義信と再婚した三女も乳母となっている。また、頼家の乳母には能員の妻も選ばれており、能員の娘若狭局は頼家と結婚し、一幡・公暁の二人が生まれた。

婚姻が両家を結ぶ方法として、ある程度の意味をもったことはいうまでもない。しかし、当時、婚姻と同じように強い結びつきをもったものに乳母関係があった。乳母は、本来「生母にかわって子どもを育てる女性」であった。しかし、その役目は授乳はもちろん、日常生活上の一般的な作法などについても教授したのであり、実母と同じように重視されていた。さらに、乳母の子もまた主家の子と同じ環境のなかで育てられたから、二人のあいだには実の兄弟以上の関係が育まれ、「乳母兄弟」として主家の子と最期まで行動を共にすることも珍しくなかった。

このように、比企氏と源家、とくに頼朝と頼家とは婚姻や乳母という擬制的血縁関係によって幾重にも結びついていたのである。

(二) 比企氏の所領

比企氏が源家と密接な関係をもっていたことは、理解できた。では、比企氏は頼朝のもとで、どのように「勢力」を拡大していったのだろうか。勢力といっても、いろいろな面があるが、ここでは比企氏の所領や職権・職務についてまとめておきたい。

武蔵国比企郡

すでに述べたように、比企氏が比企郡と関わりをもっていたことは確かだろう。その実態がわからないものの、配流された頼朝を二十年間にわたって支援したという『吾妻鏡』の記述を信用するならば、それなりの経済基盤としての比企郡が考えられる。

信濃国目代・守護職

信濃国は木曾義仲の本拠地であったが、その敗死後、頼朝の知行国になった。文治元年（一一八五）八月、加賀美遠光が信濃守に任命されたが、遠光が実際に信濃国に赴任し、国政を担当した形跡は確認できない。おそらく、遠光は名ばかりの国守であって、知行国主である頼朝が目代を派遣し、国政を執行させたと思われる。では、目代には誰が起用されたのだろうか。関東に近接する重要な国であるから、その目代は誰でも良いわけではない。

そうしたなかで参考となるのは、文永八年（一二七一）五月、信濃国の御家人笠原信親が作成した同家が所持する証文類の目録である。そのなかに、「信濃国御目代比企判官」に下された文治元年十二月二十七日付けの源頼朝御教書が含まれていた。比企判官とは能員のことであるが、文治元年に頼朝の御教書を受給した信親の先祖とは、『吾妻鏡』に「能員の聟」と記載された笠原親景の可能性が高い。親景は、建仁三年（一二〇三）九月、政子の命で派遣された軍勢が比企能員邸を攻撃した際、自害している。おそらく、目代能員は信濃国政を担当するとともに、管国内の御家人とのあいだに婚姻関係を結び、その支配の強化を考えたのであろう。

また、建長三年（一二五一）二月に作成された信濃国の御家人小井弖能綱の譲状によると、比企判官が京都大番役を務めるため上洛した際、父の代官として能綱が同行したことが記されている。管国内の御家人を大番役に動員できるのは、守護であった。したがって、比企判官能員は信濃国の守護として能綱を含む国内の御家人を催促、動員して上洛したことになる。これらのことから、能員は信濃国の目代として一般行政を担当し、同時に守護として管国内の御家人に大番役を催促、動員したのである。

上野国守護職

『吾妻鏡』文治六年（一一九〇）正月八日条に、

Ⓐ奥州で事件が発生したので、軍勢を派遣した。海道の大将軍は千葉常胤、山道の大将軍には比企能員が任命された。

とあり、さらに同月十三日条には、

Ⓑ奥州の凶徒を鎮圧するため、奥州に向かうべき命令が、上野・信濃両国の御家人に下された。

ともある。前年、頼朝は平泉の藤原泰衡を攻撃、これを滅ぼした、いわゆる文治の奥州合戦である。ところが、その年の暮れ、泰衡の遺臣大河兼任が秋田方面で蜂起、鎌倉に進撃するという事件が発生、Ⓐ・Ⓑは、ともにこれへの対応策であった。

この二つの史料について佐藤進一氏は、Ⓑは上野・信濃両国に対する軍勢出動命令であり、Ⓐはこの命令に先行して発令された軍勢編制と考えられた。すなわち、上野・信濃両国が含まれる山道の大将軍は比企能員である。能員は信濃国の守護職であったが、上野国に出された動員命令によって出撃する御家人も、能員の指揮下におかれており、かれが同国の守護でもあった可能性が高い。

この能員＝上野国守護説に対しては、多くの見解があるが、少なくとも、能員は軍勢動員にみられるような軍事関係を担当していたことは認められよう。

北陸道守護人（勧農使）

元暦元年（一一八四）四月ごろ、鎌倉殿勧農使朝宗の命令と称して、越前国河和田荘（福井県鯖江市）に乱入して濫妨をはたらく者がいた。勧農使とは、もともと農業を勧める使者、円滑な農業経営を支援する使者という意味である。しかし、後には年貢の徴収、土地の処分などの権限をも行使するようになった。朝宗とは、比企藤内朝宗のことで、比企尼の子でもある。

また、建久二年（一一九一）六月、頼朝が越前国鮎川荘（福井県福井市）について後白河法皇に送った書状に、「北陸道方面のことは、朝宗に命令しておいたが、今は守護人も設置しておりません」とある。さらに『吾妻鏡』文治二年（一一八六）六月十七日条によれば、鎌倉に到着した梶原朝景の使者が、内大臣徳大寺実定の所領を御家人が押妨していることを報告した。そこには、朝宗が押領した越中国般若野荘（富山県砺波市）が含まれていた。朝宗が守護人、あるいは勧農使として北陸道に関わっていたことがわかる。

以上、比企氏の所領や職権などを整理してみた。それらは、本拠地と考えられる比企郡は別として、他は頼朝の蜂起後、比企尼が頼朝から与えられたと考えられる。その数の少なさに驚くが、それだけに、比企氏にとって源家との結びつきがきわめて重要であったことがわかる。

（三）比企氏の没落

頼家の発病

建仁三年（一二〇三）七月二十日、頼家は突然発病、心身ともに衰弱し、八月になっても回復する兆しがなかった。鶴岡八幡宮の放生会も、頼家の参列をみぬままに催された。祈禱・治療が行われたが、その効き目もみられない。二十七日、突如、頼家の家督譲与が公表された。それは、頼家の権限を二分し、頼家の子一幡に全国惣守護職と関東二十八か国地頭職を、弟の千幡（後の実朝）に関西三十八か国地頭職をそれぞれ相続させるというものであった。本来ならば、頼家の子一幡にすべてが譲与されてもよかったにもかかわらず、二分されたのである。しかも重要なことは、この家督譲与が頼家本人にまったく知らされていなかったことで、頼家の婚家比企氏も大いに憤慨した。明らかに、比企氏に対する北条氏を核とする実朝擁立派の挑発といってよかった。以下、『吾妻鏡』の記述から、事件の推移をまとめてみよう。

九月二日朝、能員は娘若狭局を介して、時政の追討を病床の頼家に訴えた。ここで頼家は、家督譲与のことを始めて知ったのであろう。能員を病床に招き、談合の結果、時政の追討が決まった。

時政の謀計

しかし、この計画はたまたま居合わせた政子の知るところとなり、時政に報された。このとき、時政は仏事のため名越邸に帰る途中であったが、連絡を受けるや、政所別当の大江広元邸に向かった。そこで時政は、広元に比企能員の驕奢な振る舞いと病床に伏している頼家を蔑ろにして謀計を企てていることを伝え、追討すべしと訴えたのである。これに対して広元は、

> 頼朝以来、私は政務を補佐することはあったが、兵法については返答することもできない。よく考えるべきであろう。

と応答している。

この広元の返答は、時政による比企氏の追討に必ずしも納得したものではない。ところが時政は、この返答を得るやいなや、すぐに広元邸を出て、天野遠景・仁田忠常に能員の追討を命じたのである。時政は、広元のことばを能員追討に合意したと解釈したのであろうが、『吾妻鏡』には「よろしく賢慮有るべし」とあって、明言を避けている。それは、広元の消極的反対と解することもできる。とするならば、能員の追討について、時政と広元のあいだには考えに違いがあったことになる。

広元のことばにもあるように、かれは政務を補佐することは得意でも、兵法は不得手であった。しかし、時政にとって広元は、比企氏の追討、頼家廃嫡後の政務担当者として、なくてはならない存在であった。同時に、広元が政所別当という要職にあったことも重要である。たしかに北条氏も一般御家人と比べると、源家に準ずる家として時政が遠江守に任命されている。だが、国守任命は、頼朝の岳父（妻の父）であること、頼家の外戚という立場に関連するものであって、国守就任がそのまま幕府内の中枢を占めることにはならなかった。したがって、政所別当という幕府の正式な機関の長官に相談して賛意を得ることは、比企氏の追討を時政の私憤ではなく、幕府としての公的な行動とすることを意味したのである。

では、広元はなぜ時政に対して明確な返答を避けたのであろうか。それはおそらく、時政のみが兵法を得意とする存在ではなかったことが理由のひとつと思われる。梶原景時の追放とは異なり、多くの御家人が連帯しての行動ではなかったこと、さらに比企氏と北条氏とでは、その優劣が即座に判断できなかったことなどがあったように思われる。広元は、比企氏と連携できる可能性が残っていると考えたのではなかろうか。

能員と一族の殺害

広元の思惑とは関係なく、時政によって比企氏の追討計画は進められた。その日の午前十二時すぎ、時政は使者を比企能員のもとに送った。「時政の名越邸において薬師供養会を行うので参列してほしい。また、そのついでにいろいろ雑事も話しあいたいので早めに来てほしい」とは、使者の口上である。能員による時政追討の計画が露顕したその日のうちに仏像供養会を行うなど、時政の行動には計画性が認められる。あるいは、かなり以前から、時政は能員の追討を考えていたのであろうか。

しかし、能員はこの時政の計画に気づかなかった。能員の子息・親類はこれを諫めたが、能員はそれらの反対を制止したばかりか、軽装のうえ、郎等二人、雑色（下級被官）五人という少人数で、時政邸に入ったのである。沓脱（昇降口）を昇り、廊下を通って進もうとしたところ、突然、天野遠景・仁田忠常の二人がその前方に立ちふさがり、能員の両手を取って引き倒し、殺害したのである。まさに、だまし討ちであった。

能員の暗殺は、かれの雑色によって一族に報告された。そこで比企一族は、親族・郎従を集めて頼家の子一幡の小御所に引き籠もったが、追討勢の行動は早かった。午後三時には、追討の軍勢が小御所に押し寄せた。これに対し比企一族は劣勢であり、建物に火が放たれると、比企一族や与した面々は一幡とともに自害したのである。

『吾妻鏡』は、比企三郎、同四郎時員、同五郎、河原田次郎〈能員猶子〉、笠原親景、中山為重、糟屋有季〈以上三人は能員の聟〉の名を挙げている。また、比企能員の嫡子余一兵衛尉は女人にすがたを変えて逃れたものの、加藤景廉に斬首された。時政は、姻族の大岡時親を派遣して、その遺体を確認したというから、比企一族を全滅させようとする時政の執念を感じる。さらに、能員の舅である渋河刑部丞（兼忠か）も誅殺された。

能員与党の排除

三日には、能員の与党が捜索され、能員の妻妾と二歳の子が和田義盛に預けられ、安房国に流罪となった。四日には、親類の島津忠久も、大隅・薩摩・日向三か国の守護職を没収され、小笠原長経・細野兵衛尉・中野能成が捕縛された。

頼家が、一幡の死と比企一族の全滅を知ったのは、五日になってからだった。近習の武士も監禁され、その権力基盤を失った頼家であったが、この日、ひそかに時政追討を和田義盛・仁田忠常に命令した。しかし、義盛はただちにこれを時政に内報、忠常は時政の追討をためらっているうちに殺害された。『保暦間記』によれば、忠常は一幡の乳母（傅あるいは乳母夫）であったというから、時政は頼家を支援する可能性のある忠常をも謀殺したことになる。

この戦いで滅亡した比企一族と、これに味方した武士をみると、能員の子や姻族、それにわずかな同調者しか確認できない。すなわち、比企氏の権力基盤とは、婚姻や乳母関係によって結ばれた鎌倉殿頼家の存在と、わずかな所領だけであった。したがって、基盤の大きな部分を占める頼家が倒れると、比企氏の存在自体がきわめて不安定にならざるをえなかったのである。

近衛家実と慈円の理解

頼家が将軍の座を追われ、比企一族が滅亡する過程を、『吾妻鏡』をもとに叙述した。しかし、『吾妻鏡』が北条氏の視点から編纂されたことを考えると、そのまま鵜呑みにすることは危険であろう。この事件について、右大臣近衛家実はその日記『猪隈関白記』建仁三年九月七日条に、

日ごろから病気だった頼家が、去る九月一日に死去したとの知らせが、後鳥羽上

皇に報告されたらしい。そこで頼家の弟が、征夷大将軍に任命され、従五位下に叙せられた。さらに上皇から実朝という名が下されたらしい。頼家の子と能員が、実朝によって討たれた。

と、その顛末を伝聞ながら記録している。頼家の一日死去は誤報であったが、七日、頼家の病死が後鳥羽上皇に報告されると、その日の夜に頼家の弟の任官と叙位が行われ、実朝という諱が与えられたというのである。この流れは、手回しの好さばかりが目立ち、かえって不自然さを感じさせる。

そのほか、頼家の出家を九月七日とする『吾妻鏡』の記述に対して、『愚管抄』は八月晦日の午後十時ごろと記している。『吾妻鏡』の七日の頼家出家は、実朝に征夷大将軍の宣旨が下った日でもある。それらをあわせ考えると、『吾妻鏡』の記述は、頼家から実朝に鎌倉殿の立場が順当に継承されたという作為とみることもできる。

義時の関わり

七日に出家した頼家に対し、二十一日には鎌倉追放が決定した。『吾妻鏡』によれば、二十九日、先陣の随兵百騎、女騎十五騎に先導され、後陣の随兵二百騎が固めるなか、伊豆国修禅寺（伊豆市）に護送されたとある。

ところが『愚管抄』では、二日、「一万（幡）御前ヲウツ（討つ）」を聞いた頼家が刀をとったものの、病み上がりでどうすることもできず、そうした状態の頼家を政子はすがりついて離さず、そのまま護衛をつけて修禅寺に押し込めた。さらに、その年の十一月三日、「一万（幡）若ヲバ義時捕リ手置キテ、藤馬ト云郎等ニテ刺シ殺サセテ、埋（う）ゾミ」たとあるのである。

九月二日に殺害された一幡が、『愚管抄』では十一月三日、義時が派遣した郎等によって殺害されたことになっている。『吾妻鏡』は義時の関与を描いていないが、時政の陰に隠れて、その対応は積極的といって良い。

頼家廃嫡の黒幕は時政か

では、比企氏滅亡と頼家廃嫡を主導した中心人物は誰なのか。石井進氏は、北条時政を指摘している。すなわち、比企一族が滅んだ直後の九月四日、時政は信濃国の住人中野五郎（能成（よしなり））に次のような下文（くだしぶみ）を発し、本領を安堵（あんど）した。

信濃国の住人中野五郎、本所を安堵せしむべきの状、くだんのごとし。

建仁三年九月四日　遠江守（花押）

この書状は時政個人が発給したもので、決して公的な文書ではない。ところが、二十日も経たない同月二十三日、藤原能成に対して所領志久見郷（長野県栄村）の地頭職を安堵する関東下知状が発給された。中野五郎が藤原能成と同一人物であることは、『吾妻鏡』の随所に「中野五郎能成」と記載されているから明らかである。

さらに、その『吾妻鏡』は比企方として拘禁された中野五郎義成（能成）が、翌十月十九日になって所領を没収されたと記録している。もちろん、同時代史料の下文や関東下知状の信憑性を、後に編纂された『吾妻鏡』より優先すべきである。この点に着目して石井氏は、時政と能成の関係は、比企氏滅亡以前からあったと指摘する。

たしかに時政は、娘政子と頼朝との婚姻関係によってそれなりの立場を得たものの、次期鎌倉殿となる頼家の周囲には、婚姻関係や乳母関係などで結ばれた比企氏や梶原氏などがいた。頼家が将軍として自立すれば、あるいは頼家の子が将軍職を継承すれば、外戚の地位は比企氏に取って代わられるという危機感は、早くから時政を含む北条一族にあったとみるべきである。比企氏の事件が、頼朝没後、間もないできごとであることからすれば、早くから比企氏への対策を講じていたとも考えられる。同時に、頼家廃嫡の後、時政の娘阿波局を乳母にもつ千幡が新鎌倉殿に就いた事実関係からみれば、比企氏滅亡と頼家の子一幡の殺害は、時政を中心とし、その背後に義時の影をみつつ、総じて北条一族のクーデターだったとみるべきだろう。

第二章

北条時政と畠山重忠

一　時政と執権

（一）時政の実態

北条氏をめぐる二つの学説

鎌倉時代を考えるとき、北条氏を除いて描くことはできない。ところが、その北条氏について、とくに時政以前の北条氏については、学界でも二つの考えが拮抗（きっこう）している。

従来、北条氏は伊豆国を代表する有力御家人と考えられてきた。しかし、時政以前の系譜には不明瞭（ふめいりょう）な点が多く、また、『吾妻鏡』には「北条四郎」とのみあって官位が記載されず、しかも「当国の豪傑」などと抽象的な記述から異論も多く、近年はそれらを過大評価と見なす著書も少なくない。

また、伊豆国の在庁官人ともいわれるが、これも疑わしい。元弘三年（一三三三）二～四月に下された護良親王（もりよししんのう）の令旨（りょうじ）に「伊豆国在庁北条遠江前司時政」や「伊豆国在庁時政」と記載されるものの、北条氏打倒という目的意識をもったものであるばかりか、同時代の史料でないという難点もある。

『吉口伝』と池禅尼

近年、森幸夫氏は『吉口伝』に、吉田経房が伊豆国を知行していた時、北条時政は在庁官人として「奇恠のこと」をはたらいたため、国司によって召し籠められた。その際、経房の手際の良さに時政はいたく感心した。その後、時政からこの件を聞いた源頼朝は、経房の才能を認めたとある記述を「発見」、頼朝が経房を関東申次とするにいたる伏線であったと結論づけた。この史料は、延慶元年（一三〇八）十二月、吉田隆長が兄定房から受けた故実に関する教えと、さらに定房の日記を抄出したものであるが、経房は定房・隆長兄弟の高祖父定経の父、すなわち五代前の先祖にあたる。

定房は大覚寺統の天皇家に重用された人物で、後宇多上皇の子尊治親王（後の後醍醐天皇）の「乳父」を務め、即位すると仕えた股肱の臣でもある。そのため、北畠親房、万里小路宣房とともに「後の三房」と呼ばれた。したがって、時政＝在庁官人という認識は、さきほどの護良親王の令旨とともに討幕をめざした後醍醐周辺の史料である点を考慮すべきであろう。

また、杉橋隆夫氏は、時政の後妻牧方と牧氏の研究から、牧方は平清盛の継母である池禅尼の姪で、牧一族も院の近臣グループの一員であったこと、牧方は時政と結婚してからも京都との関係を維持し、頼朝が伊豆国に流されたのも、池禅尼―牧氏―北条時政の関係があったことなどを指摘した。時政は、こうした近臣グループの一員と婚姻関係を成立できるほどの「豪族」だったということになる。しかし、そうした時政であるにもかかわらず、無位無官であるばかりか、単なる「四郎」という名のりからは、「豪族」という抽象的評価にも価しないようにも思われる。

北条の地

「北条」の苗字の地は、伊豆国田方郡北条（静岡県伊豆の国市）であるが、山木兼隆を急襲した頼朝勢に加わった天野遠景、同光家、仁田忠常、那古谷頼時なども、田方郡内（伊豆半島北部）を苗字の地としている。ほかに、南条・江間・田代・平井といった人びとも田方郡に属し「北条」に近接していた。

北条という苗字から、それに対置される南条があったことは、南条時員などの存在から理解できるが、本来一つのまとまった地域が何らかの事情で南北に分割されたことを意味する。たとえば、時政によって建立された願成就院（伊豆の国市）の南域には中條があり、さらに南の伊豆長岡駅周辺が南條であったことからすれば、一つにまとまっていた段階の地域自体も南北約五キロメートル程度とそれほど広いものではなかったようである。それぞれの所領規模が確認できず、さらに農業経営のほか、多様な活動が当該期の武士団の経済基盤であったことは否定できないものの、北条氏の領主基盤は必ずしも盤石ではなかったと思われる。

時政と頼朝

真名（漢字）本『曾我物語』によれば、頼朝が、時政の娘政子と結びついたのは、時政が大番役を勤仕するため上洛した留守中の、安元二年（一一七六）頃であった。これを知った牧方が時政に知らせたために発覚。伊豆国の目代ともなるべき山木兼隆との婚姻を考えていた時政であったが、先祖直方が源頼義を聟に迎えて義家・義綱が誕生して「子孫繁昌」した先例もあって、これを認めたという。同時代史料がないなかで、時政が流人頼朝を迎え入れた理由について、どこまで真実か判断できないが、結果的には「吉」と出たというべきだろう。

ただし、頼朝の生存中、時政の動向がわかるのは、挙兵時と文治元年（一一八五）十一月から翌年三月にかけてにすぎない。とくに、頼朝の意向を受けて上洛した文治元年十一月下旬、頼朝追討の宣旨を下した後白河方の責任を追及するとともに、吉田経房を介して「五畿・山陰・山陽・南海・西海諸国」に対する「兵糧〈段別五升〉を宛て催す」権利と「田地を知行」する権利を要請して認めさせたのである。これがいわゆる「守護と地頭」の設置である。もっとも、当初から「守護」と称したわけではなく、惣追捕使や勧農使、守護人などと称されたこと、地頭についても国単位に置かれた国地頭と荘園等に置かれた荘郷地頭に二分されることを含めて、学界では多様な見解が林立している。本書ではそれを論ずることが目的ではないので省略するが、時政の果たした役割が大きかったことは指摘しておきたい。

なお、その過程で「惣追捕使ならびに地頭」の七か国分を拝領した時政は、朝廷との政治折衝のなかで、翌年正月には後白河の近臣を処分し、親鎌倉派の九条兼実らを議奏公卿に就けて朝廷改革を進めた。

時政の驕り

ところが時政は、少しずつ頼朝の代官以上の動きを示すようになる。たとえば、翌年正月、高野山の訴えに、高野山が支配する荘園の兵粮米と地頭の停止を命令し、雑色を派遣して狼藉を取り締まろうとした。高野山という権門からの訴えに時政が直接対応したのである。その直後には、河内国高瀬荘（大阪府守口市）に対する兵粮米の賦課と地頭・惣追捕使の停止が仰せ下されたにもかかわらず、時政は遵守せず、自身の考えを吉田経房に送り届けている。

一方、頼朝は義経問題を利用して多くの権利を得たものの、公卿や廷臣の反撥は強く、早くも二月末には、「兵粮米の未進」を免除し、土民の安堵を時政に下知した。在京するなかで、朝廷への対応を使い分ける時政に対し、頼朝は慎重になり始めていた。三月一日、時政は「七か国地頭職」を辞退すると、一族の北条時定に京都の治安維持を、一条能保（頼朝の妹聟）に朝廷との交渉をそれぞれ任せて鎌倉に帰らざるをえなかった。以後、『吾妻鏡』をみる限り、時政が幕政に直接かかわる事例は激減するが、落合義明氏が指摘するように、結果的に頼朝からの自立を画策したとみられる時政の姿勢が、幕政から遠ざけられたのである。

時政と関東下知状

幕政との関係が消えかかった時政が、ふたたび現れるのは、頼朝没後といってもよい。この間、文治年間（一一八五～九〇）には駿河・伊豆両国の守護に就いたとの指摘もあるが、幕政上で目立った動きは確認できない。

頼朝没後の翌二月、頼家が将軍・鎌倉殿を継承すると、その外祖父として政所に列座し、吉書始めに参加し、さらに翌年四月には従五位下に叙せられ、遠江守に任命されたことなど、第一章で詳述した。なお、この間、時政の発給した文書に、関東御教書などの公文書は一通もないことを再確認しておきたい。

時政が、政敵比企能員を筆頭とする関係者を排除すると、九月十日、新鎌倉殿実朝は政子のもとから時政邸に移った。この日、時政は多くの御家人に対し、所領を安堵する「遠州御書」を発給した。それは、「世上危うき故」であったからと『吾妻鏡』は記している。比企一族が滅ぼされ、関係者が捕縛・殺害されるなかで、頼家が伊豆・修禅寺に幽閉されるという状況に、所領の保全に危機感をいだいた御家人が多かったいたことを表している。

この「遠州御書」とは、同月十六日に発給された次のような文書が該当する。

越後国青木地頭職の事。
小代八郎行平
右の人、かの職たるべきの状、鎌倉殿の仰せにより下知くだんのごとし。
建仁三年九月十六日　　遠江守平（花押）（北条時政）

この文書は、鎌倉殿＝実朝の仰せを承った時政が下知したものだから、幕府が発給したと理解できる。こうした文書形式を「関東下知状」というが、後に六波羅探題や鎮西探題も下知状を発給しているため、区別して鎌倉＝関東の下知状と称したのである。

これまで、鎌倉殿の意を受けて下される関東御教書や政所の職員が連署した「政所下文」でもって遂行された幕政は、これ以降、時政が単独で署判した下知状によって、諸政務が執行されることになった。時政が、幕府の権力者として第一歩を踏み出したといえる。

では、時政はどのような立場で、こうした下知状を発給できたのであろうか。一般に、時政はこのとき政所別当および執権に就いたとされ、これが権力の源泉と理解されてきた。しかし、後述するように、その二つともこの時点で就いたとは断言できない。少なくとも時政が執権に就くことは、その後もなかったのである。

時政は政所別当か？

時政邸で元服した実朝の、政所始めの儀式が十月九日に行われた。『吾妻鏡』には、

本日、将軍実朝公の政所始めが行われた。午前十二時ごろ、別当である北条時政、大江広元以下の家司〈それぞれ布衣〉らが政所に着座した。民部丞二階堂行光が吉書を書き、図書允清定をして返抄を成さしめ、時政が吉書を実朝公の前に持参した。実朝公は出で御わず。御簾のなかで御覧になられた。時政がもとの場所に戻られて後、垸飯・盃酒の儀が行われた。その後、実朝公は初めて甲冑を着し、さらに馬に乗られた。時政がこれを扶けられた。小山朝政・足立遠元らが甲冑・

　母衣等を着す。一連の故実（儀式と作法）は、執権がこれを全て授けられた。

とある。「政所」別当として、大江広元とともに初めて時政の名があがっている。時政が吉書を実朝の前に持参したが、幼い実朝は「簾中」でこれを見ただけであった。時政がもとの座に着くと、垸飯・盃酒の儀が行われた。なお、垸飯とは器に大盛りにした米飯のことであるが、転じて饗応する意となり、幕府の重要な正月儀式として定着する。その後、甲冑を着けた実朝が馬に乗るのを時政が助けたのであるが、この一連の儀式の流れを「執権」が指示したのである。

　しかし、再三指摘するところであるが、ここでも従五位下である実朝には政所を開設できる資格がなかったから、正式な「政所」始めの儀式とはいえない。実朝が従三位に進むのは、承元三年（一二〇九）四月十日であるから、約五年六か月のあいだ正式な「政所」は未設置ということになる。時政は、元久二年（一二〇五）閏七月に失脚するから、本来の意味での「政所」別当就任は、ありえなかったことになる。

　ただし、これまたくり返すことになるが、幕政を遂行するための組織は存続・維持されており、それが旧「政所」の官僚によって担当されたのであるから、その統括者として時政が大江広元とともに実質的な政所別当として存在した可能性はありえる。その時期は、『遠州御書』を発給した九月十日までさかのぼるが、『吾妻鏡』が編纂された時、編纂当時の認識によって、広元とともに時政が「別当」と記載された可能性を指摘しておきたい。

（二）時政は初代執権か

「執権」は誰か？

ところで、十月九日に行われた実朝の政所始めで、儀式の流れを指示した「執権」とは誰だろうか。そして、そもそも「執権」とはどのような職掌をもった地位・立場だったのだろうか。たとえば、『国史大辞典』の「執権」を繙（ひもと）くと、

鎌倉幕府では将軍（鎌倉殿）家の政所別当の中の一名を執権とし、建仁三年（一二〇三）北条時政が政所別当、執権となったのが最初である。執権は将軍家の家司で、将軍を補佐して政務を統べる職であるが、将軍は名目だけで、執権が政治の実権を握り、北条氏が世襲した。

とあり、さらに同辞典の「鎌倉幕府執権一覧」を見ると、初代執権を北条時政、在職期間を建仁三年（一二〇三）九月～元久二年（一二〇五）閏七月十九日とする。しか

し、すでに上杉和彦氏は、故実の伝承は官僚の役割にふさわしいことからすれば、政所の別当として着座した広元、あるいは広元・時政両者が「執権」と称されたのではないかと指摘した。

時政の在職期間の元久二年閏七月十九日については、後述するとして（第三章）、建仁三年九月については、同月十日、時政が「遠州御書」＝関東下知状を発給したことが根拠である。しかし、『国司大辞典』が「政所別当の中の一名を執権」とし、建仁三年に時政が政所別当、執権となったとの記述は正確だろうか。実朝が三位に叙せられる以前、将軍家略式政所下文は二通発給されているが、いずれにも時政は署判していない。

そこで、「政所別当の中の一名を執権」という記述を詳しくみていこう。もっとも、鎌倉幕府に関連する同時代史料に「執権」ということばを見つけることはかなり難しい。そこで、鎌倉幕府の政所や侍所といった組織が、朝廷や公卿の家政機関に由来することは間違いないから、朝廷関係の史料から確認していく。なお、詳細は拙著『北条義時』を参照されたい。

記録所の「執権」

たとえば、九条兼実の日記『玉葉』文治三年（一一八七）二月二十八日条をみると、後白河が設置した記録所について、次のように記している。

> 本日、始めて記録所を閑院亭の中門南内にある侍所南廊に設置した。執権は権右中弁藤原定長、右少弁藤原親経は穢に触れたので出仕しなかった。寄人十二人も参入した。職事（蔵人）である藤原定経が組織の設立などを行った。命じられたことは二点で、まずこれをそれぞれ内覧した。
>
> 一点は、役所や国々ならびに人びとの訴訟、さらに庄園の券契（証拠書類）については、記録所にて理非を判断すること。
>
> もう一点は、年間行事の日程、行事の費用など、記録所で調査して報告すること。

この記述から、記録所の職員は執権と寄人から構成されていることがわかるが、出仕した定長を「執権」と記すのに対し、出仕できなかった親経については何も記していない。ただ二人とも弁官に任命されているので、『弁官補任』の文治三年（一一八七）条をみると、

> 権右中弁　従四位下　藤定長　三十九　二月廿八日　記録所の勾当と為る
>
> 右少弁　正五位下　同親経　三十七　月　日　記録所の勾当と為る

とある。すなわち、二人とも記録所の「勾当」（事務長官）であったが、複数の勾当のなかで、上位階の定長をとくに「執権」と記述したことがわかる。

執事から「執権」を

もう一つの事例として、十三世紀半ばではあるが、葉室定嗣の日記『葉黄記』寛元四年（一二四六）正月二十九日条をみてみよう。後嵯峨天皇が譲位し、院政を開始したときの記事である。

本日、後嵯峨天皇が後深草天皇に譲位された。わたくしが後嵯峨院庁の院司に補任された。「万事を奉行すべし」との勅定があったので「執事」かも知れない。執事のなかから「器量の者」一人が「執権」を承るという先例から、今回、それが行われるだろう。

定嗣が執事、あわよくば執権に就く可能性を期待しているのである。その夜、院庁の別当には、権大納言藤原公相（正二位）、権大納言源顕定（正二位）、参議藤原（葉室）定嗣（従三位）、右中将源雅家（正四位下）、左中弁藤原顕朝（正四位下）、三河守

表1　時政と広元の位階

	文治元年(1185)	正治2年(1200)	元久2年(1205)	建保元年(1213)	建保2年(1214)
北条時政		従五位下	伊豆引退		
大江広元	正五位下		従四位上	従四位上	正四位下

藤原房名（正四位下）の六人が選出され、上位者の公相・顕定が「執事」に選出された。この二人はともに正二位であったが、公相が先に正二位となっていたため「器量の者」として「執権」を承って御厩別当を兼任した。それは、御厩別当は執事の上臈（上位者）が就くという、保安四年（一一二三）の鳥羽天皇から崇徳天皇に譲位したときの先例に因るものであった。

　これらの事例から「執権」を考えると、複数の勾当や執事のなかから、「器量の者」あるいは「上臈」＝上位の者を「執権」と呼んだのであり、特定の官職というよりも、それぞれの役職の上位者という相対的立場を示したものであったことがわかる。

　こうした朝廷の事例を参考に、既述した『吾妻鏡』建仁三年十月九日条の「執権」を考えてみよう。「政所別当の中の一名を執権」とするという『国史大辞典』の記述は、上位者が「執権」という朝廷の事例から導き出されたものということになる。

広元と時政

　そこで、建仁三年十月九日に行われた実朝の政所始めの儀式に

「別当」として参列した時政と広元の位階を整理したものが表1である。一目瞭然であるが、時政が正治二年に従五位下に叙せられた段階で、広元はすでに正五位下であって、建仁三年の段階でも変わらなかった。したがって、『吾妻鏡』の「執権」は広元ということになる。

その後も昇叙（しょうじょ）し続け、常に上位の別当であった広元に対し、時政の位階は変わらなかったから、「執権」を承（うけたまわ）ることはなかった。なお、既述の将軍家略式政所下文に時政が関わらず、署判を加えなかったのも、下位の別当は必ずしも署判することを要しなかったからだとも考えられる。

二　元久二年の政変と牧方

（一）畠山重忠の謀殺

平賀朝雅の上洛

建仁三年（一二〇三）十月三日、武蔵守平賀朝雅は京都守護として、京都警衛のために上洛した。同時に、西国に所領をもつ御家人は在京して朝雅に従うべき命令も下された。朝雅は、甲斐源氏・平賀義信の子であるが、源頼朝の猶子となり、また北条時政と牧方とのあいだに生まれた娘と結婚していた。

翌元久元年三月九日、朝雅の飛脚が鎌倉に到着し、去る月、伊賀国で平維基の子孫が、また伊勢国で平度光の子息がともに叛乱を企てたため、両国の守護山内経俊が鎮圧に向かったものの、劣勢の経俊は逃亡した、という内容をもたらした。そこで幕府は、朝雅に平氏討伐を命じたものの、順調には進まなかった。しかし、在京御家人への動員を命令したこともあって、四月二十一日、鎌倉に到着した朝雅の飛脚は、平氏残党の追討が終わったことを報告している。その後、五月十日、朝雅は伊賀・伊勢両国の守護に任命された。

頼朝の死後、わずか六か年のあいだに、梶原景時の追討、阿野全成の殺害、比企一族の滅亡と頼家の廃嫡、実朝の鎌倉殿継承、そして、伊賀・伊勢両国における平氏の叛乱と、多くの政変、戦乱がくり返された。しかも元久元年（一二〇四）三月一日、実朝が右近衛少将に任命されるという慶事のかげで、七月十八日、前将軍頼家が修禅寺で謀殺された。

朝雅と畠山重保の口論

こうした混乱をうち消すかのように、八月には実朝の婚儀の準備が行われた。実朝の夫人には最初足利義兼の娘が決まっていたが、実朝はこれを破棄して、京都の前大納言坊門信清の娘を選んだのである。一般に、実朝の京都志向の一例と考えられている。

関東の雄族足利氏は、実朝との婚姻によって次期将軍の外戚ともなりえたのである。頼家の婚家比企氏の先例がある以上、両者の結びつきに北条氏が不安を感じたとしても当然であろう。おそらく、北条氏の懸念が払拭されないかぎり、足利氏との婚姻はまとまらなかったのではないだろうか。第二の比企氏をつくり出さぬ方策として、京都の公卿の娘が選ばれたとみるのはうがちすぎだろうか。

十月十四日、坊門信清の娘を迎えるため、北条政範（時政の子）以下、結城朝光・畠山重保（重忠の子）・千葉常秀・和田朝盛ら多くの御家人が上洛した。そして、かれらの上洛を迎えたのが京都守護の平賀朝雅である。ところが、十一月五日になって、北条政範が病気によって急逝したのである。わずか十六歳であった。かれの死は、鎌倉の父時政のもとにもたらされた。母牧方の悲しみはいかばかりであったろうか。もっともその死にもかかわらず、坊門信清の娘の鎌倉下向の準備は順調に進んだらしく、二十日には六角東洞院の朝雅邸において酒宴が催された。ところが、この酒宴の席で、畠山重保と朝雅とのあいだで口論が始まったのである。その場は、周囲の者がとりなしたので大きな騒ぎにはならなかったが、これが後の大事件の伏線ともなった。

牧方の讒訴

翌元久二年六月、時政の室牧方は女婿朝雅の訴えをうけて、畠山重忠・重保父子の謀殺を計画した。朝雅の訴えは、昨年の重保との口論が根底にあったらしい。時政の命令によってであろうか、稲毛重成が畠山重保を武蔵国から鎌倉に招きよせたのが同月二十日。翌日には時政が義時・時房に畠山重忠殺害の計画をうちあけて、その可否を問うている。しかし、二人は、重忠が治承四年以来、忠勤を励み、さらに時政の女婿として父子の礼を尽くしていることを理由に、時政の軽挙を諫めている。

だが、それでも時政の計画は変わることがなかった。牧方の使者大岡時親が義時邸に遣わされ、畠山重忠の謀叛がすでに発覚したこと、重忠の叛逆を未然に解決するためにも重忠を討伐しなければ、父時政が讒訴人になることなどを訴え、義時の去就をせまったのである。しかし、義時はこれに対しても「よくよく考えるべき」とだけ応えて、重忠追討に反対する立場をとり、その責任を回避している。

重忠の戦死

しかし、翌二十二日、事態は急変した。畠山重保が郎従三人とともに由比ガ浜で三浦義村の家人に殺害された。さらに、畠山重忠が武蔵国から鎌倉にやってくるという噂に対して、途中でかれを討伐すべきことが決定。前日、時政の軽挙を諫めていたはずの義時が大手の大将軍として進発した。

午前十二時ごろ、武蔵国二俣川で追討勢と出あって初めて重保の死を知った重忠は、次男重秀以下百三十四騎という無勢であった。郎従本田近常らは本拠地である男衾郡菅谷館（埼玉県嵐山町）にもどって追討勢を迎え撃つべきと主張したが、重忠はこれを拒み、両軍の戦いが始まった。

戦いの勝敗は容易に決しかねた。しかし、多勢に無勢、ついに義時方の愛甲季隆の放った矢に、畠山重忠は四十二歳の生涯を閉じた。さらに畠山重秀や多くの郎従も自害、畠山一族はここに滅亡した。しかも、事件はこれで終わらなかった。翌日、重忠謀叛の一翼をになったとして、榛谷重朝（はんがやしげとも）、稲毛重成が三浦義村に殺害されたのである。

（二）武蔵国留守所惣検校職

惣検校職の成立

重忠の居住していた武蔵国は、鎌倉の背後に位置し、地理的にも重要な国であった。佐藤進一氏によれば、武蔵国には鎌倉時代を通じて守護は設置されず、その権限は国守によって執行されたという。それでは、国守に任命されれば、すぐに守護としての権限を行使できたかというと、事はそのように簡単ではなかった。

もともと国守に任命された者は、任国に赴任して国政を担当するのがつとめであった。しかし、人口の増加・事務の繁雑化にともなって国司（守（かみ）・介（すけ）・掾（じょう）・目（さかん）などの総称）の定員増が必要になってきた。古く奈良時代のことである。一方、兼任国司が増加することによって、形式的に国司は増員した。だが、兼任の場合、いずれか一方の職務は正常に担当できないのがふつうであろう。とくに、京官（きょうかん）（中央諸官庁の役人）と地方の国司を兼ねたとき、赴任せずに京都にとどまり、京官を優先させたことは当然である。さらに十世紀以降、地方官は財源・収入の対象として徴税のみが重視されたため、不在国司、いわゆる遥任国司を増加させていった。

こうした国司不在の国では、国司の派遣する目代のもと、国府に勤務する中・下級の地方官人によって行政事務が執行されるようになっていった。そして、国府は国司が不在なため、留守所とよばれるようになった。

この留守所に勤務する地方官人は、在庁、あるいは在庁官人と称されたが、十一世紀以降、かれらはその職務内容に応じて留守所内にいくつもの分課的「所」を作りあげていった。今ならさしあたり、交通局とか教育局、水道局といったところだ。当時は、当該国の租税管理にあたった税所、公文書の発給・保管を担当した公文所、計帳(調・庸の賦課台帳で大帳ともいった)を保管した大帳所、国内の治安維持にあたった検非違所、国府の工房にあたる細工所などである。この「所」には多くの在庁官人が勤務していたが、かれらは「所」を総轄する立場にある検校によって監督されていた。先ほどの例でいえば、税所の監督官は税所検校であり、同じように公文所検校、細工所検校ということになる。しかも、このような多くの「所」から構成される留守所全体を総轄する者として惣検校がおり、「所」の各検校を監督していたのである。

ただし、このような留守所総監督としての惣検校の存在は、現在、武蔵・大隅の二か国が知られるのみである。あるいは、国によってその名称もそれぞれ異なっていたのかもしれない。

秩父氏と惣検校職

そして、武蔵国留守所の惣検校には代々秩父氏が任命されていた。もともと秩父氏は、桓武平氏出身で良文の子孫にあたるという。近年、秩父一族の畠山氏に関する研究が進展するなかで、そうした論考を参考に作成した図4を参照しつつ、秩父氏の発展をみてみよう。秩父氏は、その苗字が示すように武蔵国秩父郡（埼玉県秩父市・秩父郡）にあった馬牧の監督官（別当）であったらしく、武基が秩父別当を称したことから、秩父を名のるようになったらしい。その後、この秩父牧を根拠地にして、その子孫は各地に進出していったのであり、渋谷・畠山・小山田・稲毛・榛谷・河越・江戸氏などが秩父一族を構成していた。

秩父武基の子武綱は、後三年の合戦（一〇八三～八七）に源義家にしたがい、白旗を賜って先陣をつとめたと伝えられる。「小代系図」によれば、武綱は、娘と児玉党の有道経行の子行重との婚姻、有道経行の娘と子息重綱との婚姻という二重の姻戚関係を成立させるばかりか、さらに秩父重綱には横山党・横山経兼の娘との婚姻も成立させ、そのあいだに長子重弘が出生した。

秩父重綱はさらに、行重とその弟行高を養子に迎えるとともに、妻に迎えた行重らの姉妹を源義朝の長子義平（頼朝の兄）の乳母として送り込み、源家との連携を重視した。妻は、「乳母御所」と称されたという。また、重綱は、津戸氏との関係を考慮して娘を嫁している。湯山学氏は、津戸氏は騎西郡の国衙領忍保（埼玉県行田市周辺）を基盤とした在庁官人の可能性を指摘している。

重綱が、はじめて在庁＝留守所の惣検校職に就く背景には、横山党や児玉党、さらに在庁官人津戸氏との婚姻関係が大きく影響していたことであろう。この惣検校職には、国司が検注（土地調査）を行ったときの文書や、国司が国内に「机催促」を行う際の文書に確認の署名をするなどの権限が含まれていた。「机催促」の内容が今一つわからないが、国司不在のときには、惣検校が検注を行い、あるいは「机催促」を行う場合があったと思われ、国内に対する強い権限を有していた。しかも、源義平の乳母夫になるなど、義朝との関係は、武蔵国内ばかりか、京都政界の動向をも視野に入れた施策と考えられる。

秩父氏の内訌と源家の確執

ところで、重綱の後、秩父氏の家督は長子の重弘ではなく、次子重隆が継承した。落合義明氏は、重弘の早世あるいは重弘の岳父横山隆兼ら横山党二十四人が源為義の代官愛甲内記平大夫を殺害した事件に関与して廃嫡された可能性を指摘する。

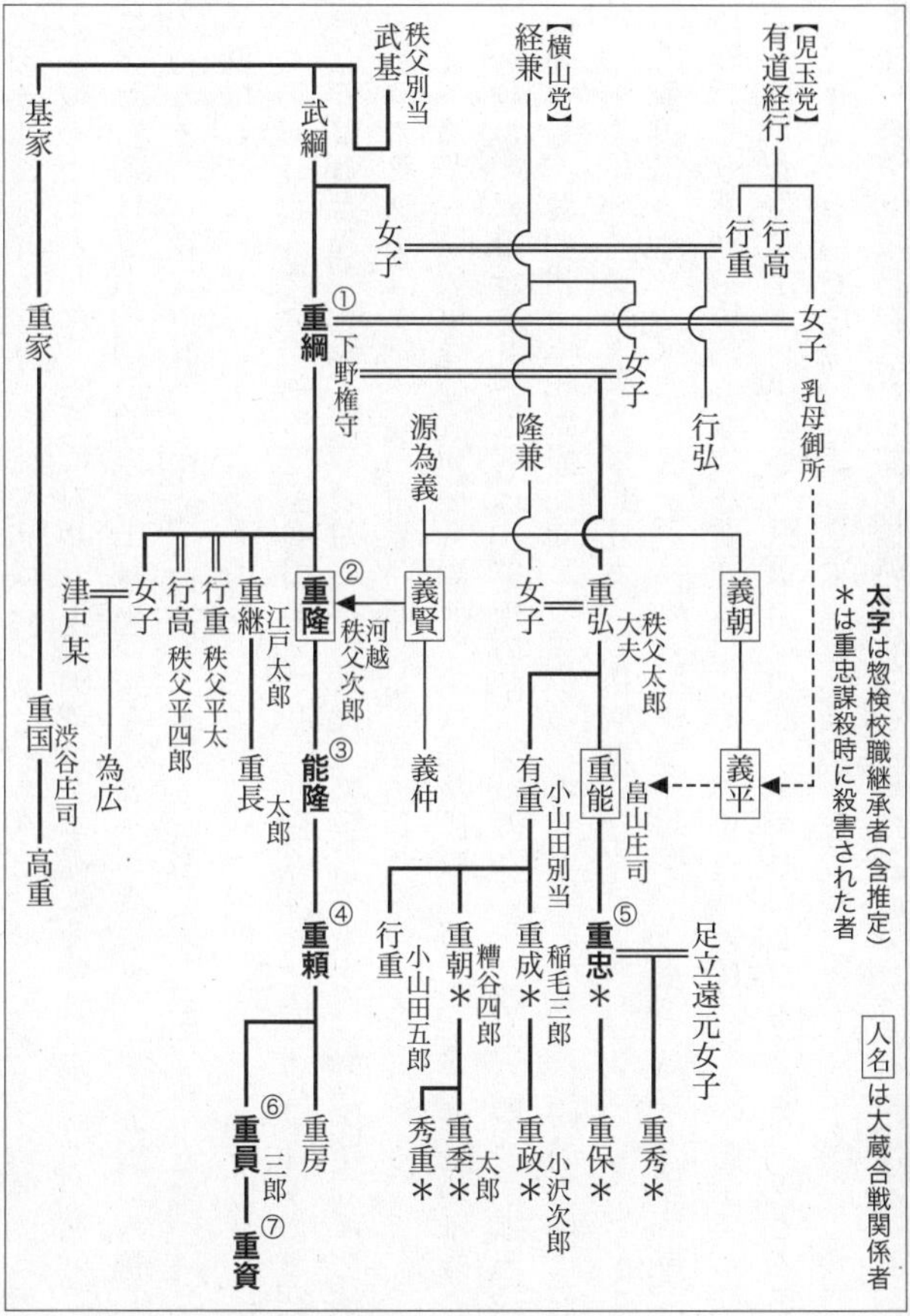

図4　秩父氏略系と惣検校職の継承
(「党家系図(児玉党)」・「小代系図」〈新編埼玉県史・別編4〉等に拠る)

しかも、家督を継承した秩父重隆は、源義賢を「養君」に迎え、武蔵国への影響力を強めようとした。これに対し、相模国鎌倉を本拠に南関東に影響力を拡大しつつあった義朝は、上野国の同族新田義重の娘を子義平の妻に迎えて源義賢に対抗した。そのうえで、秩父重弘の子重能と連携し、重隆・義賢を大蔵館（埼玉県嵐山町）で攻め滅ぼしたことなど、第一章でも概述した。

この戦いは「大蔵合戦」とも称され、源氏の主導権争いとともに武蔵国の掌握をかけた源義賢と義朝・義平父子の対立に、秩父氏の家督とともに武蔵国留守所惣検校職をめぐる秩父重隆と甥重能の対立が連動して発生したものであった。

ところが、秩父重隆の敗死後も惣検校職は秩父氏の家督とともに重隆の子能隆を経て河越重頼に継承されたらしい。平治の乱（一一五九）後、畠山重能の子重忠は平家に同調し、源頼朝の蜂起に最初加わらなかったのも、家督と惣検校職の継承に何らかの不満を持っていたと考える貫達人氏の指摘はうなずける。

治承四年（一一八〇）八月二十六日、重忠は三浦氏の衣笠城（神奈川県横須賀市）を攻撃しようと河越重頼に参加を要請した。その結果、重頼は江戸氏や中山氏ら秩父一族だけでなく金子・村山という武蔵七党の面々まで動員したのである。ところが、文治元年（一一八五）、河越重頼はその娘が源義経と結婚していたことから、義経に与していたとして誅殺され、惣検校職は所領とともに没収されることになる。

惣検校職重忠と武蔵守朝雅

その後、惣検校職は畠山重忠に継承されたようである。かれは、建久四年（一一九三）二月、武蔵国内の武士団である丹党と児玉党との争いを鎮圧するよう幕府から命令されている。確かに、秩父一族と児玉党との姻戚関係は存在したし、丹党・榛沢成清は重忠の郎従であったから、一族内の争いの可能性はある。しかし、丹党・児玉党という党的武士団は、多くの中小武士団の総称であり、頼朝のもとに御家人として併存していたのであるから、そのすべてが郎従でもなく、重忠の支配に属していたわけではない。当時の武蔵守平賀義信でさえ国内御家人の争いを鎮めることができなかったため、幕府にその解決を求めたところ、幕府は公権を発動して重忠にその対処を求めたのである。これは、かれが単なる秩父一族の族長（あるいは家督）ということだけでなく、惣検校職にもとづく職権行使、国内武士団に対する強制力を期待したからであろう。

そのような、惣検校たる畠山重忠の国内に対する大きな影響力に対し、北条氏もまったく手をこまねいていたわけではなかった。建仁三年（一二〇三）十月、比企氏を滅ぼした後、時政は武蔵国内の御家人に対し、「時政に対して二心をもってはならない」旨の誓約を侍所別当の和田義盛に執り行わせ、さらに女婿の平賀朝雅（義信の子）を武蔵守に就任させた。しかしながら、国衙機構を介した国内の武士団に対する執行権は依然として重忠が掌握していた。

この点を考えると、実朝の夫人として坊門信清の娘を迎えるために上洛した時政の女婿平賀朝雅と、畠山重忠の子重保の口論も、その後の重忠讒訴も、惣検校重忠と武蔵守朝雅との対立がその根底にあった可能性が高い。すなわち、重忠謀殺は、鎌倉の背後に位置する武蔵国を一元的に支配しようとする北条時政、その女婿平賀朝雅側の挑発と考えられるのである。

しかも、畠山一族のみならず、結果的に稲毛・榛谷という秩父諸氏をも抹殺できたし、畠山重忠の妻の実家であり、武蔵国足立郡を支配した足立氏もまた、この時点で本領足立郡を失った可能性が大きい。すなわち、鎌倉幕府滅亡後、足利尊氏が得た所領のなかに足立郡があったが、その旧領主は北条高時の弟泰家であった。おそらく、北条氏が代々伝領したもので、北条氏が滅ぶと尊氏に与えられたのであろう。

武蔵国留守所惣検校職をめぐる近年の論争

近年、菊池紳一氏は、嘉禄二年（一二二六）以前の『吾妻鏡』に「惣検校職」が確認されないことなどから、「惣検校職」の存在を否定した。これに対して、峰岸純夫氏や木村茂光氏、さらに筆者も反論、惣検校職でない畠山重忠がなぜ北条氏に滅ぼされたのか、単なる人望などという精神論的指摘では、元久二年の政変（畠山重忠の殺害と義時の台頭）を理解できないとして、惣検校職の存在を肯定した。

その後、山野龍太郎（やまのりゅうたろう）氏は、『法然上人伝記（ほうねんしょうにんでんき）』の記述から、武蔵国留守所惣検校職とは実態として武蔵国の「惣追捕使（そうついぶし）」であったと指摘した。明確な史料にもとづく新たな視点は、大いに評価されよう。ただし、十二世紀中頃、国衙に設置された惣追捕使の実例、さらに国衙機構における惣追捕使の位置づけ、『法然上人伝記』という後世の史料が、十二世紀前半の実態をどれほど正確に描写しているか、などの疑点もある。今後の大きな研究課題であろう。

（三）時政の失脚

牧方と時政

『愚管抄』の一節に、

> 北条時政は若い妻をえて、二人のあいだには多くの子・娘が生まれた。この若い妻は、大舎人允宗親（おおどねりのじょうむねちか）という者の娘である。この宗親は、池大納言平頼盛（いけのだいなごんたいらのよりもり）に永年仕えてきたが、駿河国の大岡牧（おおおかのまき）（静岡県沼津市（ぬまづ））というところを支配するようにな

った。

という記事がある。時政が、若い妻牧方と結婚したのは、かれが京都警衛のために上洛していたときであろう。

時政と牧方とのあいだには、政範のほかに数人の娘が生まれたが、長女が平賀朝雅と結婚したことはすでに述べた。比企氏を滅ぼした後、将軍実朝の外戚・後見として幕府の中枢を掌握した遠江守時政は、さらに権力基盤としての武蔵国を掌握するため、畠山重忠を滅ぼしたのである。

ところが、重忠が謀殺された直後の二十六日、関東諸国の守護と地頭に対して、それぞれ検断・所務を先例にもとづいて厳密に執行すべき命令が下されたが、『吾妻鏡』は命令の主体を記さず、単に「仰せ有り」としか記していない。しかも、七月になって、勲功のあった御家人を対象に新恩を給与したのは、実朝の幼少を理由に、その母政子であった。一方、同月二十五日には、時政が肥後国の御家人相良永頼に人吉荘(熊本県人吉市)の地頭職を与えており、政子・時政が重要案件をそれぞれ執行している。

これらの事例は、畠山重忠の謀殺直後、幕府の中枢を掌握していたはずの時政が、絶対的権力の保持者ではなくなっていたことを意味する。そして、この時政の権力失墜（つい）の直接の原因は、成功したはずの重忠謀殺であった。

畠山重忠の誅殺を時政に訴えたのは時政の妻牧方であるが、時政から相談をうけた義時はこれを諌めている。重忠の討伐後、鎌倉に帰った義時は時政にむかって、「重忠の従者がわずか百余騎であったことは、讒訴による誅殺であった可能性が強く、哀しみの涙を抑えることができない」と述懐したが、時政はこれに返答することもできなかったという。

時政と政子・義時

治承四年の蜂起後、頼朝に帰順した畠山重忠を、武蔵国を掌握するため、牧方の讒訴を理由に謀殺した時政から、御家人が離反することは目に見えていた。牧方の思惑が発覚した時、時政の召集した御家人は、その多くが義時邸に集まって将軍実朝を警護したことからもわかる。こうして、時政は義時・政子によってその権力を奪われ、幕府政治の中枢から遠ざけられつつあったのである。

牧方の「隠謀」

そして、畠山重忠謀殺の二か月後、閏（うるう）七月十九日、いわゆる牧一族の「隠謀」が発覚した。『吾妻鏡』によれば、

> 牧方が隠謀をめぐらし、平賀朝雅を関東の将軍に擁立するために実朝暗殺を計画した。そのため政子は、長沼宗政以下を時政邸に急ぎ派遣し、実朝を義時邸に迎えることができた。計画が挫折したため、時政は突然出家してしまった。

とある。時政の妻牧方が実朝を殺害しようとしたことは、『愚管抄』にも「関東において、再び実朝を殺害して、この平賀朝雅を大将軍に据えようとする計画が企てられた」と記されている。

しかし、たとえば『鎌倉年代記裏書』では、時政の計画（実朝殺害）が露顕したので、実朝は義時の館に逃れた。そこで、義時・政子の指示によって、時政を伊豆国修禅寺に幽閉した、とある。おそらく、畠山重忠謀殺の過程から政子・義時と対立した時政が、牧方や平賀朝雅と語らって実朝殺害と朝雅の新将軍擁立という計画をたてたのではないか。

翌二十日、時政は伊豆国北条に引退、その後は幕政の表舞台に出ることもなく、建保三年（一二一五）正月、七十八歳で没した。

この一連の事件によって、義時は頼朝以来の重臣にして武蔵国留守所の惣検校という実力者畠山重忠を排除し、武蔵国に対する影響力を強めることになる。しかも、

「父の命令」をかくれみのに行動したかれは、そのすべての責任を父時政に帰したばかりか、時政・牧方を失脚させることによって、平賀朝雅の新将軍擁立をも未然に防ぎ、時政・牧方・牧一族と対立する前妻の子政子・義時という北条氏内部の諸矛盾を解決することに成功したのである。

こうした観点からすれば、畠山重忠の謀殺から牧方の隠謀と時政の失脚にいたる過程は、大きく幕政を変えたという意味で、まさに元久二年の政変というべきできごとであった。

義時は「執権」を継承したか

『吾妻鏡』元久二年閏七月二十日条には、

午前八時ころ、時政が伊豆国北条に下向された。本日、義時が「執権のこと」を奉（うけたまわ）った。大江広元と安達景盛が義時邸に集まり、使者を京都に発遣することが評議された。これは、平賀朝雅を誅伐すべき旨を在京の御家人に命じるためである。

とある。入洛したこの使者は、すぐに在京の御家人を召集、二十六日には平賀朝雅を追討し、事件は落着した。

この義時が執権を「奉った」ことを根拠に、時政から執権「職」を継承したという理解が通説である。しかし、前章で述べたように、時政は「執権」でなかったから、少なくとも継承ではない。さらに、「執権」が複数の政所別当の上位者の呼称ということからすれば、少なくとも義時が政所別当でなければならないが、それでもない。

では、畠山重忠追討という事件を経て、義時は何を得たのであろうか。『吾妻鏡』は、義時を時政の後継者として記述している。しかし、すでに五味文彦氏・本郷和人氏・細川重男氏らが指摘しているが、相模守就任以前の義時は、『吾妻鏡』ではほとんど「江馬」姓で記されており、「北条」姓でなかったという驚くべき事実である。さらに、義時は時政の正統な継承者ではなく、北条氏から分立した江間氏の初代であったこと、時政の後継者としては、時政と後妻牧方のあいだに誕生した政範、あるいは義時の次男で時政の名越邸を受け継いだ北条（名越）朝時が考えられること、なども指摘されている。

筆者には、一部は納得できても、首肯できない指摘もある。義時には兄宗時がいたから、もともと時政の後継者たりえない。ところが、頼朝の蜂起に父時政・弟義時とともに従った宗時は、石橋山で敗れて落ちのびる途中、平家方の紀六久重に射取られてしまった。そこで、時政の後継者として政範や朝時の名が挙がったのである。政範は時政の寵愛する牧方の子、朝時は時政が住んでいた名越邸を受けついでおり、後継者としては申し分ない。

だが、実は宗時が戦死した時、この二人はまだ生まれていなかった。政範は文治五年（一一八九）、朝時は建久五年（一一九四）の生まれである。敗戦の混乱、頼朝が房総半島に逃れ、さらに鎌倉に入るものの、平家方が追討の大軍を派遣するなど予測不能な状況のなかで、後継者の選定は急がねばならなかったはずである。なにより、これから生まれるかどうかわからぬ「男子」に期待するなど、あり得ない悠長な対応であろう。

簒奪者？　義時の実像

では、なぜ義時が選ばれなかったのだろうか。詳細は拙著『北条義時』で確認されたいが、要は時政の後妻牧方の、前妻の子に対する不満である。流人時代の頼朝は、伊豆国の有力者伊東祐親の三女と結ばれたが、祐親はこれを許さなかった。その後、政子が頼朝と結ばれる時、牧方は自分の娘を頼朝に娶せようとして失敗、政子との関係も悪化していた。その弟が義時であった。しかも、義時が後継者になれば、牧方に男子が生まれてもその跡を継ぐ可能性はまったく無くなるといってよい。牧方の反対、これが義時の不運であった。義時が「江間」を名のり、北条から分立する背景でもあった。

しかも、義時には六歳になる弟時連（後の時房）がいた。母は、武蔵国の有力者足立遠元の娘である。牧方は、時連にも反対したらしく、その元服はようやく文治五年（一一八九）、十五歳になって行われた。政子が「殊に憐愍」（ふびんな思い）を時連に加えたと『吾妻鏡』は記す。しかし、その儀式は、御所内で頼朝や源家一族、幕府の有力御家人が参列して盛大に行われた。頼朝までも出席するなど、まさに時政の後継者誕生を予測させるものであった。もっとも、時連の元服に前後して牧方に政範が誕生しているから、時連の立場も安泰ではなかったはずだ。ところが、その政範が元久元年（一二〇四）に病没したから、平賀朝雅を新将軍に擁立できたとしても、時政の後継者をめぐっては予測不能な状況に陥ったはずである。

このような状況下に、義時は牧方の讒訴を利用したと考えるのは、義時にとって酷な評価だろうか。傍系の義時を嫡系に据えるには、義時が畠山重忠誅殺を再三反対したものの、やむなく大将軍として出陣、重忠を討ち取ると、その非を時政に転嫁し、義時の正当性を強調するという『吾妻鏡』の筆法と理解できるのである。

第三章　北条義時と和田義盛

一　義時と「執権」制

（一）　義時の失政

宇都宮頼綱の謀叛計画

元久二年（一二〇五）六月に畠山重忠が追討されると、その三か月後の八月七日、下野国の有力御家人宇都宮頼綱が、一族・郎従を率いて鎌倉に進撃するとの噂が流れた。義時はただちに政子邸に大江広元・安達景盛を迎えて評議し、下野国の守護小山朝政に追討を命じた。しかし、朝政は頼綱との姻戚関係を理由に固辞している。そのようなかで、謀叛の疑いをかけられた頼綱は、叛逆の意志のない旨を記した書状を義時に送り、さらに十六日、下野国で郎従六十余人とともに出家した。

翌日、頼綱、法名蓮生は宇都宮を出発して鎌倉の義時邸におもむき、陳謝の意を表そうとした。しかし、義時は蓮生と対面しなかった。そのため、蓮生は結城朝光を通じて髻を差し出し、その意を示そうとした。蓮生が鎌倉殿実朝に対してでなく、義時に陳謝の意を表したこの事件は、蓮生が義時を幕府の権力者と認めていたことを示している。

もっとも、宇都宮頼綱の謀叛の噂に対して、義時が強硬な姿勢を示したのは、その妻が父時政と牧方との子であったからであって、頼綱と時政・牧方との関係に敏感にならざるをえなかったのであろう。

守護人の定期交替策

宇都宮氏に対してみられた義時のある種強硬な施策は、徐々に広がった。承元三年（一二〇九）十一月、諸国の守護人でその職責を怠る者が多く、群盗が蜂起、荘園や国衙(こくが)領で困っているとの訴えが国衙(こくが)から出された。そこで評議がなされたが、守護は終身制であるために職務怠慢がおこるのであろうから、守護の任期を定めて定期交替制を採用すれば、幕府の監督もしやすくなるとの意見が出された。また、諸国の事情をよく調査したうえで、「不忠の輩(ともがら)」を改任すべきとの案も出された。

しかし、両案とも反対が多かった。幕府創設以来の有力御家人は、守護任期制によって大きな打撃をうけるからである。そこで、守護にも幕府創設以前の権限が守護職として認められた場合と、幕府の創設後、勲功賞によって守護に任命された場合とがあるから区別すべきであるということで、まず近国の守護について、その由来を調査することになった。

翌月、下総国の千葉成胤、相模国の三浦義村、下野国の小山朝政ら近国の守護は、職務内容などのわかる由来書を提出した。まず千葉成胤は、先祖の千葉大夫が元永年間（一一一八〜二〇）以後、千葉荘（千葉県千葉市）の検非違所（荘内の治安維持を担う荘官）をつとめてきたため、常胤が頼朝から守護に任命されたことを報告した。

つぎに三浦義村は、祖父義明が天治年間（一一二四〜二六）以来、相模国の一般行政を担当してきたので、頼朝から父義澄が検断（警察機能）を担当するよう命令されたと応えた。また、小山朝政は、先祖下野少掾（国司の三等官）藤原豊沢が下野国の押領使（国内の警察機能を担う官人）として検断を担当してきた。そして天慶三年（九四〇）、藤原豊沢の孫秀郷が平将門追討の官符（太政官の命令書）を賜ってから十三代、数百年間絶えることなく検断を担ってきたと述べた。さらに、これら三か国だけでなく、そのほかの国ぐにもすべて頼朝の任命書によって守護に就いていたことがわかった。

そこで義時も、守護の定期交替制をあきらめざるをえず、「たとえ小さな過ちを犯した場合でも、容易に改任できない」との結論を出さざるをえなかったのである。義時は、守護の定期交替制を実現することによって、守護を地方官僚化することを考えたのであろうが、徒労に終わったのである。

たしかに義時の方針は、強硬すぎたようである。千葉成胤・三浦義村・小山朝政らが証拠書類を提出して反対したように、幕府草創以来の有力御家人の既得権をおびやかすものであった。これでは、五百町歩をこえる新恩地は没収するという前将軍頼家の施策と本質的になんら異なることがない。

郎従の「侍」化

しかし、義時は守護の定期交替制計画と同じころ、自分の年来の郎従のなかでとくに功績のあった者を侍＝御家人に准ずるよう命令して欲しいと、将軍実朝に要請している。この要請を実朝が認めることになれば、郎従の主人である義時は一般御家人の上位に立つ存在となり、それは将軍の地位に次ぐことを意味する。義時は、身分制度のうえからも一般御家人とは異なる立場を確保しようとしたのである。だが、実朝は幕府体制の根幹である御家人制度を崩壊させるものとして、義時の要請を退けている。

どうも義時は、実朝への対応を甘く考えていたようにみえる。元久元年（一二〇四）三月、相模守に任命された義時には、将軍実朝の叔父（おじ）という血縁関係もあった。義時は、一般御家人からはかけ離れた立場から、幕政にかかわり、守護の定期交替制や対御家人政策の強硬化、郎従の「侍」化などの施策を推し進めようとした。

しかし、いずれも実朝自身の反対、有力御家人の拒絶によって挫折（ざせつ）するのである。

これらは、義時が自身の立場を過大評価したために生じた「失政」であった。なお、『吾妻鏡』は、時政失脚後に義時が「執権」に就任したとするが、それが事実であれば、その前提として政所別当に就任しているはずである。ところが、幕府から発給された公文書に義時の名はしばらく確認できない。つまり、「執権」就任自体が『吾妻鏡』の虚構ということになる。義時が次に解決すべき課題は、幕府機構上にかれ自身を明確に位置づけることであり、そして、有力御家人の排除であった。

（二）義時の政所別当就任と実朝の意欲

実朝政所の発足と時房の別当就任

承元三年（一二〇九）四月十日、実朝は従三位に叙せられ、政所を開設できる資格を得た。もちろん、それ以前から「政所」機能は実質的に維持され、「略式政所下文」を発給したことは、頼家の事例からもわかる。そこで、三位以前の例として建永元年（一二〇六）七月の略式下文案【a】を、さらに従三位に叙せられた後の承元三年七月の政所下文案【b】をみてみよう。なお、紙幅の都合から最初の事書と本文の一部、それに署名部分を載せておく。

【a】堀尾庄の地頭行直、にわかに長岡庄官として往古の四至堺を越え、田地を押領せんと欲する由を訴え申すのこと。

（中略）

早くその□□旧を停止して糺し定べきの状、鎌倉殿の仰せにより下知くだんのごとし。

建永元年七月四日　惟宗在判（孝実）

民部丞中原在判

散位藤原朝臣在判（二階堂行政）

書博士中原朝臣在判（師俊）

散位大江朝臣在判（広元か）

【b】将軍家政所下す、筑前国宗像社領内殿村の住人、

早く許斐神主氏主の妨げを停止し、僧行西をもって半分の地頭職と為さしむべきのこと、

（中略）

また地頭給田二町五段内の二町においては、譲り状に任せ、行西の得分たるべきの状、仰せるところくだんのごとし。もって下す。

承元三年七月二十八日　案主清原在判（実成）
知家事惟宗在判（孝実）
令図書允清原在判（清定）
別当書博士中原朝臣（師俊）
右近衛将監源朝臣在判（親広）
駿河守平朝臣在判（北条時房）
散位中原朝臣在判（仲業）

【a】【b】を見る限り、義時が政所別当であった痕跡は確認できない。なお、【b】では義時の弟時房が別当に就任していることに注目したい。

時政の嫡子宗時が戦死した後、時房（時連）が時政の後継者になった可能性を第二章で指摘したが、牧方に政範が誕生したため、その立場は潰えたのである。ところが、政範が病死したため、時房への期待度が高まった時、結果的にそれを遮ったのは、時政の後継者という立場を奪った義時であった。時房の別当就任は、以前、元服の儀式が行われるよう憐愍を加えた政子のさらなる配慮があったのか、あるいは時房を無下にもできぬ義時の対応であろうか。

義時を支えるかのような印象を与える時房であるが、建保二年（一二一四）四月には、三位叙位の希望を実朝に伝えている。義時の五位をはるかに凌ぐ叙位を希望するなど無謀ではあるが、北条氏の後継者だったという自負心、あるいは義時に対する対抗心とみることもできる。

義時の別当就任

こうした内憂を残しつつ、義時は「失政」の原因ともなった不明瞭な自身の立ち位置を、政所別当という幕府の組織上に位置づけたのである。すなわち、政所下文は承元三年（一二〇九）十二月十一日発給の【c】から、次のように変わった。

【c】将軍家政所下す、肥後国神蔵庄近部・鳥栖の住人、
　補任す　地頭下司職の事。
　　左衛門尉藤原能直
右の人、かの職に補任するの状くだんのごとし。もって下す。
　承元三年十二月十一日　　安（案）主清原在判（実成）
　　　　　　　　　　　　　知家事惟宗在判（孝実）
令図書允清原御判（清定）
別当相模守平朝臣御判（北条義時）

書博士中原朝臣御判（師俊）
左近衛将監源朝臣御判（大江親広）
駿河守平朝臣（北条時房）
散位中原朝臣御判（仲業）

新たに義時が加わったことがわかる。この時の位階は、義時が従五位上、時房が従五位下であったが、それ以外は不明。親広は大江広元の嫡子ながら、源（土御門）通親の猶子となって源姓を称している。また、いわゆる「安中坊系譜」（『寒河江市史［大江氏ならびに関係史料］』）には「正六位上蔵人　従五位上　左近太夫将監　遠江守民部権少輔、正五位下　武蔵守　式部少輔　補政所」とあり、これが任官・叙位の順序を示しているとすれば、【c】の左近衛将監の段階では従五位上となり、義時の位階と変わらない。にもかかわらず、義時が上位に位置づけられているのは、親広の叙位が義時よりも遅かったとみるべきだろう。

　中原仲業は長らく右京進を冠して『吾妻鏡』に記述されるが、その相当官位は従六位下、中原師俊の書博士に至っては従七位上である。もちろん、師俊が仲業よりも上位者であることからすれば、師俊が昇進して仲業の上位に就いたものと思われる。いずれにしても、義時の位階が五人の別当のなかで最上位だったのである。

こうして、政所下文【c】によって、承元三年（一二〇九）十二月頃、義時の別当就任が初めて確認できるのであり、義時が元久二年（一二〇五）閏七月二十日、「執権」＝政所別当に就任したという通説＝『吾妻鏡』は修正されることになる。

元久二年（一二〇五）閏七月二十日は、時政追放の日でもあった。それは、執権は北条氏が継承するものであるが故に、時間的空白があってはならないという『吾妻鏡』編纂者の認識から、同日でなければならなかったのである。

政所別当についた義時は、翌承元四年正月一日、実朝の使者として鶴岡八幡宮に奉幣した。頼朝の時代から行われていた将軍の元日奉幣が、近年は廃れていたため、復活させた。さらに八月の鶴岡放生会、九月の鶴岡祭も、実朝の参宮がないなかで、義時が奉幣使として参詣した。承元五年（一二一一）と翌六年には、正月一日に垸飯役を勤仕している。正月の垸飯役は、幕府内の序列を表すものであったから、公式祭祀への使者役も含めて、義時の立場が以前とは異なったことを示している。

だからといって、義時が「執権」に就いたわけではない。そこで、つぎに義時に残された課題は、「執権」就任と有力御家人の勢力をいかに削減するかであった。

実朝の意欲と別当義時の限界

義時が、政所別当に就いたからといって、必ずしも義時中心に幕政が遂行されたわけではない。承元三年十二月以降、実朝が暗殺される建保七年（一二一九）正月までに発給された政所下文は、現在、二十三通が確認できるが、建保四年（一二一六）四月以降、別当が五人から九人に増員されると、義時は別当の筆頭（最上位の位階）ではなく、三番手に落ちてしまう。さらにこの間、少なくとも関東御教書十九通の発給が確認されるが、前半は中原仲業が、後半は清原清定(きよさだ)が実朝の意向を受けて発給している。義時はわずかに二通である。

『吾妻鏡』を見ても、中原仲業や清原清定・二階堂行光が諸政を担当し、これに大江広元や三善善信が加わるが、義時が実朝の意を承った事例は一件のみである。なお、関東下知状・関東下文は四通確認できるが、義時が関わったものは関東下文一通と広元と連署で発給した下知状の合わせて二通にすぎない。実朝殺害後、義時の単独署判の下知状だけになるのとはまったく異なる状況である。

成長する実朝

この頃、十八歳に達した実朝が幕政に関与する事例が見えてくる。『吾妻鏡』に載る実朝の「親裁」事例をみてみよう。たとえば、承元三年（一二〇九）三月、高野山は備後国太田荘(おおたのしょう)（広島県世羅町）からの年貢未納を訴えてきた。太田荘の地頭三善善信(ぜんしん)の代官と高野山の使者僧が鎌倉に召還されたが、あろうことか実朝の面前で口論となった。両人が退座させられたことはいうまでもない。幕府の重鎮善信が一方の当事者であったためか、裁決はしばらく差し置かれることになったが、『吾妻鏡』には大江広元や義時の関与も記されず、「直に仰せ下さる」と実朝直々の裁可であったことを載せている。

また、翌年十二月には、信濃国善光寺（ぜんこうじ）地頭職をめぐって寺家と地頭長沼宗政が対立し、地頭停止の裁決が下されて政所下文が作成された。これを担当したのは、広元であった。義時を含めて五人の別当が在任しているにもかかわらず、政所別当を離任した広元が担当しているのである。

さらに、建暦元年（一二一一）四月、陸奥（むつ）国長岡（ながおか）郡（宮城県大崎（おおさき）市）の新熊野（いまくまの）社の僧隆慶（りゅうけい）が地頭平資幹（すけもと）の神田押領を訴えたので、当事者を召還して対決させた。問注所の「勘申」（先例等調査結果の具申）などを参考に「御前」で沙汰（さた）があり、隆慶の提訴を退けたのであるが、『吾妻鏡』はこれも「直に仰せ出（いだ）さる」と記し、政所令（れい（すけ））の清原清定が奉行を務めたことを載せている。

実朝の再評価、老獪な官僚・御家人

こうした事例から、「怯（ひる）むことなく公平に」御家人に接したとの評価を実朝に下した坂井孝一（さかいこういち）氏は、承元三年を十八歳に成長した実朝の親裁が始まった年と指摘する。

坂井氏の『源実朝』（二〇一四）は、公家文化に染まった軟弱将軍とでもいうべき評価を再検討する近年の学界動向を踏まえ、さらに『金槐和歌集』に載る和歌を読み直すなどして新たな実朝像を描いている。

頼家の跡を継ぎ、鎌倉殿に就いた時、実朝は十二歳。頼りにすべき父頼朝もすでに亡く、その職責を果たすべく、鎌倉殿としての帝王学を学びとろうとした相手が後鳥羽上皇であったが故、あるいは朝廷とわたりあうためには王朝文化の吸収が必須であったと指摘する。おそらく、大江広元や義時が実質的に中心となった幕政に、少しずつ主体的に対応していったことは紛れもない事実であろう。そのこともあってか、幕政遂行が必ずしも義時を核としたものにならなかったことは充分推測できる。

しかし、実朝の幕政に対する意欲が実を結ぶとは限らない。たとえば、承元四年三月、実朝は政所に対して武蔵国の大田文作成を指示した。大田文は、御家人役を賦課するために必要な国内の公領・荘園の田積と領主名が載っている。幕府体制の根幹ともいうべき、御家人役を奉公させるシステムを維持させるための基本的な帳簿である。翌年十二月、実朝は駿河・越後・武蔵三か国の大田文作成を二階堂行光、清原清定に命じたが、それは一年十か月が経ったのにまだ作成されなかったということでもある。

また、同年六月、駿河国以西の「海道・駅家」に夜行番衆を交替で勤務させ、旅人の警固に当たるよう各国守護に命じた。さらに、これ以前、海道に新しい宿駅の建設を命じていたにもかかわらず執行されなかった。そこであらためて、建暦元年（一二一一）六月、ふたたび守護・地頭に命じている。実朝の施政方針・指示が行き届いていない、あるいは担当者が遵行しない実態がみえてくる。

さらに、遡って承元三年五月、土屋宗遠が梶原家茂を殺害した。その直後、宗遠は御所に馳せ参り、和田常盛に太刀を預けたため、その身は和田義盛に預けられた。しばらくして、宗遠は嘆願書を和田義盛に提出、頼朝以来、忠勤を励んできた自分と謀叛人梶原景時の孫家茂との違いを述べ、拘禁自体が眉目を失うと主張した。嘆願書を直接見た実朝は、宗遠の主張を退けつつも、六月十三日が頼朝の月忌（祥月命日）であることを理由に、これを赦免した。

ただし、これは宗遠の計画的犯行であろう。家茂殺害後、すぐに自首すると身柄は義盛に預けられた。侍所別当職を騙し取った梶原景時の孫に対し、和田義盛が良い感情を持っていたとは思えない。しかも、頼朝の祥月命日に嘆願書を提出するなど、実朝の若さを見透かした宗遠（あるいは義盛も含めて）の老獪さが見て取れる。

坂井氏は、この時期の実朝を「怯むことなく公平に」御家人に接したと評価した。しかし、若い実朝に対する行政官僚・御家人の反応は老獪であり、実現できない（しない）場合が少なくなかったのである。

二　和田合戦

（一）和田義盛と北条義時

義盛の国司任命要求

承元三年五月、和田義盛は将軍実朝に、上総国司への任官を朝廷に推挙されたい旨を希望した。ところが、実朝は決定せず、母政子に相談した。政子は、頼朝以来の先例もあるから、許可できないのではないかと返答し、さらに「そのような例を始めるのであれば、女性の私が口出しできるものではない」とダメ押しした。実朝は、義盛の希望を叶えることができなかったのである。義盛は、その後も大江広元に嘆願書を提出して、上総国司推挙をふたたび希望したが、十一月になっても明確な処置はとられなかった。

当時、多くの御家人のなかで受領＝国司に任命されていたのは、わずかに相模守の義時、駿河守の北条時房、武蔵守の足利義氏、遠江守の源親広（大江広元の子）の四人であった。これ以前、元暦元年（一一八四）六月には源範頼が三河守、源広綱（頼政の子）が駿河守、平賀義信（甲斐源氏）が武蔵守にそれぞれ任じられ、同年九月には大江広元が因幡守、さらに翌文治元年八月には源義経が伊予守、新田義範が伊豆守、足利義兼が上総介、大内惟義（義信の子）が相模守、加賀美遠光（甲斐源氏）が信濃守、田中義資（甲斐源氏）が越後守に任命され、そして、正治二年四月には北条時政が遠江守に任命された。もっとも広元の場合、頼朝というより、朝廷側の九条兼実や源（土御門）通親らの推挙と上杉和彦氏は指摘する。また、広元の子親広も通親の猶子となって源姓を名のっているから、時政・義時・時房を除くと、すべて源氏一門であった。

したがって、頼朝の死後になると、北条氏だけが国守に任命されて源氏一門に準ずる待遇をうけていたことになる。ただし、北条氏は頼朝の妻の実家であり、頼朝の死後は鎌倉殿の外戚という一面があったことを見落としてはならない。

ところで、侍所は治承四年（一一八〇）十一月に設置されたものだが、その別当には、一時期を除いて、ほぼ三十年にわたって和田義盛が就いていた。

義盛の焦り

和田氏は、三浦氏の一族で三浦大介義明の長子杉本義宗を祖とした。しかし、義宗は長寛元年（一一六三）、安房国長狭城（千葉県鴨川市小湊）を攻撃した際に負傷、三十九歳で没したため、三浦氏を相続できなかったらしい。この義宗の長子が和田義盛である。義盛は、頼朝の蜂起に際し、他の三浦一族とともに頼朝に合流するため三浦半島を出発した。族長三浦義明のもとで、ほぼ同一行動をとっていた。義明の死後、三浦氏の族長は次男義澄が継承したが、義盛は幕府の要職に就くことによって、三浦一族から自立する傾向がみられる。

侍所の職務には、罪人の逮捕や科刑執行などの警察的機能や鎌倉市中の治安維持があった。しかし、もっとも重要な職務は御家人の統制であった。たとえば、文治元年（一一八五）、源範頼・義経兄弟が平家を攻撃するために出陣したとき、別当和田義盛は軍目付として源範頼にしたがい、さらに同五年六月、平泉の藤原氏攻撃に際し、御家人を召集したのも別当義盛と所司（次官）梶原景時であった。一時期、別当に景時が就いたこともあったが、景時が討伐されると再任されており、幕府草創期の功臣の多くが死没した当時、職務上からも、義盛は御家人のあいだに隠然たる影響力をもっていた。これらの事例は、三浦氏の族長義澄といえども、侍所の別当義盛の命令には従わねばならなかったことを示しており、義盛が三浦一族から自立しえるきっかけともなった。

ところが、かれの帯びていた官職は「左衛門尉」（左衛門府の三等官）にすぎず、多くの御家人と変わらなかった。しかも元久元年（一二〇四）には義時が相模守に任命され、翌年には弟の北条時房が駿河守に、ついで承元四年（一二一〇）に武蔵守に転任すると、鎌倉が所在する国とその背後に位置する国の最高官職が、北条氏に占有されることになった。

当時、国府には国内の土地台帳を始めとする基本帳簿が保管され、また工房（こうぼう）が附属するとともに、その所在地自体が交通上の要地でもあった。国府の占める重要性、役割は、鎌倉時代に入ってもなお健在であったから、国司に任命されて国府機構を支配することはきわめて重要であった。したがって、和田義盛にとって国司に任命されることは、国府を通じて一国支配を可能にするだけでなく、任命自体が御家人社会における立場を認識させるものとして必要なことだった。

和田氏と房総

では、和田義盛は数ある国ぐにのなかで、なぜ上総国司を希望したのであろうか。その理由のひとつに地理的状況がある。地図をみればわかるように、和田氏の本拠である三浦半島や鎌倉と上総国は、浦賀（うらが）水道をへだてて最短六〜七キロメートルと身近な地域であった。

また、和田義盛の子義秀（よしひで）が名のる「朝夷名（あさいな）」は、安房国朝夷（あさい）郡（鴨川市南域）に由来するというが、すでに述べた義盛の父杉本義宗が攻めた「長狭城」はその北に位置していた。義宗が「長狭城」を攻撃できたのも、すでに朝夷郡を支配していたからと考えるべきだろう。石橋山で敗れ安房国に逃れた頼朝が、現地の長狭氏を破ることができたのは、「国郡の案内者」でもある三浦義澄の情報収集力があったからと『吾妻鏡』は記している。義澄を含む三浦一族は、長狭氏の動向を知って、それにすばやく対応できるほど、安房国の情報に通じていたということになろうか。

頼朝の挙兵以前から、三浦一族が房総半島の一部を支配していたとみると、石橋山で敗れた頼朝が安房国に渡海したのも、窮余の一策ではなく、敗れた場合を考えた既定方針に基づいたものであったと思われる。

こうした三浦・和田氏と房総半島の関わりは、義盛も継続し、あるいは強化した。たとえば、上総国畔蒜荘（千葉県君津市・木更津市）の現地管理は、相馬介（下総国相馬御厨を支配し、上総国の権介に就いた上総氏の族長）および和田義盛が行っていたことが『吾妻鏡』から確認され、また、義盛は日ごろ「上総国伊北荘」（いすみ市西部）に住んでいたという。それらは、寿永二年（一一八三）に上総権介広常の殺害以後、義盛が支配するようになったものと理解されるが、安房国を起点に上総国にその支配を拡げたことがわかる。

ところが、承元四年（一二一〇）六月、上総国司に後鳥羽上皇に仕える北面の武士藤原秀康が任命された。間もなくして、秀康の使者が国府に入って国務を執行したが、先例を無視して新しい政策を遂行しようとしたため在庁官人と衝突、さらに土民とのあいだにも紛争を引き起こしたらしい。おそらく、秀康の支配方針が、在庁官人や地域の領主の既得権を脅かすようなものであったのだろう。

直接的な史料はないものの、この衝突は当然、義盛の所領支配にも影響を与えたと思われる。和田義盛が上総国内で伊北荘や畔蒜南荘を支配するばかりか、日ごろから伊北荘に居住していたというから、かなりテコ入れをしていたのだろう。したがって、義盛は国内の所領支配を強化するためには、国司として国衙機構を支配するなかで一国の掌握をより確実に進めようとしたと考えられる。

房総の「やぐら」

房総半島、とくに安房地域には「やぐら」と称される横穴が少なくとも五百基以上が確認されている。なかには、倉庫や溜池用に穿った近代以降の横穴や近世の洞、さらには古代の横穴墓などもあるが、少なくとも中世の墳墓・供養施設として利用された遺構も少なくない。

ところで、「やぐら」というと鎌倉では数多く、容易に見ることのできる中世の横穴式の墓所・供養施設である。もともと「やぐら」は、岩穴を指す鎌倉地方の方言といわれ、すでに貞享年間（一六八四～八八）、徳川光圀の命によって編纂された『新編鎌倉志』の正覚寺の項に「切抜の洞二十余間」が「俗にくらがりやぐら」と称されたとあり、さらに「総じて鎌倉の俚語に、巌窟をやぐらと云なり」とあるから、十七世紀にはその名称が用いられていたことがわかる。

大三輪龍彦氏によれば、仁治三年（一二四二）、幕府は

> 一、府中（鎌倉内）墓所のこと、
> 右、一切有るべからず。若し違乱のところあらば、且つは改葬の由、主に仰せられ、且つはその屋地を召さるべし。

という追加法（一九六条）を発令したが、それは鎌倉府内の平坦地を確保するための墓地改葬命令であって、この規制をうけて「やぐら」という鎌倉独特の墓様式が生み出されたと指摘する。もっとも、それぞれの「やぐら」がいつごろ造られたのか明確に知ることは難しく、仁治三年の幕府法がきっかけであったとしても、それ以前から造られていた可能性はある。

こうした鎌倉特有の墓所・供養施設に似た遺構が、安房を中心とした房総半島南域に多く確認されることは、中世を通じて鎌倉と房総が密接な関係にあったことを示し

安房の「やぐら」（南房総市）

「やぐら」に隣接する切り通しを思わせる旧道（南房総市）

ている。井上哲朗（いのうえてつろう）氏は、安房郡丸山町（まるやままち）（南房総市）に集中する複数の「やぐら」群を調査し、鎌倉と密接な関係をもつ領主層、具体的には丸一族が関与していること、海上交通によって鎌倉方面から来る僧侶（そうりょ）や職人が関わった可能性を指摘している。もっとも、丸山町近辺は旧朝夷郡に属していたから、和田義盛の子朝夷名義秀の苗字の地であることなど、両者の関係を推測でき、両者の深い関係を想像させるのである。

（二）和田一族の滅亡

泉親衡の謀計

建暦元年（一二一一）、信濃国の泉親衡（いずみちかひら）は北条氏を倒して将軍実朝を廃し、頼家の遺子千寿（せんじゅ）を将軍に擁立しようとして謀叛を計画した。しかし、その計画は、建暦三年（一二一三）二月、親衡の使者安念（あんねん）法師が千葉成胤に捕らえられたことによって発覚、多くの共謀者が捕縛された。安念法師の白状によれば、首謀者は百三十余人、その従者は二百人にもおよび、信濃・越後・下総・伊勢などを含む広い範囲の御家人が含まれていた。しかも、捕らえられた者のなかに、和田義盛の子義直（よしなお）と義重（よししげ）、それに甥の胤長（たねなが）の三人が含まれていた。

泉親衡の謀叛発覚と三人の捕縛を聞いた和田義盛は、伊北荘から急ぎ鎌倉に馳せ参じた。かれはすぐに実朝に対面し、義直・義重の赦免を願いでて、これを許された。さらに翌日には、一族九十八人を引きつれてふたたび実朝のもとに参り、甥胤長の赦免も願いでた。しかし、義時はこれを拒否したばかりか、捕縛した胤長を二階堂行村に預けたのである。その後、胤長は陸奥国岩瀬郡（福島県岩瀬郡）に配流されたが、義盛の面目はまるつぶれであった。

義時の挑発

ところで、親衡の謀叛に同調した薗田成朝は捕縛された後に逐電したが、実朝によって赦免され、渋河兼守も和歌を実朝に献じて助命された。さらに、張本人の泉親衡でさえ行方不明のまま、処罰されることはなかった。つまり、この事件の首謀者のなかで、和田胤長以外は処罰されていないことになる。和田一族に対する、義時のあからさまな挑発であった。

四月二日、胤長が所有していた荏柄天神社前（鎌倉市二階堂）の屋敷地は、当時の慣例にしたがって一族の義盛に与えられた。ところが、理由も判らぬままに取りあげられ、義時に与えられたのである。義時は、この屋敷地を被官の金窪行親と安東忠家に分け与えている。このような一連の対応が、義盛に謀叛＝義時打倒に向かわせたのである。

四月二十七日、実朝は宮内公氏を義盛のもとに派遣、謀叛の実否を問いただした。義盛はこれを否定したが、かれの邸内には朝夷名義秀や古郡保忠らが集まり、兵具を調えていたから、公氏はこの状況を実朝に報告した。そこで義時は、鎌倉の御家人を御所に集め、義盛の蜂起が近いことを告げ、その対策を命じた。二十九日、義時は駿河国に籠居していた次男朝時を鎌倉に呼びもどし、合戦に備えた。両者の衝突は、すでに時間の問題であった。

義盛の決起

五月二日、八田知重は、義盛邸に軍兵が集合していることを大江広元に連絡した。和田義盛の決起が発覚したのである。八田知重の急報をえるや、広元は急ぎ御所に参り、同時に三浦義村も義時邸に入って義盛の決起を伝えた。当初、三浦義村は義盛の決起に同意し、ともに挙兵することになっていたが、約束を反故にして義時に味方したのである。その直後、義時は御所に入り、政子以下を鶴岡八幡宮の別当坊に避難させた。

同日午後四時頃、義盛は嫡男常盛以下百五十騎を率いて御所を襲った。義盛の軍勢は三手に分かれ、幕府の南門と義時邸の西門、北門を攻撃したが、守備していた武士がよく防戦したため、それ以上は進入できなかった。つぎに、広元邸が攻撃されたが、広元は法華堂に逃れたらしい。なお、法華堂は鎌倉市西御門に所在した頼朝の墓所であって、現在は頼朝の墓塔（江戸時代の層塔か）が残されている。

義盛勢は、横大路に至って政所前で戦いが展開され、三浦義村や波多野忠綱が防戦につとめたものの、午後六時頃には幕府が包囲された。北条泰時・同朝時・足利義氏らが防戦したが、朝夷名義秀は惣門を破って御所内に乱入、火を放ったため、実朝は法華堂に逃れざるをえなかった。

しかし、戦いが長引くにつれて和田勢も疲れをみせ始め、義盛はいったん由比ガ浜近くに退くことにした。米町辻・大町大路でも戦いがあり、足利義氏・小田知尚・波多野経朝らが和田勢に反撃を加えた。

翌三日、和田勢は食糧も乏しくなり、乗馬も疲弊の極みに達した。午前四時ごろ、横山時兼が義盛勢に合流、三千余騎ほどに増えた和田勢は、ふたたび攻撃を開始した。午前八時頃、曾我・中村・二宮・河村諸氏の軍勢が武蔵大路や稲村ケ崎周辺に到着した。初めは形勢をうかがっていたが、実朝の御教書が下されると、続々と北条勢に加わり始めたのである。

午前十時頃、義盛追討の命令が武蔵以下の近国に発せられた。同じころ、由比ガ浜に逃れた義盛は、ふたたび御所を攻撃しようとした。しかし、若宮大路は泰時・時房が、小町大路は足利義氏が、名越方面は源頼茂が、大倉方面は佐々木義清・結城朝光がすでに防衛していた。そのため、由比ガ浜と若宮大路で戦いが再開された。

義盛の戦死

義盛方の土屋義清・古郡保忠・朝夷名義秀の三騎は、轡をならべて周囲の軍勢を攻撃したので、北条勢が退散することとたびたびであった。ところが、この土屋義清が甘縄から亀ケ谷を経て窟堂前の道路を通って旅御所に進もうとしたところ、赤橋近くで流れ矢に当たり戦死したのである。これをきっかけに、義盛方が劣勢となっていった。

午後六時頃、和田義直が伊具馬盛重に討たれた。落胆した義盛も、江戸能範の所従に討ち取られ、さらに続いて義重・義信・秀盛らもそれぞれ討たれた。兄弟が敗死するなかで、朝夷名義秀は五百騎ほどを引きつれ、船で安房国に逃れ去ったという。また、和田常盛・和田朝盛入道・山内政宣・岡崎実忠・横山時兼・古郡保忠らも戦場を逃れて行方をくらました。その直後、義時は大江広元と連署で、謀叛人追討の命令書を各地に送った。逃亡した義盛の残党の捜索が開始されたのである。

翌四日、古郡保忠・和田常盛、さらに横山時兼は逃れきれず、甲斐国で自害した。和田常盛・横山時兼らの首は鎌倉に運ばれ、片瀬川辺に曝されたが、それらの首は二百三十四を数えたという。六日には、岡崎実忠父子三人が、九日には陸奥国岩瀬郡に流されていた和田胤長もそれぞれ殺害された。

なお、この事件は、戦われた年号から「建保合戦」と称されることが多い。しかし、建暦三年（一二一三）は十二月六日に「建保」に改元されたのであって、戦いがあった五月は「建保」ではない。そのため、本書では建保合戦ではなく、「和田合戦」と記述した。

（三）和田合戦の意義

義時が得たもの

逃亡者の捜索と並行して、五日には謀叛人の所領が没収され、勲功のあった御家人に新恩として給与された。同日、義時が侍所の別当に任命されたが、和田合戦を経て、それ以前から就任していた政所の別当とあわせて幕府の二大要職に就いたことになる。しかも、翌六日には、義時の被官金窪行親（かなくぼゆきちか）が侍所の次官である所司（しょし）に任命された。

時政を追放した義時は、一時的な「失政」の後、幕府の機構上に確かな位置を占め、さらに有力御家人の勢力削減を意識したことは、すでに指摘した。かれは、その方針に基づいて政所の別当に就くとともに、和田合戦を経て、和田氏という幕府草創以来の有力御家人を全滅に追いやったのである。しかもその結果、和田義盛の就いていた侍所の別当職をも手に入れた。

しかし、和田合戦のもつ意味はそれだけではない。侍所の所司に、義時は被官を任命したのである。これ以前、梶原景時や一時的に義盛が所司であったように、御家人が所司に就いていたのだから、被官クラスの所司就任は異常といわなくてはならない。そこに、義時の施策完遂のための読みがあったと思われる。

侍所の職務のひとつに、御家人の統制がある。この御家人統制が、義時の被官によって担当されることになったのである。義時は以前、功績のある郎従を「侍」＝御家人に取り立ててほしい旨を実朝に希望し、却下されるということがあった。

だが、和田合戦を経て、義時の被官が侍所司として御家人統制を担当することになったのだから、それは義時の立場が一般御家人とは異なるものになることを意味した。却下された身分制の問題を、義時は被官を侍所司に就けることによって、叶えてしまったといえる。まさに義時にとって、一石二鳥以上の合戦だった。

御家人に対する勲功賞は、七日以降も行われたが、義時は相模国山内荘と菖蒲（神奈川県秦野市）を、子息泰時が陸奥国遠田郡（宮城県遠田郡）を、弟時房が上総国飯富荘（千葉県袖ケ浦市）を手にいれた。山内荘は、今でこそ鎌倉市などの一部（北鎌倉）であるが、当時は独立した区域として、鎌倉の北部に位置する重要な地域であった。後に、北条時頼によって建長寺や最明寺が、さらに時宗によって円覚寺がそれぞれ創建されることになる。

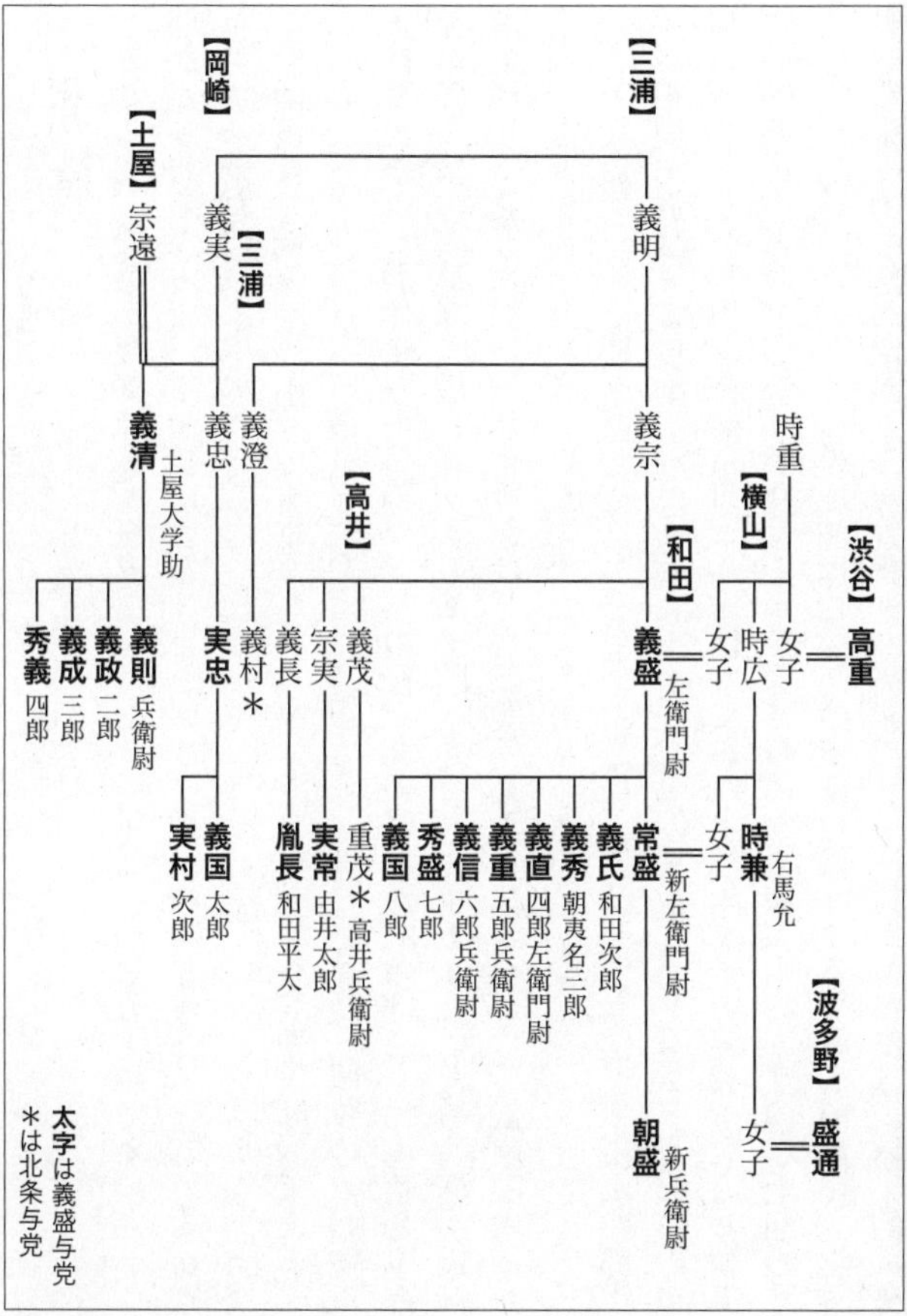

図5　和田氏関係系図
（『吾妻鏡』・「和田系図」〈『続群書類従』第六輯上〉等に拠る）

建暦の政変

ところで、義盛が最初に御所を攻撃したときの軍勢は約百五十騎であったが、横山時兼が加わることで三千余騎にもなったという。数字に誇張があるとしてもかなりの軍勢であった。

横山氏は、武蔵国横山荘（東京都八王子市）を本拠とする有力御家人である。元久二年（一二〇五）、畠山重忠が北条氏の謀略によって討伐され、同時にいわゆる秩父一族や足立氏が弱体化していった。その後、北条時房が武蔵守として国務を掌握するなかで、横山氏が同国最大クラスの武士団として存在することになる。横山氏が大軍を動員して義盛に加わった背景には、姻戚関係もさることながら、武蔵国内における北条氏と横山氏のせめぎ合いがあったとも考えられる。

また、『鎌倉年代記裏書』には「義盛ならびに土屋兵衛尉（義清）、中山四郎、横山党、相模・武蔵・安房・上総等の軍兵二百人与力」とある。「安房・上総」の軍勢が加わっており、和田義盛が常日ごろ居住していた上総国、子の義秀が名のる朝夷名＝安房国朝夷郡との強いつながりもあった。さらに、土屋、山内、渋谷、毛利の軍勢も義盛方に加わった。これらの地域は相模国の東部に偏在する。戦いの最中、鎌倉に到着した相模国西部に位置する「曾我・中村・二宮・河村」の軍勢は、結果的に幕府方

＝北条方に合流している。相模国内も大きく二分されている。

もちろん、和田義盛が「横山の人々」を含め、土屋、山内、渋谷、毛利の人びとまで統率・動員できたわけではない。かれらの関係はあくまで対等であって、幕府の討伐命令書にも「和田左衛門尉義盛・土屋大学助義清・横山右馬允時兼」と並記されており、幕府もまた三者を同列にみていたことがわかる。

このように考えてくると、これまで「和田合戦」と記述した建暦三年の騒擾（そうじょう）は、単なる義時と和田義盛の対立ではない。それは、和田氏と横山氏、相模国東域の御家人を中核とする一大勢力が北条氏と対立し、鎌倉市中で激突した最大規模の戦いであった。しかも、この戦いによって、義時が幕政上に大きな立場を確立したことを考えると、まさに「建暦（けんりゃく）の政変」と称すべき大きな事件であった。

関東の爪牙耳目

和田合戦については、『吾妻鏡』に戦いそのものの叙述が多く、その後の戦功を含めて関心が向けられている。しかし、行政官僚のトップともいうべき大江広元の役割も小さくない。広元が合戦そのものに加わることはなかったが、幕府の文籍を守るべく、戦いのさなか政所まで引き返したことなど、官僚としては面目躍如というべきか。もしそれらの文籍が焼失したならば、その後の幕政遂行に影響を与えたことはいうまでもない。

しかし、そればかりではない。和田義盛が決起した翌三日、三通の文書が発給された。一通は、義盛方に横山時兼や波多野盛通の軍勢が加わって勢いが増した頃に下された。曾我・中村・二宮・河村ら相模国西域の御家人が稲村ヶ崎周辺まで押し寄せたところ、法華堂の御所（実朝）から味方に付くよう呼びかけられたが、疑問もあって躊躇していた。そこで、実朝の御判（花押）の据えられた御教書【A】が下され、これを見て義時方に味方したのである。

この【A】自体は残されていないが、その直後、近国の然るべき御家人に下された書状【B】、さらに和田義盛の戦死後、その残党を捜索するよう京都におくったもの【C】があるが、宛所は佐々木広綱である。広綱は、頼朝の蜂起にも加わった佐々木定綱の嫡子で、近江国の守護でもあった。建仁三年十月に中条家長とともに上洛し、京畿の御家人に実朝への忠節を誓わせ、起請文を提出させるよう平賀朝雅に伝えている。その後も在京していたらしく、元久二年には牧方事件に関連して平賀朝雅を追討している。

この二通【B・C】は『吾妻鏡』に載っているので、一部を漢字に宛てて載せよう。なお、『吾妻鏡』には、いずれも「御判」「将軍家御判」が載せられたとあるので、書状の右側（袖という）に花押が据えられたもの、すなわち、少し長いが「源実朝袖判北条義時・大江広元連署書状」ということになろう。なお、後に発給される関東下知状や関東御教書には「鎌倉殿の仰せにより」との文言が記載されるが、これに代わって花押が据えられたと考えれば「源実朝袖判御教書」ということになろうか。

【B】

（実朝花押）

近辺の者に、この由を触れて、召し具すべきなり。和田左衛門・土屋兵衛・横山の者ども、謀叛を起こして、公（きみ）を射奉るといえども、別の事なきなり。敵（かたき）の散り散りになりたるを、急ぎ討ち取りて参らすべし。

五月三日　大膳大夫（大江広元）
相　模　守（北条義時）

某殿

【C】

（実朝花押）

和田左衛門尉義盛、土屋大学助義清、横山右馬允時兼、すべて相模の者ども、謀叛を起こすといえども、義盛、命を殞（おと）しおわんぬ。御所方、別の事なし。然れども親類多きうえ、戦場よりも散り散りになる由聞こし食（め）す。海より西海へも落ち行き候いぬらん。有範・広綱おのおの其方様の御家人等に、この御文の案を廻（めぐ）らして、普く相触れて、用意を致して討ち取りて参らすべきなり。

五月三日　大膳大夫（大江広元）

相模守（北条義時）

佐々木左衛門尉殿（広綱）

注目すべきは、義時とともに大江広元が発給主体となっている点である。しかも、文書の袖には実朝の花押が据えられたから、鎌倉殿が裁可した文書として下されたことになる。混沌とした戦乱のなかで、義時と広元が実朝の権威を用いて対応したといえる。さらに、合戦が終わって行われた論功行賞は、『吾妻鏡』に「相州（義時）、大官令（広元）これを申し沙汰せらる」とあるように、義時・広元が行ったのである。

この時期、上杉和彦氏が指摘するように、建永元年（一二〇六）七月以降、建保四年（一二一六）四月以前の政所発給の下文に大江広元の名は確認されず、和田合戦の前後約十年ほど、広元は政所別当を離れていた。にもかかわらず、和田義盛から「関東の爪牙耳目」（手先となって働く者）と評された広元が、義時とともに「戦い」、戦後処理に対応したのである。

広元・義時連署の下知状

二人の協働はこれに止まらない。建保四年二月に発給された連名の関東下知状【D】は、次のようなものであった。

【D】権律師継尊申す、伊勢国大橋御園〈一名棚橋〉地頭職のこと。故大将殿（源頼朝）の御時、神宮の訴訟により、道時法師の沙汰を停止せられおわんぬ。その後、去る元久二年、重ねて裁断の上、今更相違有るべからず。早く本のごとく継尊をして領知せしむべきの状、鎌倉殿の仰せにより下知くだんのごとし。

建保四年二月十五日

相　模　守平御判（北条義時）

陸奥守中原御判（大江広元）

すなわち、大橋御園（三重県度会町）の地頭職をめぐる継尊と道時の争いに、「鎌倉殿の仰せ」にもとづいて義時・大江広元連名の下知状が下されたのである。この形式は、たとえば、泰時・時房がいわゆる執権・連署の立場で発給した次のような関東下知状【E】とまったく同じであることに気づく。

【E】下総国香取社神主職のこと。去る承久三年八月十五日当家御下知状ならびに今年五月日本家政所下文に任せ、中原助道、社務を執行せしむべきの状、鎌倉殿の仰せにより下知くだんのごとし。

嘉禄二年八月廿六日

武蔵守平花押（北条泰時）

相模守平花押（北条時房）

これらを踏まえて、上杉氏が広元の立場を後の連署に匹敵すると指摘したのも頷ける。政所別当職を退いた広元が下知状を発給できるところに、幕府の組織的未熟さも見て取れるが、政所別当に就いた義時が、広元という行政官僚のトップと連携しつつ、幕政を担当できる地位を確保しようとした点も読み取れるのである。

第四章　北条義時と後鳥羽上皇

一　後鳥羽上皇と将軍実朝

（一）後鳥羽天皇の苦悶

宝剣無き即位

寿永二年（一一八三）という年は、日本の歴史上大きなできごとが続いた一年であった。当時、京都を中心に平家の政権がいまだ存在していたが、東国では鎌倉の源頼朝が一大勢力を築き、さらに信濃国を本拠とする木曾義仲が越後国から北陸道を押さえるという、三者鼎立の様相を呈していた。この状態が一挙にくずれたのが、寿永二年であった。

この鼎立のなかで、機先を制したのが義仲であった。七月、三種の神器を携えた安徳天皇を奉じて平家が都落ちするのと入れ替わるかのように、義仲・源行家（頼朝の叔父）が京都に攻め入った。西国下向を拒否した後白河法皇は、ただちに平家追討の宣旨を下し、その所領を没収して義仲・源行家に分与した。しかし、義仲への牽制も忘れず、頼朝と接触し、いわゆる「寿永二年十月宣旨」を下し、東海・東山両道諸国に対する一種の行政権が頼朝に付与された。

三者鼎立のなか、八月には、高倉天皇の第四皇子尊成親王が践祚。そして、翌年七月、わずか四歳の第四皇子が三種の神器を伴わぬままに即位した。すなわち、後鳥羽天皇の誕生である。なお、安徳が退位しないままの践祚と即位であったから、平家が滅びた元暦二年（一一八五）までの約二年間は、二人の天皇が存在したことになる。

しかも安徳が西海に没したとき、三種の神器はともに海底に沈んだのである。その後、八咫鏡・八坂瓊勾玉はもどったものの、天叢雲剣（草薙剣）は発見されなかった。宝剣のないままに践祚し即位した後鳥羽は、文治三年および退位後の建暦二年（一二一二）にも使者を派遣し、海中に没した宝剣を捜索させたが、いずれも発見するにいたらなかった。丸谷才一氏は、宝剣を持たぬ状況が、一種のコンプレックスであり続けた背景と考え、それを克服するために強力な王権の体現を求め続けたと指摘した。さらに坂井孝一氏も、正統な「治天の君」たろうとする後鳥羽の意志が、学問や和歌、さらには蹴鞠や競馬・流鏑馬など、多方面でその才能を開花させたと指摘する。

即位後も三種の神器が揃わぬことに、平家滅亡当時六歳の後鳥羽が特別の意識をもったかはわからない。しかし、長ずるにしたがい、形代（かたしろ）ではあっても宝剣無き即位は、国家守護の正統な主権者たり得ないという立場、いや皇位継承そのものに惑いと不安を覚えたことは確かであろう。それを補うため、宝剣＝国家守護の欠落を幕府に負わせること、それは幕府を国家の一機関に位置づけることでもあり、さらに幕府の職務を国家守護のみに限定させることでもあったと思われる。

それは、国政の実権を掌握した君主＝「治天の君」のもと、公家権門（国政）、寺社権門（宗教）、武家権門（軍事）＝幕府という権門が補完しあってひとつの中世国家が成り立つという、いわゆる権門体制論（けんもんたいせいろん）的な考えといってよい。幕府は排除の対象ではなく、軍事・警察を担当する一部局として位置づけられている。

それを端的に示したのは、実朝への対応である。頼家が廃嫡され、弟千幡が後継者になったときの状況を、近衛家実（このえいえざね）は日記『猪隈関白記』（いのくまかんぱくき）に、頼家が九月一日に逝去したことが、七日になって後鳥羽に報告されると、その日の夕方には、千幡が征夷大将軍に任ぜられ、さらに実朝という諱（いみな）が後鳥羽から与えられたと書き残している。

しかし、頼家逝去の報告と千幡の叙位・任官、さらに「実朝」という名のりが同日に後鳥羽から与えられたというのは、あまりに手回しが良すぎるといってよい。比企能員の殺害は九月二日のこと、鎌倉~京都間を早馬で三日とすれば、七日以前に情報が朝廷に伝えられていたとしても、頼家の死は誤報ではあったが、時間的には問題ない。しかし、それは新鎌倉殿の誕生を千載一遇ととらえるほどに、鎌倉方の動静を把握していたと考えざるをえない対応でもある。

「治天の君」へ

建久九年（一一九八）正月、後鳥羽天皇は為仁親王（土御門天皇）に譲位して院政を開始した。十九歳の上皇が出現したが、院の別当として実権を握っていたのは、土御門を擁立した外祖父土御門通親であった。しかし、建仁二年十月、通親が急死すると、承元四年（一二一〇）十一月には土御門を弟守成親王（順徳天皇）に譲位させ、「治天の君」として絶対的権力の確立につとめた。

その権力基盤の一つとなったのが、皇室領荘園である。たとえば、後白河法皇が建立した長講堂に寄進された荘園群約百か所は、後白河から皇女宣陽門院に譲られたが、後鳥羽は皇子六条宮雅成親王をその養子として相続させた。また、鳥羽法皇の皇女八条院が相続した荘園群二百か所以上は、後鳥羽の皇女春華門院を経て、後鳥羽の子順徳が相続した。こうして、多くの荘園が、後鳥羽の経済的基盤として集積されたのである。一方、それぞれの荘園に置かれた地頭が年貢未納などの非法行為を犯し、後鳥羽やその近臣とのあいだに紛争を起こすようになってもいた。

また、武力基盤の拡大・充実がある。後鳥羽は自ら刀剣を打つだけでなく、弓馬の術や水練・相撲にも積極的であったが、さらに武力基盤の強化をめざした。京には、多くの御家人が大番役(おおばんやく)や瀧口祗候役(たきぐちしこうやく)を務めるために常駐していた。かれらは「在京御家人」と称されたが、御家人身分をもったまま、朝廷・院に仕える者も現れた。幕府成立以前から、諸国の武士が上洛(じょうらく)し、朝廷や有力貴族とのあいだに主従関係を結び、官職を得ることは日常的な行為であった。これを厳禁した頼朝の没後、朝廷・貴族との関係を求める御家人が増えても、なんら異常なことではなかった。

しかし、御家人である以上、幕府の指揮下にもあったから、すべての在京御家人を後鳥羽が自由に動員できたわけではない。そのため、従来からの「北面の武士」に加えて、新たな武力として「西面(さいめん)の武士」が設けられた。この北面や西面の武士には、守護のもと、京中警固のため京都に常駐していた多くの在京御家人ばかりか、畿内近国の非御家人も組み込まれていた。

(二) 実朝と義時

和田合戦が終わって、義時が大江広元と連名の関東下知状を発給した頃、『吾妻鏡』には訴訟に対処する実朝の記述が増えてくる。たとえば、建保四年（一二一六）四月には、御所の南面で、多くの人びとの訴えを聞いて裁断したが、これを三浦義村・三善善信・二階堂行光・中原仲業が担当したという。また、十月には裁判手続き上の不備に対する訴えを直接聞いている。しかも、これに対応するかのように、政所の別当が、義時・大江親広・北条時房・中原師俊・二階堂行光の五人から、大江広元、源仲章、源頼茂、大内惟信が加わって九人に増員された。

これらの変化を、五味文彦氏は実朝による親裁体制の強化と指摘する。さらにこれと連動して、実朝は権中納言に昇進し、八月には左近衛中将を兼任するが、坂井氏は、後鳥羽が官位の上昇というかたちで実朝を政治的に支援したと評価する。

しかし、政所別当の増員がストレートに実朝の親裁を強化できたかといえば、そうではない。たとえば、源頼茂は院の御所を守護する頼兼の子、惟信は検非違使に任ぜられ、ともに鎌倉・京都間を往来し、幕政に関与できる物理的時間は制約される。源仲章は、多くの書籍を読み「百家九流」に通じた学者で、実朝とともに殺害された。以前から別当にあった中原師俊も、『吾妻鏡』にまったく記載されず、仲章とともに幕政との関わりは確認できない。また、大江広元の子親広も、京都守護として在京することが多く、源頼茂・大内惟信と同じような環境にあった。残る時房・広元・二階堂行光らは、義時に近い。
しかも、広元・義時という和田合戦を戦い抜いた二人の存在は大きく、ほかの別当を制御することは可能であろう。

もちろん、実朝が幕政に意欲を持ったことは、その限界とともにすでに示した。ほかにも、建暦二年（一二一二）十月、各地の人びとが提訴しようと鎌倉までわざわざ来る煩いを無くすため、奉行人を派遣し、それぞれの地域で成敗させようと指示することがあった。ところが、翌月には「人数不定」により、わずか一か月で中止となった。

さらに建保二年四月、実朝が君恩父徳に報いるべく建立した大慈寺（だいじじ）の落慶供養に、「京都の高僧」を導師として招請しようとした。しかし、義時、広元、二階堂行村・行光父子、三善善信らは庶民の煩いになるとの理由で反対、結局は寿福寺（じゅふくじ）（鎌倉市扇ガ谷（おうぎやつ））長老の栄西（えいさい）に決まり、実朝の高僧招請は実施されなかった。

実朝の官位昇進

そのような時期、後鳥羽は実朝の官位昇進をしきりに早めた。とくに建保六年正月には権中納言から権大納言（ごんだいなごん）に進み、三月に左近衛大将を兼ね、十月には内大臣、十二月には右大臣にまで昇進した。その時の関白近衛家実（このえいえざね）、太政大臣三条公房（きみふさ）がともに四十歳、左大臣九条道家が二十六歳、右大臣実朝が二十七歳であるから、武家としてはまったく例のない、まさに摂関家にならぶ昇進であった。

『吾妻鏡』建保四年九月二十日条には、一昨日、義時から託された大江広元が、実朝に対して官位昇進の早さを諫めたことが記されている。しかし、実朝は、

　源氏の正統は自分で絶える。だから、せめて高位高官にのぼって家名を上げたいと思っているのだ。

と応じたため、広元もそれ以上は何もいえず退出したという。

その直後の十一月、実朝は前世に住んでいたところと信じる宋国の医王山に参詣しようと渡海計画を思いつき、宋人の陳和卿に造船を命じるとともに、乗組員ともなる扈従六十余人を選定した。義時・広元が諫めたものの、実朝が聞く耳をもつことはなかった。翌年四月、造り終えた渡宋船は、数百の人びとを前にして由比が浦に乗り出そうとした。しかし、陳和卿の音頭で曳航させたものの、水深が合わなかったのか船は海に浮かばず、そのまま砂浜で朽ち損じてしまったという。

この件から、実朝が現世を悲観したことによる逃避と考えることもできるが、大船が進水する様子を御家人を含む数百の人びとの前で見せつけようとした、権威の復権

策とも考えられる。もっとも、結局は失敗したのであるが。

実朝不在の政所始め

将軍としての自覚をもって幕政に取り組むも、容易でなかった実朝に対し、義時の対応は確実に進められた。

建保五年（一二一七）十一月、眼病と腫れ物を煩った大江広元が陸奥守を辞して出家すると、七日後には義時の陸奥守補任が朝廷に申請され、翌月には兼任が決まった。翌年三月、実朝が左近衛大将に任ぜられ、六月には拝賀のため鶴岡八幡宮に参詣するなか、義時は嫡子泰時を侍所別当とし、所司として二階堂行村・三浦義村・大江能範・伊賀光宗らを選出、御家人の奉行、将軍の御出を含む御所内の雑事、御家人役の催促などを分担させることにした。有力御家人・官僚を取り込んだ新たな侍所を発足させたのである。

ところで、十二月二十日の政所始めは、右大臣に任ぜられた実朝にとって最初に開かれたものであるが、きわめて異例というべきものであった。重要な史料なので、長文ではあるが『吾妻鏡』同日条を読み下して載せておこう。

去る二日、将軍家（実朝）、右大臣に任ぜしめ給う。よって今日、政所始め有り。

> 右京兆（義時）ならびに当所（政所）執事信濃守行光および家司文章博士仲章朝臣、右馬権頭頼茂朝臣、武蔵守親広、相州（時房）、伊豆左衛門尉頼定、図書允清定ら、布衣を着して列座す。清定、執筆として吉書を書く。右京兆、座を起ち吉書を覧んがため、御所に参り給う。路次は行光これを捧持し、京兆の御後に従う。将軍家（実朝）、故（ことさら）にもって南面の階（はし）の間に出御し、これを覧る京兆、かの吉書を御前に持参し給う。京兆、また政所に帰らしめ給い、埦飯（おうはん）を行わる。その後、行光、御馬・御剣等を京兆に進ず。

右大臣に就いた実朝の政所始めが、義時以下が列座して行われた。吉書（きっしょ）を実朝の御覧に入れるため、義時は御所に参った。二階堂行光が吉書を携え、義時の後ろに従った。実朝は、わざわざ御所南面の階段まで来られて御覧になった。義時は、ふたたび政所に帰り、埦飯を行った。行光が御馬・御剣等を義時に献上した。

なんとも異常である。右大臣に任ぜられた実朝の政所始めなのに、当の本人が出ていないのである。しかも、義時が吉書を実朝の「御所」に持参しても、御所南面の階段でこれを見たのである。実朝の義時への当て付けかもしれないが、まともな吉書披閲ではない。少なくとも、実朝の政所始めとは思えない。

ところで、列席者の八人を、直近の政所下文（建保五年八月二十二日発給）に署判した人びとと対比してみよう（表2）。

建保五年八月発給の政所下文では、義時が別当に就いているものの、大江広元の正四位下、源仲章の従四位上に対して、義時は従四位下であったから三番手ということになる。ちなみに、源頼茂・大内惟信・大江親広は正五位下、時房は従五位下であった。

また、建保六年には、広元・惟信・中原師俊の三人の名が消えているが、広元は前年に出家していた。惟信は、平賀朝雅の誅殺後、伊賀・伊勢両国の守護を兼ね、在京して南都の強訴に対応するなど、徐々に朝廷との関係を深めていった。承久合戦では、朝廷側に与して伊賀光季を襲撃したが、敗戦後は逃亡して行方不明となった。中原師俊は、『吾妻鏡』にまったく記載されず、系譜的位置づけもできない。これ以降に発給された政所下文を確認できないため、大内惟信・中原師俊とも在任期間を追えないが、建保五年以後に別当から外れたのであろう。

したがって、建保六年の八人は、政所令（次官）の清原清定以外は義時を含めて全員が別当であった。ところが、『吾妻鏡』は「右京兆ならびに当所執事信濃守行光および家司」と記述して、当所＝政所執事たる行光の上位に義時を位置づけているのである。

義時、初代執権に就く

ところで筆者は、第二章で複数別当のなかから二人の執事が選出され、二人のなかで上位者が「執権」を承ったことを述べ、執権とは特定の官職ではなく、同じ役職の上位者という相対的立場を示したものと指摘した。

しかし、この『吾妻鏡』の記載は、執事と家司を明確に分けるだけでなく、義時を執事や家司とは異なる立場、上位者として位置づけている。広元が出家して離脱する

表2 建保五・六年の政所職員（別当・令を中心に）

建保五年八月二十二日政所下文			『吾妻鏡』建保六年十二月二十日条
令	図書少允清原（清定）		→図書允（清原）清定
別当	陸奥守大江朝臣（広元）	（正四位下）	
	大学頭　源朝臣（仲章）	（従四位上）	家司 →文章博士（源）仲章朝臣
	京権大夫兼相模守平朝臣（義時）	（従四位下）	→右京兆（義時）
	右馬権頭源朝臣（頼茂）	（正五位下）	→右馬権頭（源）頼茂朝臣
	左衛門権少尉源朝臣（惟信）	（正五位下）	
	前遠江守大江朝臣（親広）	（正五位下）	→武蔵守（大江）親広
	武蔵守　平朝臣（時房）	（従五位下）	→相州（北条時房）
	書博士中原朝臣（師俊）		
	信濃守藤原朝臣（行光）		執事 →信濃守（二階堂）行光
知家事	惟宗（孝実）		
案主	菅野（景盛）		
			伊豆左衛門尉（若槻）頼定

なかで、執事行光の位階も極官（極位＝最終的な位階）は従五位下であったから、義時を上回ることはなかった。したがって、別当のなかから執事二人（義時と行光）が選出されたとしても、位階上からも義時が執権に就くことは当然であった。

だが、「京兆（義時）ならびに政所執事および家司」という記述からは、相対的上位者としての朝廷的「執権」ではなく、執事とは異なる、絶対的上位者としての、まさに鎌倉的「執権」に就いたと評価できるのではないだろうか。第二章で述べたように、時政は執権に就くことができなかった。広元が『吾妻鏡』に「執権」と記述された事例があったものの、幕政を恒常的に担当する、鎌倉的「執権」としては義時が初代ということになるが、実朝の意欲とは対照的である。

この状況に比例するかのように、実朝の幕政への関与が徐々にみられなくなるが、後鳥羽が異例の昇進人事を行って実朝を支援したものの、結実しなかったのである。

（三）実朝の暗殺と三寅の下向

火災から始まる承久元年

建保七年（承久元年・一二一九）は正月から火災が続いた。七日には大江広元邸を含む四十余軒が、十五日には大倉周辺が焼亡し、時房室（足立遠元の娘か）の宿所など数十軒が罹災した。二十四日夜、鶴岡八幡宮に参籠した源頼茂は睡魔に襲われたとき、舞い降りた一羽の鳩を童が杖を取って打ち殺し、さらに頼茂の狩衣の袖を打つという夢を見た。翌朝、境内を見ると、死んだ鳩が見つかった。事情を報告して占うと、「不快」とでた。『吾妻鏡』には、大事件が起こるまえ、前兆ともいうべき記述が時としてみられる。編纂時の作為とも思われるが、暗示しているようでもある。

そのようななか、勅使として実朝の義兄でもある大納言坊門忠信を始め、多くの卿相雲客が下向した。実朝の右大臣拝賀の儀に扈従するためである。

二十七日、実朝の右大臣拝賀の儀式が八幡宮で行われた。午後六時ごろ、八幡宮に出発した実朝の行列は、勅使坊門忠信、西園寺実氏を始めとして多くの御家人が供奉し、路次の随兵一千騎と盛大であった。

実朝が八幡宮の楼門を入った時、実朝の剣をもって供奉していた義時が、突然気分を悪くし、源仲章に剣を渡すと八幡宮を退出して小町の自邸に帰ったのである。もっとも、儀式は何事もなく執りおこなわれた。

実朝の暗殺

夜になって奉幣も終わり、下襲の裾を引きながら、実朝が公卿らの前を通りすぎようとしたそのとき、頭巾をかぶった法師が実朝に走りより、下襲の裾を押さえて斬りつけ、その首を打ちおとしたのである。さらに同じような姿をした三、四人が、実朝の前で松明を振っていた仲章を斬り殺し、消えていった。鳥居の外には多くの御家人が控えていたが、瞬時のことに実朝を助けることができなかった。

犯人は、鶴岡八幡宮の別当、故頼家の遺児公暁であった。実朝暗殺に成功した公暁は、三浦義村に連絡して向かおうとした。ところが義村は、義時に連絡して公暁を待ちかまえ、かれを討ち取ったのである。

鶴岡八幡宮の石段わきに残っていた「公暁のかくれ銀杏」のかげから公暁が飛び出し、実朝を暗殺したといわれている。しかし、すでに記したように『愚管抄』や『吾妻鏡』にはそのようなことは書かれておらず、『新編鎌倉志』（貞享二年〈一六八五〉刊行）に、

若宮。此の石階の下、東の方に椰樹あり。西の方に銀杏樹あり。【東鑑】に、承久元年正月二十七日、今日将軍家実朝右大臣拝賀の為（中略）当宮別当阿闍梨公暁、石階の際に窺来り、剣を取り、丞相を奉侵とあり。相伝ふ、公暁、此銀杏樹の下、女服を着て隠れ居て、実朝を殺すとなり。

とある記述が元になっているという。事実からかけ離れた「相伝ふ」の世界である。

その銀杏も、平成二十二年三月十日の強風によって倒壊したが、翌々年には根の部分から新たな「ひこばえ」（若芽）が確認され、現在も成長を続けている。

暗殺の黒幕

この実朝暗殺については、事件の直前、「心神違例」を理由に現場を離れた義時説、あるいは義時を殺害しようとして剣役が交替したことを知らぬままに源仲章が殺害されたこと、事件後、公暁が三浦義村に連絡を取っていることなどから、北条氏に対抗する義村説、さらには北条・三浦ら鎌倉御家人の共謀説、後鳥羽上皇説、そして公暁単独犯行説など、古くから多くの首謀者が提起されているが、真実は今もって闇のなかにあるといってよい。

ただ、頼家廃嫡の後、その遺児一幡殺害に積極的に義時が関わっており（第一章）、畠山重忠謀殺に異論を唱えながらも「大手大将軍」として出陣し重忠を殺害、さらに政子とともに時政・牧方を追放したのも義時（第二章）だった。そして、北条家から排除されたものの、本家を簒奪し、さらに政所別当を経て鎌倉的「執権」に就いた（第三・四章）ことを考えると、これらはなぜか、点と点ではなく、線になりそうな「気」がする。

推測に推測を重ねすぎたようである。後は、読者の判断に任せたい。

皇子下向の要請と後鳥羽上皇の対応

翌二月十四日、実朝の政所が焼失した。源家断絶を示す象徴的な火災でもあった。その前日、政子は二階堂行村を上洛させ、後鳥羽に皇子の下向を要請している。実朝に子が誕生しないため、皇族将軍の東下を考えていた政子は、すでに建保六年（一二一八）二月、北条時房・二階堂行光とともに入洛、後鳥羽の信任厚い卿二位藤原兼子と会談した。話題の中心が実朝の後継者問題であったことはいうまでもない。

ところが、実朝殺害後の今回は、皇子の東下に対する後鳥羽の返事は、

（皇族を将軍として東下させることによって）どうして、将来、この日本国が二つに分裂する原因をつくることができようか。皇族でなければ、関白・摂政の子であっても、申し出を受け入れよう。

というものであった。

実朝に接近し、頼家の跡を継ぐや否や「実朝」の名を与え、継承者としての正統性を与えたのは後鳥羽であった。実朝を介して軍事権門（幕府）を支配する構図は、公家（朝廷）に宗教権門（寺社）を加えて基盤とする「治天の君」であった。実朝に後

継者が誕生しないなかで、政子が皇子の東下を求めた時、これを受け入れたのも、皇子を介して軍事権門を支配するだけでなく、実朝がそれを後見するという体制を期待したからであった。

だが、その構想は実朝の死によって潰えたのである。軍事権門を操ることができなければ、皇子の東下は国の二分さえ招きかねず、それは後鳥羽にとってあってはならない将来像でもあった。幕府は、あくまで朝廷の軍事・警察担当の一機関にすぎないと考えた後鳥羽の意志であった。

後鳥羽上皇の威嚇

しかも後鳥羽は、幕府の申し入れを拒否した前後、摂津国長江荘と倉橋荘（大阪府豊中市）の地頭職を解任すべき院宣を三回にわたって下したのである。この荘園は、上皇の寵愛する伊賀局亀菊の所領であったが、あろうことか、地頭は義時であった。しかし、幕府にとって地頭職の改廃は最重要な案件であったから、簡単に朝廷の要求を受け入れるわけにはいかなかった。

後鳥羽からの要求があってわずか四日後、拒絶の態度を明らかにし、三月十五日には北条時房を使者とし、千騎の御家人とともに上洛させた。時房は、地頭職解任を拒否するとともに、千騎の軍勢で威嚇し皇子の東下を求めたのである。だが、地頭職解任を拒否された後鳥羽は、皇子の下向を認めず、この二つの問題はまったく解決のめどが立たなかった。

そればかりではない。長江・倉橋二か荘の地頭職停廃を求める三度の院宣を拒否し、幕府内での権力基盤を確立しつつあった義時の存在が、幕府という軍事権門を体制内に位置づけようとする後鳥羽にとって、強力な反対勢力と映ったのである。義時の存在は、後鳥羽の描く未来図にあってはならないものであって、その排除なくして自ら考える体制を構築することもできなかったのである。

さらに、七月二十五日に届いた京都守護伊賀光季（義時の義兄）の報告によると、去る十三日、大内（内裏）守護として上洛していた源頼茂が、後鳥羽の意に背いたとして派遣された在京の武士によって自害に追い込まれたという。頼茂は、平家打倒をめざして以仁王とともに挙兵した源頼政の孫であるばかりか、建保四年二月以降、政所別当にも就いていた。

その原因について、『吾妻鏡』は「叡慮に背く」と記すのに対して、『愚管抄』には頼茂が「謀反ノ心起コシテ、我将軍ニナラント思」ったとあるが、いかんせん関連史料が少なすぎる。

しかし、この事件でより重要なことは、後鳥羽が召集した「住京ノ武士ドモ」が派遣され、事件を解決した点にある。『愚管抄』が記すように、将軍職を望んだ源頼茂

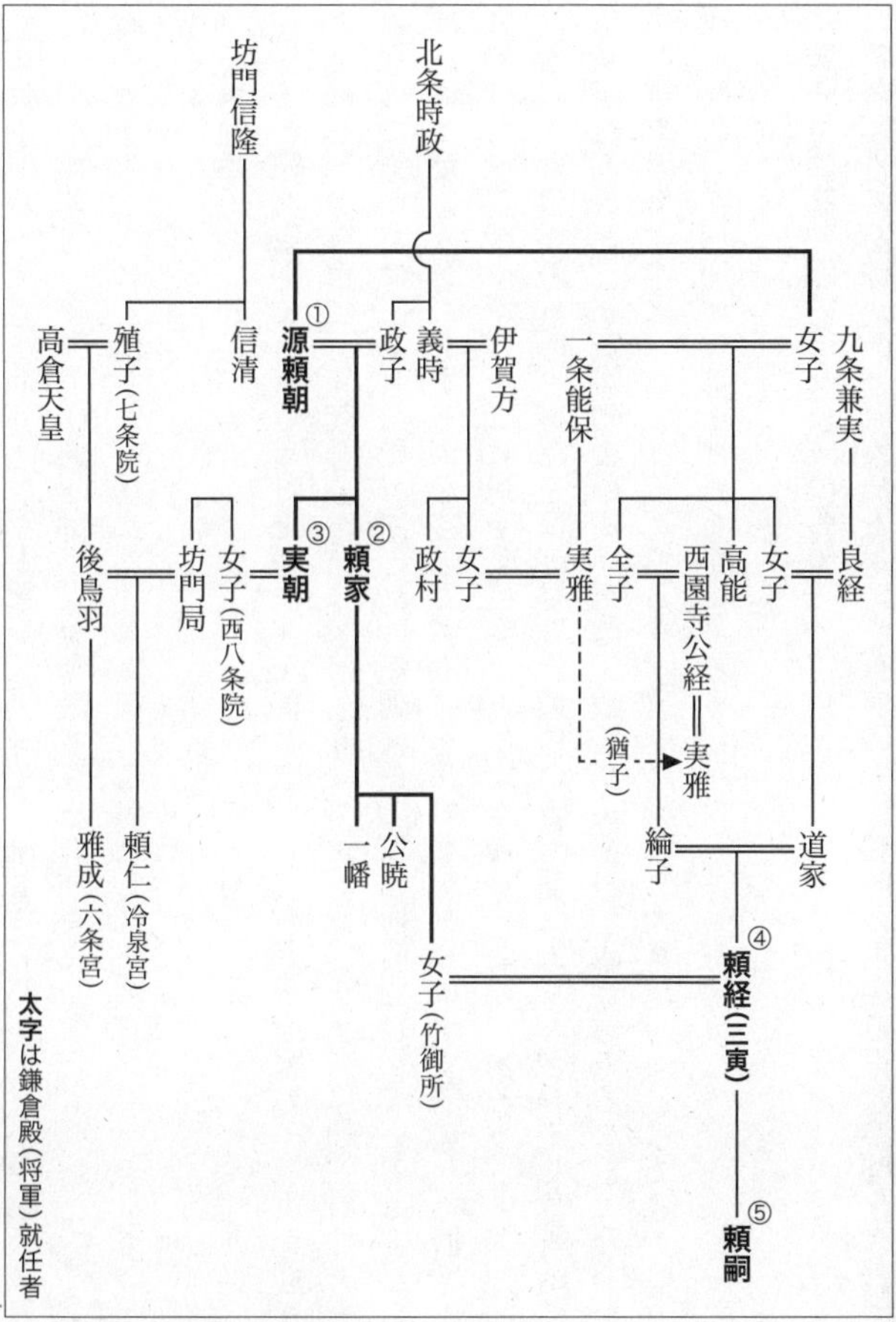

図6　鎌倉幕府将軍継嗣関係図

を後鳥羽が攻撃するようなことがあるのだろうか。確証はないものの、「治天ノ君」後鳥羽が、幕府の支配下にある御家人を動員できることを試したともいわれるが、千騎の大軍とともに上洛した時房に対する威嚇とも考えられる。

三寅の東下

皇子の鎌倉東下をあきらめた義時は、次善の策として、九条道家の子三寅を迎えることにした。三寅は、西園寺公経の外孫であり、公経の妻（全子）は頼朝の妹と一条能保とのあいだに生まれた娘であった。頼朝と摂関家の血筋をひいていることから選ばれたのだろうが、あまりにも遠縁である。それにもかかわらず、緊迫した情勢のもとでは、鎌倉殿の不在をこれ以上延ばすことはできなかったのであろう。

七月十九日、鎌倉に下った三寅は早々と大倉の義時邸に入り、さっそく政所始めの儀式が行われた。三寅が幼少のあいだは、政子がかわって政治をみることになったが、次期鎌倉殿を掌中にしたのは義時であり、政子の影響が大きかったとしても、幕政の中心に義時が居座ったことはたしかであろう。

義時単独署判「関東下知状」の発給

後鳥羽との関係が改善しないなかで、幕府内では義時の占める役割が強化されていった。その一つが、承久元年七月に設置された小侍所である。従来、鎌倉殿を警衛するため、あらかじめ決められた者が御所内の「西侍」に詰めていたが、「小侍」を新たに設け鎌倉殿の近辺を守護させることにしたのである。その別当に、義時の三男重時が就いた。しかし、それは近侍する御家人を通じて、鎌倉殿と特定御家人との接近・関わりを見張ることにもなった。鎌倉殿との関係を、義時が独占することにも通ずる処置でもあった。

さらに九月には、伊賀光宗を政所執事に任命した。光宗は、京都守護光季の弟であり、義時の義兄の一人でもあった。これによって政所は、執権（別当の首座）義時と執事（別当の二番手）光宗によって実質的に運営されることになった。

同月十六日、次のような義時の単独署判が据えられた下知状が発給された。

一左衛門尉（湯浅）宗成、親父宗光の所知所帯を知行すべきこと。

右、宗光、神人の訴えにより、その身を配流せらるといえども、所知所職に於いては、子息宗成をもって、相違無く沙汰致すべきの状、仰せにより、下知くだんのごとし。

承久元年九月十六日　右京権大夫御判（北条義時）

この形式の下知状は、その急逝する直前の貞応三年（元仁元年・一二二四）五月二十一日までの約五年間、九十六通が確認されている。最初の下知状は、第三章にも記載した大江広元との連署によって発給されたもので、その書止文言（最後の部分）は「鎌倉殿の仰せにより」とあった。父時政の発給した下知状・下文でも二通を例外として十九通に「鎌倉殿の仰せにより」とあるから、おそらく広元との連署下知状も時政のそれを踏襲したものであろう。それが、承久元年以降に発給される義時が単独で署判した下知状は、すべてが「仰せにより」に変わり、「仰せ」の主体が記述されていないものに変わった。

義時奉行の「関東御教書」

それは、関東御教書についてもいえる。関東御教書とは、鎌倉殿の命を奉って発給されるものであるが故に、その書止文言は「鎌倉殿の仰せにより、執達（執啓）くだんのごとし」となる。その際、奉って発給に関わった人名が日下（日付の下）に記載され、花押を据えた後に、略される場合も多いが、「奉」と小書した。

なお、関東御教書のなかで、義時以外、中原仲業や清原清定、大江親広、二階堂行光などが奉者となって発給した文書を、「鎌倉幕府奉行人奉書」として区別すべきとの指摘もある。しかし、文書形式にこだわり細分化した結果、それぞれの分析に陥り、全体像が見えにくくなる恐れがある。

そこで、「関東御教書」がいくつかの形式をもった総称と仮定し、鎌倉殿の意を奉って発給する人物に焦点を当てて論を進めたい。なお、北条氏研究会編『北条氏発給文書の研究』（勉誠出版）は、北条氏歴代（時政〜時宗）の発給文書が網羅されており、本書でも多用している。ただ、執筆者によって時代で分け、あるいは様式で分けるなど不統一な面が気にかかるが、それぞれの発給文書一覧が表示され補っている。

実朝期の関東御教書は、既述のように政所の別当が奉者の中心であり、しかも単独で発給し、あるいは複数（二〜三人）で発給する場合も、「鎌倉殿の仰せにより、執達くだんのごとし」や「鎌倉中将殿の仰せにより、執達くだんのごとし」であったが、建暦元年以降、「鎌倉殿」が省かれる事例が散見されるようになり、さらに建保五年十二月以降になると「仰せにより、執達くだんのごとし」に変わっていくのである。

もちろん、建保七年正月に実朝が暗殺され、三寅が鎌倉に下向するまでの約六か月間、鎌倉殿は不在であった。しかも、下向した三寅は幼く、諸政について実質的に裁可できる状況でなかったことは確かである。しかし、政子がいわゆる「尼将軍」として三寅を後見していたし、なにより「鎌倉殿の仰せ」は発給文書を権威づける象徴として、あるいは実効させるためには必須文言であったはずである。それにもかかわらず、「鎌倉殿の仰せ」を省いた文書発給は、執権に就き、さらに政所と小侍所を通じて鎌倉殿を独占し、名実ともに幕政の中枢を掌握した義時の強権を象徴しているといわざるをえない。

しかも、承久二年十二月に発給された次のような関東御教書はきわめて特異なものであろう。

出羽国両所の宮修造のこと。その功終わらざるの由、神主久永訴え申すの間、去る建保六年十二月、催促のため、雑色正家を差し遣わさるといえども、故右大臣殿（源実朝）御大事出来の間、正家その節を遂げず帰参す。然して有限の修造黙止すべからざるにより、催促のため、雑色真光を差し遣わさるところなり。懈怠なくその功を終わるべきの状、陸守殿の御奉行により、執達くだんのごとし。

承久二年十二月三日　散位藤原（花押）奉

散位三善（花押）

北目地頭新留守殿

すなわち、出羽一宮である両所の宮（大物忌社・山形県遊佐町）の神主久永が修造の進捗状況の悪さを訴えたため、雑色を派遣したが、実朝暗殺という「御大事」が発生したため帰参した。しかし、黙止できないので、怠りなく終わらせるため他の雑色を派遣するよう、陸奥守＝義時が奉行＝対応したので知らせる、というものであった。

既述のように、御教書は主人の意思を従者が奉って発給する奉書の一種であるから、差出人が明示され、作成者名が日下に記載される。したがって、「陸奥守殿の御奉行により」という文言は、陸奥守義時が決定し、二人の奉者が「北目の地頭である新留守殿」に発給されたことになる。

このような書止文言をもつ御教書は、承久二年（一二二〇）十二月から貞応二年（一二二三）八月にかけて五点が確認されているが、義時の強大な権威を示すと評価する考えに対して、五味文彦氏は三寅の下向をきっかけに朝廷のシステムが導入されたと、義時の執権職を否定する。しかし、五味氏が示した同形式の文書は、古く鳥羽院政下で発給されたものであり、さらに三寅が親裁できる年齢でもない段階であえて朝廷のシステムに倣う必要があるとは思えない。「鎌倉殿の仰せにより」を「陸奥守殿御奉行により」と書き改めた点を、義時の覇者としての表れと考えておきたい。

義時と一条実雅

承久元年十月、義時の娘と一条実雅の婚姻が成立した。実雅の父能保は、頼朝の妹を妻に迎え、京都守護として朝廷との交渉を担当するなど、頼朝の信頼を得ていた。

しかも、娘の保子（花山院忠経の妻）は後鳥羽の乳母になっており、九条良経や西園寺公経とも婚姻関係を結び、朝廷と幕府の双方に人脈をつくっていた。また、実雅は公経の猶子として正五位下に叙せられ、伊予守に左少将を兼ねていた。実朝亡き後の新鎌倉殿に三寅を迎え入れることができたのも、能保・実雅父子の人脈・閨閥関係が大きく影響していた。

この婚姻は、京都政界の有力者との結びつきを意図したものであり、同時に将来の鎌倉殿ともなる九条三寅の大叔父＝実雅との結びつきでもあった。実雅は、その後も鎌倉に留まったが、それが幕府内の政変に巻き込まれ、かれを不幸に陥れることになる。

二　承久合戦

（一）都鄙の衝突

後鳥羽の過信

実朝の暗殺によって期待が潰えた後鳥羽は、幕政の中心にあって権力を集中し始めた義時こそ、自らの理想を阻害する障害と考えた。当然のことながら、自分の理想を達成するためには、幕府の体制変革が必要であり、それには義時の排除が、求められた。

後鳥羽とその周辺、たとえば上皇の皇子六条宮雅成親王と冷泉宮頼仁親王、外戚である坊門忠信・信成、順徳天皇の姻戚である高倉範茂・範有、さらに近臣の藤原秀康・葉室光親らのあいだでは、討幕（倒幕ではない）の機運も高まり、土御門や親幕派の公卿を除外して計画は秘密裡に進められた。藤原秀康は、在京御家人以外の武力の確保も視野に入れ、検非違使として在京中の三浦胤義を誘った。

この計画は、承久三年（一二二一）春には具体化したらしく、四月には順徳が仲恭天皇に譲位して上皇となり、自由な立場から計画に専念するようになった。また、比叡山の僧兵動員を考え、後鳥羽の皇子尊快法親王が天台座主として送り込まれた。

こうして計画の準備がほぼ進んだ段階で、後鳥羽は幕府の出先機関である京都守護の伊賀光季と大江親広を呼び出し、味方に付くように迫ったのである。大江広元の子親広はやむなく上皇の命令にしたがったものの、義時の義兄にもあたる光季はこれを拒否。そこで後鳥羽は、五月十四日、鳥羽離宮内の城南寺（現在は城南宮）の流鏑馬揃いと称して諸国の武士や僧兵を招集した。かねてからの計画どおり、北面・西面の武士、畿内近国の本所領荘園の武士、京都警備のため守護に引率されて在京していた御家人など約千七百騎が集結した。

義時追討の院宣

後鳥羽は、親幕派の公卿をとらえて軟禁するとともに、翌十五日、命令を拒否した京都守護伊賀光季を攻撃し、敗死させた。そのうえで、義時追討の院宣・官宣旨を全国の守護や地頭たちに発布した。院宣については、『承久記』（慈光寺本）に次のようにある。

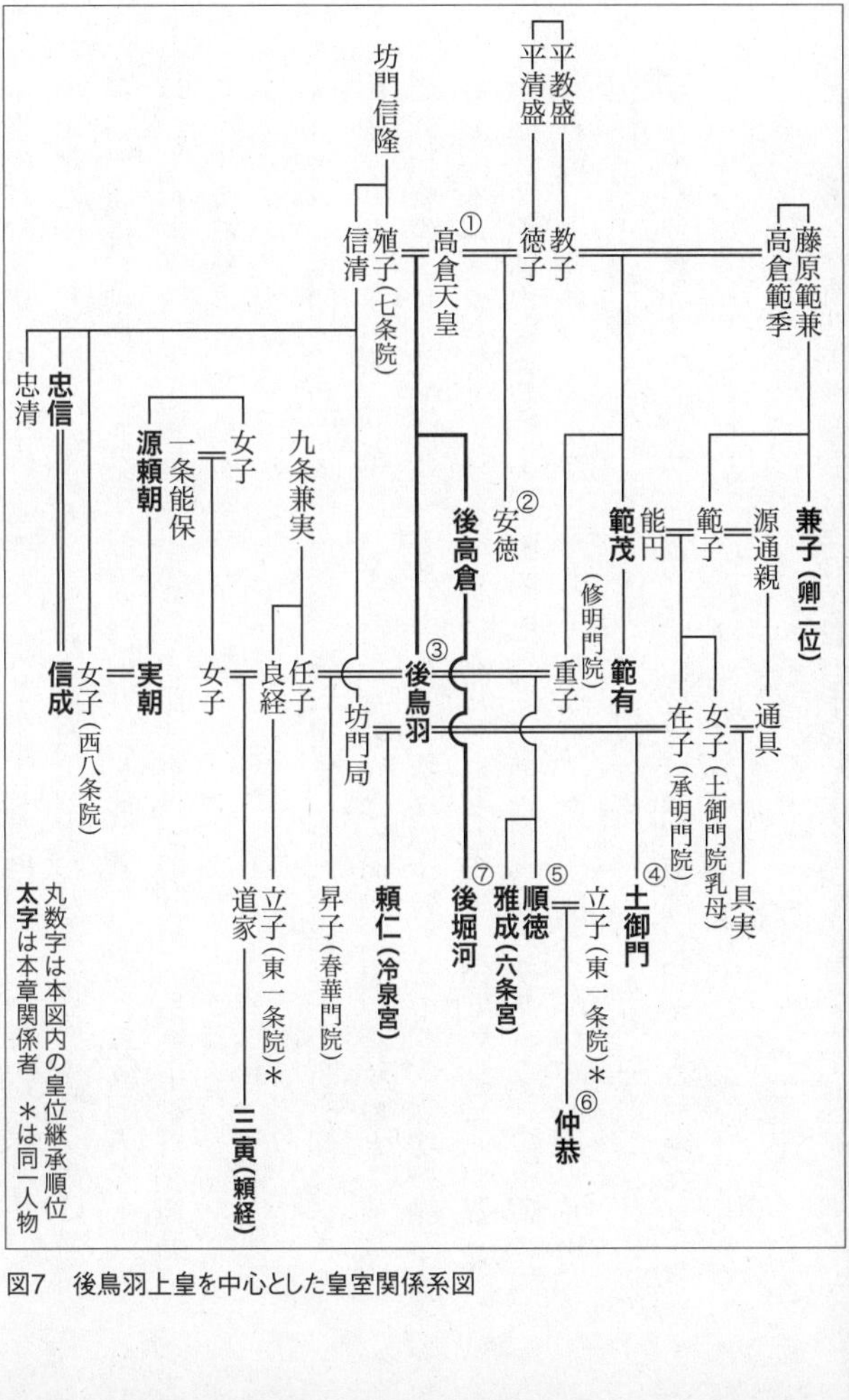

図7　後鳥羽上皇を中心とした皇室関係系図

十善の君の宣旨の成る様は、「秀康、これを承れ、武田（信光）、小笠原（長清）、小山左衛門（朝政）、宇津宮入道（宇都宮頼綱）、中間五郎（長沼宗政）、武蔵前司（足利）義氏、相模守（北条）時房、駿河守（三浦）義村、これら両三人がもとへは賺し遣わすべし」とぞ仰せ下さる。秀康、宣旨を蒙りて、按察中納言光親卿ぞ書き下されける。

【A】院宣を被るに偁く、故右大臣（実朝）薨去の後、家人等偏に聖断を仰ぐべきの由申せしむ。よって義時朝臣、奉行の仁たるべきかの由、思し食すのところに、三代将軍の遺跡、管領するに人無しと称し、種々申す旨有るの間、勲功の職を優ぜらるるにより、摂政の子息（三寅）を送られおわんぬ。然して幼齢未だ識らずの間、かの朝臣（義時）、性を野心に稟け、権を朝威に借れり。これを政道に論ずるに、豈に然るべけんや。よって自今以後、義時朝臣の奉行を停止し、併せて叡襟（天子の御心）に決すべし。もしこの御定に拘らず、なお叛逆の企てあらば、早くその命を殞すべし。殊なる功の輩に於いては、褒美を加えらるべきなり。宜しくこの旨を存ぜしむべし、てへれば、院宣かくのごとし。これを悉せ。もって状す。

承久三年五月十五日　按察使光親奉

諸史料に院宣の本文が伝わらないなかで、後鳥羽の発給した綸旨・院宣を詳細に検討した長村祥知氏は、文言に難点がなく、類例も存在するので葉室光親が奉じた院宣の可能性を指摘している。なお、本章の承久合戦についての記述は、長村氏の研究・指摘にもとづくことが多い。

義時追討の官宣旨

また、官宣旨については、その案文が【B】である。


【B】右弁官下す　五畿内諸国〈東海・東山・北陸・山陰・山陽・南海・大宰府〉。

　まさに早く陸奥守平義時朝臣の身を追討し、院庁に参り裁断を蒙らしむべき諸国庄園の守護人・地頭等のこと。

右、内大臣宣す、勅を奉るに、近くは曾ち関東の成敗と称し天下の政務を乱し、纔かに将軍の名を帯びるといえども、なおもって幼稚の齢に在り。然る間、かの義時朝臣偏に言詞を教命に仮り、恣に裁断を都鄙に致す。剰え己の威を輝かし、皇憲を忘れるがごとく政道を論ず。謀反と謂うべし。早く五畿七道の諸国に下知し、かの朝臣を追討せしめ、兼ねてまた諸国庄園の守護人・地頭ら、言上を経るべきの旨有り。おのおの院庁に参上して宜しく上奏を経るべし。状に随い聴断す。そもそも国宰（国司）ならびに領家ら、ことを綸綍（詔）に寄せ、さらに濫行致すなかれ。縡これ厳密にして違越せず、てへれば、諸国祥知し、宣によりこれを行え。

承久三年五月十五日　　大史三善朝臣

大弁藤原朝臣

この宣旨についても長村氏は、追討などの「凶事」が右弁官から下される通例から、蔵人某→上卿内大臣（源通光）→右大弁藤原（資頼）→右大史三善（信直）を経て発給されたことを確認している。この宣旨は「大監物光行の副え状、同じく東士交名註進状」とともに、近臣藤原秀康の所従押松丸によって鎌倉に伝えられた。

後鳥羽およびその周辺の計画は、京都守護の伊賀光季や親幕派公卿の西園寺公経らを通じて、義時らも気づいていたと思われる。事態の急変は、十九日の昼頃に到着した伊賀光季の飛脚が、後鳥羽が軍勢を召集したこと、大江親広が後鳥羽の招きを受け容れたことなどを報告した。その直後には、公経の家司が後鳥羽の派遣した軍勢に光季が討ち取られたこと、義時追討の宣旨が五畿七道の諸国に発せられたことなども伝えた。さらに、義時誅戮を期待する三浦胤義の私信が兄の義村のもとに届けられたが、三浦義村はこれを義時のもとに持参、弟には同心せず、幕府方として無二の忠節をつくすべきことを断言した。また、葛西谷（かさいがやつ）に潜んでいた押松丸も捕らえられ、所持した義時追討の院宣などもすべて押収された。

義時追討か討幕か

ところで、後鳥羽の意図はどのへんにあったのか、一般に倒幕・討幕と理解されることが多い。この点に疑問をもった長村氏は、後代の諸史料の記述を検討し、十四世紀頃～十六世紀頃、義時追討が討幕へと変容していったことを明らかにされた。

たしかに、院宣・官宣旨に倒幕・討幕の文字、あるいはそれらしき文言は見えず、「義時朝臣の奉行を停止」し、あるいは「陸奥守平義時朝臣の身を追討」とあることからすれば、後鳥羽の目的は幕政から義時を除外することにあったとみるべきだろう。

もっとも本郷和人氏は、当時、「幕府」という言葉自体がないなかで、統治の主体は最高権力者＝義時とその支持者であったわけだから、義時追討＝幕府否定となり、後鳥羽の目的自体も幕府否定＝倒幕にあったと主張する。しかし、本郷氏も指摘するように、後鳥羽自身が政治・宗教・治安維持をそれぞれの権門に依拠するという「権門体制」論的な目的意識をもっていたならば、倒幕後、治安維持面をどのような権門に委（ゆだ）ねるのか、倒幕後の構想がまったく見えてこないのである。したがって、院宣・

官宣旨に記載される義時排除の記述は、まさにそれが目的であって、後鳥羽の目論見（もくろみ）も、再三記述したように「権門体制」論的枠組みのなかで理解すべきだろう。

公家政界を知らぬ義時

しかし、「治天の君」や朝廷の権威は大きく、名指しされた義時にとって、ことは重大であった。なによりも、権威に怯（おび）え、御家人の反応を怖れた。それは、公家社会という実態を体験的に知らぬ畏れでもあった。考えてみれば、義時の上洛は頼朝に供奉した建久三年（一一九二）と同六年の二回しか確認できない。しかも、供奉しただけであって、朝廷政界に関わったわけではない。

弟時房の上洛は、建久三年、承元二年（一二〇八）、建保六年（一二一八）に確認されるが、承元・建保時の上洛は政子に同行したもので、二度目の承元時は熊野山（くまの）から入洛して、一か月以上は滞在した。この間の動向は伝わらないが、在京中に実朝が正四位下に、さらに翌年四月、従三位に昇叙しており、何らかの働きかけ、あるいは後鳥羽方との談合が行われた可能性もある。さらに三度目の建保時には、実朝後継をめぐって政子と卿二位藤原兼子の会談が頻繁に行われ、それらを通じて京都政界の現況にも触れたに違いない。この間、将軍頼家や実朝のもとで蹴鞠（けまり）に興じ、和歌を嗜（たしな）むなど、京志向の一面を持っていた。

義時追討から討幕へ

そうした時房に対して、義時が京都政界の内実を体験的に知る機会は持ち得なかったのである。だが、三浦義村を始めとする有力御家人は幕府への忠誠を誓い、ぞくぞくと御所に集まってきた。さらに、政子が義時を後押しした。集結した御家人を前に、六十五歳のかの女は、『吾妻鏡』によれば、頼朝以来の幕府の重恩を説いて、次のように語ったという。

皆、心をひとつにして聞いて欲しい。これは私からの最後のことばともなりましょう。亡き将軍（頼朝）が朝敵を滅ぼして幕府を開いてより今に至るまで、官位といい俸禄といい、その恩は山よりも高く、大海よりも深い。その恩に報いなければならないという気持ちに浅いことがあって、どうしてよいものでしょうか。ところが今、逆心の計画により、「非義の綸旨（りんじ）」が下されてしまった。名を惜しむ人びとは、早く逆臣藤原秀康や三浦胤義を討ち取って、三代将軍のあとを受け継いで欲しい。しかしながら、京都の後鳥羽上皇に味方しようとする者があれば、今すぐに申し出て欲しい。

政子のことばが、事実であったかどうかはわからない。なお、『承久記』（慈光寺本）では、長女、頼朝、頼家、実朝に先立たれ、弟が討たれると五度目の悲しみを味わうと、情緒的な訴えに続いて、実朝の時には、三年の内裏大番を軽減した御家人への御恩を訴えている。

細かなところまで『吾妻鏡』や『承久記』の記述が正確かはわからないが、政子が訴えたことは事実であろうし、夫頼朝とともに築きあげた「幕府」の崩壊はなんとしても防がねばならなかったのである。

おそらく政子のことばは、幕府成立以前、国司によって思うがままに収奪されたみじめな状態を多くの御家人に思いおこさせたであろうし、何よりも御家人の動揺を静め、そして、義時の不安をやわらげたことであろう。同時に、『吾妻鏡』の記述通りであれば、頼朝以来の恩顧を強調するなかで、義時への追討命令を討幕の命令にすり替えたのである。『吾妻鏡』の編者は、義時の立場を守るため、政子のことばを利用したといってよい。

こうして、後鳥羽の期待に反し、ほとんどの東国の御家人は幕府に離反することもなく、同日の夕方から首脳会議が開かれ、対策が協議された。はじめは、箱根・足柄(あしがら)の関を守って抗戦すべきとの意見が主流であったが、宿老大江広元は京都進撃を主張、義時は、両案を政子に示して最終判断を求めた。政子は、「安保刑部丞実光(あぼぎょうぶのじょうさねみつ) 以下、武蔵国の勢を相待ち、速やか」な参洛を求めた。

即座に、政子の意を奉った義時の「奉書」が東国に下された。その奉書には、「京都より坂東を襲うべきの由、その聞こえ有」りの文言があった。政子のことばに基づいて、義時追討という本旨は捨て去られ、「坂東」＝幕府に対する「京都」の襲来に転嫁され、一族を動員しての上洛を求めたのである。

朝幕の闘乱

そして、二十二日から二十五日にかけて、遠江・信濃以東の十五か国の御家人は、北条泰時・時房・朝時、三浦義村・武田信光らを大将とし、東海・東山・北陸の三道から京都に向かって出陣した。幕府勢の総数をを十九万騎とした『吾妻鏡』の記述は、かなり誇張したものであろうが、朝廷を震撼させるには充分な軍勢ではあったと思われる。

このような素早い幕府側の反応に対し、朝廷側は無策すぎた。朝廷のもつ権威、院宣・官宣旨の効力を過大に評価したといえる。そこに、幕府の大軍が西上するという連絡が入った。朝廷側も予想外に早い事態の進展におどろき、六月三日、主力を美濃・尾張の国境木曾川の沿岸に派遣、幕府勢を迎撃しようとした。

しかし、朝廷勢が守備体制を整える前、五、六日の両日、幕府勢の攻撃をうけ、朝廷勢は退却せざるをえなかった。この敗戦の知らせが朝廷に伝わると、京都市中では大きな動揺がおこり、京都に住む多くの人びとが逃げまどうありさまであった。後鳥羽も会議を開き、防戦のことを話しあったが、比叡山の僧兵も味方せず、残る全兵力を宇治川と勢多に派遣することになった。

　六月の長雨で宇治川は氾濫し、しかも朝廷勢はすべての橋板を引き落としていた。十三日、幕府勢の攻撃が開始されたが、その防衛ラインはなかなか打ち破ることができなかった。しかし、翌日、わずかな晴れ間をついた幕府勢は、強引に敵前渡河を決行、そのため多くの軍兵が激流に呑まれて生命を落としたものの、ついに宇治川の防衛ラインを突破したのである。

　こうして幕府勢は、十五日には入京し、京方に味方した武士の家屋は焼き払われ、各地の寺院や神社にも捜索の手がのびた。後鳥羽は、北条泰時に特使を派遣、今回の計画は謀臣が実行したものであり、自分の意志ではないこと、あらゆることについて幕府の要求に応じることを申し入れた。同時に、義時追討の院宣を取り消し、上皇に味方した藤原秀康・三浦胤義らを追討すべき宣旨を発布したのである。

　また、泰時は院宣によって、院の御所を守護するとともに、十六日には時房とともに六波羅（京都市東山区）館に入り、乱後の占領行政を開始した。幕府勢が鎌倉を出発して二十日ほどで、朝幕の軍事衝突は決着がついたのである。

（二）乱後の処置

未曾有の三上皇配流

鎌倉にあった義時は、泰時からの戦勝報告を受けるや、乱後の処置を指示した。最小限にとどめられたというものの、主謀者に対する処分は厳しかった。

まず、後鳥羽院政が廃止され、仲恭天皇は廃位、後鳥羽の兄行助法親王の子を即位させ、後堀河天皇が誕生した。さらに行助法親王を還俗させ、天皇に即位したことのない者による異例の後高倉院政が開始された。そうして、後鳥羽を隠岐へ、順徳を佐渡への配流が決定、後鳥羽の皇子六条宮は但馬国に、冷泉宮は備前国に流された。事件に無関係とされた土御門も自ら土佐に赴いた。さらに、近臣藤原信能・葉室光親・高倉範茂ら六人は殺されたが、坊門忠清は故実朝の妻の兄ということで助命され、越前国配流にとどまった。

三浦胤義は、兄義村率いる三浦・佐原勢と戦うも、逃れて自害、近臣藤原秀康は弟秀澄とともに河内に逃れたものの、十月になって捕縛、斬罪に処せられた。また、京都守護でありながら京方に加わった大江親広は逃亡したが、父広元の存在が影響したのであろうか、追及されることはなかった。逃れた親広は、出羽国寒河江荘（山形県寒河江市・西川町・大江町など）に隠遁し、かの地で生涯を終えたとの伝えが残る。

そのほか、京方についた御家人に対する処分は厳しかった。その大半は斬罪に処せられ、所領・所職を没収されたことは、西日本で多くの守護や地頭が交替したことからわかる。

また、後鳥羽院政の経済的基盤となった四百か所にものぼる皇室領荘園も、すべて幕府に没収された。その後、後高倉院に寄進されたが、『武家年代記裏書』に、

> 先院（後鳥羽上皇）の所領をすべて後高倉院に進上いたします。ただし、武家＝幕府が必要になった時は、お返し下さるようにということを、三浦義村を使者として申し入れた。この申し入れはすぐに許された。

とあるように、所領の最終的支配権は幕府が掌握していた。院政の経済的基盤が幕府の支配下に属するようになった。

承久没収地の新補地頭

幕府は、多くの京方武士の所領を没収、その総数は三千余か所ともいわれる。この没収した多くの所領を、幕府は勲功のあった御家人に恩賞として分け与えた。いわゆ

る新恩地頭である。ところが、この地頭職の内容はその所領の性格によってさまざまであった。

当時、荘園に対する支配権は、たとえば荘園領主のもつ本家職（ほんけしき）・領家職（りょうけしき）や預所職（あずかりどころしき）、さらに御家人が任命された地頭職、あるいは下司職（げししき）、また荘園内にあっては住民の農業経営を監督する村落領主クラスの公文職（くもんしき）など、重層的に設定されていた。しかも、本家職の所有者にしても預所職の所有者にしても、すべて荘園に対して年貢・公事（くじ）を取得できる立場にあり、この重層的権利＝職（しき）こそが「所有」の実態であった。

したがって、承久の没収所領とは、ところによって預所職や下司職であり、あるいは地頭職であった。この没収所領のほとんどに幕府は御家人を地頭職に任命したから、その地頭職などの内容（権利）が一律でなかったことは当然であった。以前から任命されていた地頭が京方に味方して地頭職を没収され、その跡に新しい地頭が任命された場合、あるいは下司が京方に味方して下司職が没収され、下司職のかわりに新たに地頭職に任命された場合もあったろう。また、乱後の混乱にまぎれて、それまで地頭や下司のいなかった土地に、新地頭を任命することもあったかもしれない。

このように複雑な内容をもつ新補（しんぽ）の地頭が成立したため、地頭と荘園領主や国衙（こくが）とのあいだには、その土地支配権をめぐって紛争が絶えず、混乱状態が続くことは当然予想された。

東から西へ

承久合戦の後、畿内や西日本の守護が大幅に交替した。かれら新守護は、国衙の役人をおどして承久没収地と称し、多くの荘園や国衙領を奪い取り、支配を強化していった。さらに、国内に対するすべての警察権を掌握して、それを行使し始めていた。

そこで幕府は、承久合戦の翌貞応元年(一二二二)四月、守護と地頭が守るべき事項を定め、周知徹底させるため、諸国へ使者を派遣すべきことを時房・泰時に命令した。まず、守護と国衙の権限を分割し、国衙の検非違使の担当を、盗犯と放火犯、人身の拐かし(かどわ)の三点とし、守護の権限を、京都大番(京都市中の警備)、謀叛人(むほんにん)の追討、傷害と殺人犯の拘禁の三点に限定した。しかも殺人犯等の拘禁については、荘園や公領で事件が発生したとき、守護は直接使者を事件発生地に派遣するのではなく、荘園・公領側に連絡して身柄の引き渡しを要求できることにとどめたのである。

加えて、地頭に対しては、近隣の他領押領の禁止、新地頭の所務は旧地頭や下司の先例を守ること、また、その得分(収益)がなかったり、少ない時は使者の報告に基づいてあらためて命令することを定め、命令以前にかってに領家や預所の得分を押領した場合は罪科に処することとした。さらに使者に対しては、新地頭が任命された荘園や公領の旧地頭、下司の得分と、いまもって地頭の任命されていない没収地を調査して報告することを命令した。

新補率法

そして、翌年六月、幕府は新補地頭と領家・国司の年貢配分率に関する宣旨を朝廷から出させ、七月には、幕府からその主旨を京都の北条時房に通達した。そのなかで、

新補地頭はその支配地域の田や畠それぞれ十一町ごとに一町を地頭の得分とし、さらに一反につき五升の加徴米を徴収できる。ただし、旧地頭や下司が以前支配していた内容がはっきりしていれば、その先例にしたがうこと。

というものが、いわゆる新地頭の得分率法であり、適用された地頭をとくに新補率法地頭と称した。こうして幕府は、西国の没収地に東国の御家人を地頭として任命し、その支配圏を拡大させようとしたのである。

しかし、支配圏の拡張はそれぞれの御家人（地頭）の利益拡大に結びつくとは限らなかった。それまで、朝廷・院が行使していた統治権の一部が幕府に移譲されたため、東国支配に視点を据えていた幕府・義時は、西国を含む全国を対象とした統治権者としての対応を求められることになった。幕府の基盤ともなる御家人の権利保護は当然

であったが、非御家人を含めた全国を視野に入れた統治者として、必ずしも御家人第一にことを進めても良いわけではなかった。

ところで、幕府のいろいろな命令が京都の時房・泰時に伝えられており、この二人が承久合戦後の占領地行政を担当していた。これ以後も、幕府はこの二人を京都に常駐させ、それまでの京都守護にかわって、六波羅で朝廷の監視と京都の治安維持にあたらせることにした。これが、「六波羅探題」である。

これ以降、北・南の二名からなる六波羅探題は、つねに北条一門の有力者によって占められ、尾張より西の国ぐにを管轄、少しずつ職制を整備し、鎌倉にならった裁判制度も整え、幕府の重要な行政機関として確立していくのである。

第五章　北条泰時の政治

一　執権泰時の誕生

(一)　伊賀氏の事件

義時の死と泰時の対応

貞応三年(元仁元年・一二二四)六月十三日、執権義時が没した。六十二歳であった。その死因を、日ごろからの脚気(かっけ)のうえに霍乱(かくらん)を併発したことにあったと『吾妻鏡』は伝える。霍乱とは、今でいう急性胃腸炎である。現代社会では、大病という感覚は少ないが、近代社会においてさえ、結核とともに国民病といわれるほど患者数・死者数が多く、深刻な病気であった。

その直後、飛脚が京の北条泰時のもとに派遣された。この飛脚が到着したのは、同月十六日のこと。翌朝いまだ覚めやらぬ午前二時、泰時は京を出発した。ところが、かれが鎌倉に到着したのは二十六日である。飛脚とはいいながら四日で鎌倉から京に到着したのと比べると、あまりに遅い。しかも泰時は、そのまま鎌倉の屋敷に入らず、由比のあたりで一泊し、翌日、屋敷に移ることにした。すでに義時の葬儀は十八日に行われ、頼朝の墓所法華堂の東の山上が墳墓にあてられていた。泰時を追って、叔父の時房と足利義氏の二人が十九日に出京、同二十六日には泰時に追いついて由比に到着した。義氏は、義時の妹の子、泰時の従兄弟にあたる。

翌二十七日、泰時は今日が「吉日」であることを理由に小町邸（鎌倉市）に入った。ここは、最近修理を加えるとともに、関実忠・尾藤景綱の屋敷もその邸内に配置されていた。二人とも泰時の被官であって、後に「御内人」と称されるようになる。さらに、平盛綱・安東光成・万年右馬允・南条時員ら被官が「要人の外は邸内に参入すべからず」と、泰時邸を厳重に警備していた。

ところで、『保暦間記』には、この間の事情を、

> 泰時は、しばらく伊豆国に逗留して、時房が先に鎌倉に下った。かれが隠謀の族を尋ね沙汰して後、同二十六日、泰時も鎌倉に入った。時房は、並々ならぬ忠を致したものである。

と伝えている。泰時の鎌倉入りが遅れたのは、伊豆国北条に逗留していたからであった。しかも、時房がまず鎌倉に入り、隠謀事件を解決してから、二十六日に泰時も鎌

倉に入ったのである。『吾妻鏡』の二十七日鎌倉入りとは一日ずれるが、二十六日の可能性もある。いずれにしても、泰時の行動には何か際立つ慎重さが感じられる。

軍営の後見

二十八日、泰時・時房は尼御台所政子から「軍営の後見として、武家のことを執行すべきこと」を申し渡された。義時の死後、いろいろな噂が鎌倉を飛び交っていたし、人びとの不安を打ち消すためにも、泰時は義時死後の対応を敏速に処理しなければならなかった。

噂とは、時房の下向は「弟ら」＝北条政村を討ち滅ぼすためであって、そのため政村周辺が物騒になったとか、政子が泰時・時房に「軍営の後見として武家のことを執行」するよう命じたことに伊賀一族が反発したとか、さらに泰時の継母伊賀方が実子の政村（泰時の異母弟）を執権に据え、兄弟の伊賀光宗らをその後見とし、さらに女婿の一条実雅を将軍に立てようとしているなど、さまざまであった。これらを報告するも、泰時はこれを「不実」と否定して慌てることもなかった。

翌二十九日、時房・泰時の合意によって、時房の長男時盛と泰時の長男時氏が洛中警衛を目的として上洛した。ただし、『吾妻鏡』には「去る二十七、出門」とあり、泰時らが政子から「武家のこと執行」を言い渡される前日、『吾妻鏡』によれば泰時が小町邸に入った当日のことになる。二人とも、鎌倉の巷説に対して上洛を渋ったし、時房も不安であったが、泰時と相談した結果であった。『吾妻鏡』は、時房が泰時の命令に背くことはできなかったと記しており、泰時が押し切ったというのが実情であった。

この点に着目した石井清文氏は、時房が泰時の「ライバル」になりえる可能性を指摘している。第二、三章でも、時房は一時期、北条時政の継承者であった可能性を指摘し、義時に対して対抗心を持っていたことを指摘したが、さらに石井氏の指摘も含めて後述したい（第五章）。

巷説は単なる噂とも思えず、政村と光宗が三浦義村邸を頻繁に訪れていた。鎌倉中もしだいに騒々しくなっていった。翌七月十一日には、義時の四七日の仏事、さらに十六日にも五七日の仏事が営まれた。

ついに十七日の深夜、政子は女房駿河局をともなって義村邸を訪れた。敬服する義村に対し、政村・光宗の不審な行動を問い質し、政村擁立計画の有無を詰問した。政子の気迫に押されたのであろうか、義村は光宗らの計画を断念させることを約束した。

伊賀一族の計画

政子の帰ったあと、三浦義村は光宗に計画を思いとどまらせたのであろうか、翌日、泰時に事情を報告している。だが、不穏な状況がまったく収束したわけでもなかった。義時の七七日（いわゆる四十九日）の法事があった三十日夜には、ふたたび鎌倉中が騒がしくなった。御家人たちが甲冑を身につけ、旗を揚げて鎌倉中を走りまわったが、明け方には鎮まっていった。しかし、このような不穏な世情をそのままにしておくことは、許されなかった。

翌日、泰時邸に鎌倉殿三寅と政子が移り、三浦義村に対し騒ぎを鎮めるとともに泰時邸に祇候するよう命じたのである。そのほか、葛西清重・中条家長・小山朝政・結城朝光ら宿老も召し出され、さらに大江広元も集まった。おそらく、有力御家人の多くが泰時に味方したのであろう。そこで、伊賀光宗らに対する処置が進められた。その結果、伊賀方と光宗兄弟は流罪、廷臣実雅は京都に送還し、朝廷に処分を一任することになった。もっとも、ことの波紋が広がることを防ぐためにも、かれら以外の処分は最小限に抑えられた。

閏七月二十三日、一条実雅を始めとして伊賀朝行・光重・宗義・光盛らが京都に送られ、二十九日には政所執事を罷免のうえ、五十二か所にのぼる所領を没収された光宗が、二階堂行村に預けられた。これらは、政子の指示を受けた泰時が下知した。また、政所執事の後任には、二階堂行盛（もと政所執事行光の子）が任命された。八月末、政子の命によって伊賀方が伊豆国北条に幽閉され、光宗も信濃国に配流された。

さらに、六波羅に着任していた時盛・時氏に対し、朝行らを鎮西に配流すべき旨が伝達された。伊賀氏に対する厳しい処断は、おおよそ政子が命じたものであった。

実雅と西園寺家

こうして、いわゆる伊賀氏事件もほぼ未然に「解決」できた。しかし、この事件についても、そのおおよそは『吾妻鏡』に拠っている。したがって、そもそも伊賀方が義時から泰時への家督継承に反対したという『吾妻鏡』的理解では、事の真相をついたものにならないように思われる。

そこで考えなければならないのは、義時の嫡女と結婚した一条実雅の存在である。その系譜関係も含めて第四章で詳しく述べたが、簡単に再述しておきたい。和田合戦後、政所別当とともに侍所別当に就いた義時であったが、この段階で「執権」に就いたわけではない。建保六年七月には侍所別当を子息泰時に移譲するとともに、「執権」を幕府体制上に明確に位置づけ、自らその地位に就いたのである。

この前後、一条実雅が甥の一条能氏とともに東下、左大将を兼ねた実朝の鶴岡八幡宮拝賀に、さらに翌建保七年正月には実朝の右大臣拝賀の儀に扈従した。一旦帰洛したものの、同年七月、三寅の東下に供奉して三度鎌倉に下向した。鎌倉に到着した三寅は、義時の大倉邸に入り、即日、政所始めが行われた。新鎌倉殿の誕生である。

慶事の陰で、義時の子重時が弱冠二十二歳で小侍所別当に就任、さらに九月には二階堂行光に替わって、義時の後妻伊賀方の兄にあたる光宗が政所執事に就いた。そして、その翌十月、実雅と義時の嫡女（伊賀方所生の娘）の婚姻が成立し、実雅は大倉の義時邸の傍らに迎えられたのである。

この婚姻は、実雅の義父西園寺公経が中枢の一角を占める京都政界との結びつき、あるいは新しい鎌倉殿となる三寅（頼経）の大叔父（おおおじ）実雅との結びつきを、義時にもたらした。それは、上洛の経験はあったものの、公家社会との直接的な折衝経験を持たぬ義時にとって、おのれの欠点をカバーできる人財の確保だった。しかし、義時以上にこの婚姻に期待したのは、その妻伊賀方や伊賀一族であって、義時の処断がその後の混乱を巻き起こすことになった。

伊賀方と泰時、政子

ところで、この事件を理解するためには、この時代の婚姻や相続に関する武士社会の慣例・慣習を考えることも必要であろう。鎌倉時代における女性の地位は、その後の時代よりもはるかに高いものであった。たとえば、御家人の娘が親から譲られた所領をもって他氏と結婚した時、夫とは別に自分の持参した所領を子孫に譲与できたのである。また、財産譲与は生前譲与が原則であったが、父親（夫）がそれをせずに死

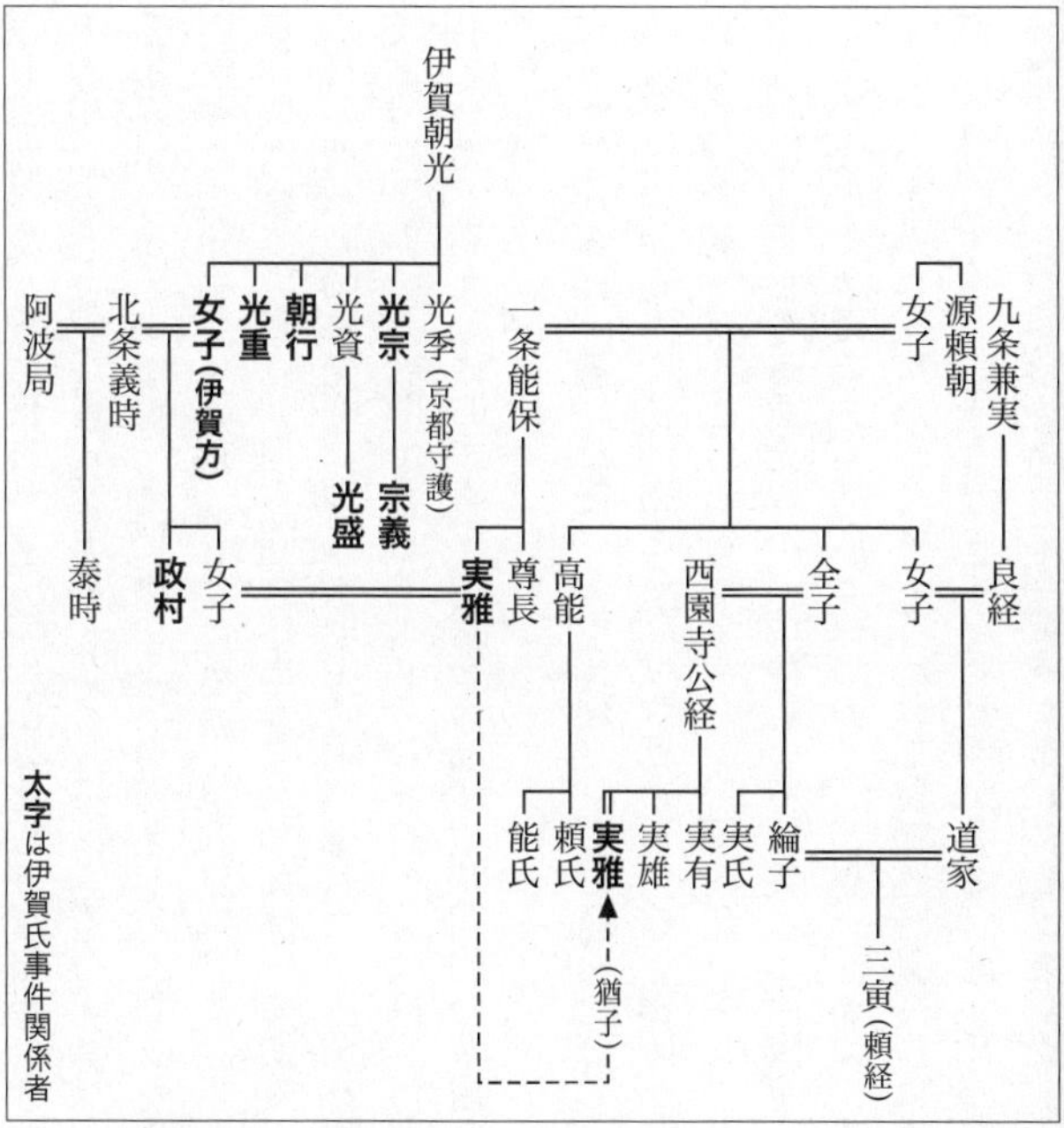

図8　北条氏と伊賀氏・藤原実雅

没した時、妻が夫に代わって所領の譲与を行うことができた。当時、継母と前妻の子との相論がしばしば見られるが、それは継母が実子に行った財産分与に対し、継子（前妻の子）が不満をもって提訴する場合が多かったことを示している。

すでに奥富敬之氏が指摘しているが、義時が没した時、譲状（財産分与の遺言状）が作成されていれば、何ら問題は生じなかったはずである。ところが義時は、六月十二日午前八時頃に発病、翌日午前十時頃に没したから、わずか二十六時間のできごとであって予期せぬ展開でもあった。この義時の急死は、伊賀方による毒殺とも伝えられていた。いずれにしても、譲状を作成する時間的な余裕など、まったくなかったのである。

とするならば、義時没後、その代理として財産を処分し、その後継者を選定できるのは、妻の伊賀方であったとみなければならない。泰時が時間をかけて鎌倉に入り、あるいは時房・義氏と行動をともにし、自邸周辺を主だった被官に警衛させるなど慎重な行動をとらざるをえなかったのも、実はここに原因があった。

このようにみたとき、時政と牧方のことが思い浮かぶ。牧方の場合、子の政範は病没していたから、替わって擁立された平賀朝雅が義時らによって滅ぼされたのであるが、今回もおなじようなパターンと理解できる。北条氏が幕政内で肥大化、強大化するほど、その後継者をめぐる対立をつねに内包していた。

ただし、異論もある。たとえば永井晋氏は、義時没後、北条家のなかで重きをなすことになる伊賀方を政子が排除しようとしただけでなく、伊賀方謀叛の風説を否定する泰時や時房、三浦義村、足利義氏ら第二、第三世代と、権力を維持しようとする政子ら幕府草創期の第一世代との衝突であったと指摘する。

しかし、『吾妻鏡』の個々の記述をそのままに解釈することは危険であろう。『吾妻鏡』編纂時の意向、すなわち後に得宗家と称される北条惣領家（これも政争のなかで固定化していったものだが）の正統化という目的のなかで編述されたという特性も考えるべきである。義時を継承した泰時に、不利な、あるいは不名誉な描き方は許されないだろう。もっとも、その解釈の違いが『吾妻鏡』を読み解く面白さでもあるのだが。本書では、伊賀方が子の政村を義時の後継者にし、女婿藤原実雅を新しい将軍に就けようとしたという「通説」を支持したいと思う。

泰時の本音

奥富氏が指摘したように、北条政村を義時の後継者に考えたことは、当時の武士社会では至極当然のものであった。ただ、幕政の中枢を掌握する北条氏の後継者ということにもなれば、一般御家人とはまったく異なる状況があった。すなわち、北条氏の家督だけでなく、執権＝幕府の権力者という立場が付随してくるのである。

泰時が事件の首謀者に対し、流罪以上の処分を行わず、しかも一条実雅を除いて処分された人びとが、しばらくして赦免されているのも、さらに義時の遺領の多くを弟妹たちに分け与えたのも、すべて泰時が当時の慣例・慣習を無視した引け目がその根底にあったからであろう。それは、北条一族内部における泰時の立場がきわめて弱い、不安定なものであることを示している。

一般に泰時といえば、御成敗式目の制定や評定衆の設置に見られる「合議」政治が思い出される。しかし、時政、義時の二代にわたる権力委譲の実態を見てきた「江間」泰時にとって、さらに六波羅探題として京都政界の権力闘争を間近に見聞したであろう泰時にとって、「合議」が初めから視野に入っていたとは思えない。そう、泰時もまた当初は江間姓を冠して『吾妻鏡』に記されており、北条姓でなかったことも忘れてはならない。

すでに上横手雅敬氏は、評定衆に代表される「合議」体制は、多くの御家人の支持を得るための手段であり、その背景にある執権（結果的に北条惣領家）の弱さを指摘しているが、それはまさに泰時にこそあてはまるのである。さらに、義時が「執権」体制を構築し、自らが執権となって幕政を遂行する体制も、杉橋隆夫氏が指摘した「執権の主導する政治体制」であったことは、すでに述べてきた。だからこそ、泰時が早急になさねばならぬことは、一族に対する統制＝惣領権の強化によって可能となる、北条惣領家が進める幕府政治の安定であったのである。

（二）公文所の開設と家法の制定

公文所と家法

泰時は、北条氏の惣領として一族と被官に対する統制力の強化を考え、元仁元年（一二二四）閏七月二十九日、尾藤景綱（びとうかげつな）を初代の家令（かれい）職に任命し、さらに翌八月二十八日、景綱・平盛綱に命じて家法を作成させ、公文所（くもんじょ）を強化した。元暦元年（一一八四）、源頼朝が公文所を創設して、初代別当に大江広元を任命したのはよく知られている。公文所とは、本来、公文書や奉書を発給するところの意である。なお、設置者が三位以上、あるいは大納言などに就くことによって公卿（くぎょう）に列せられると、その組織は政所と称され、そこから奉書＝御教書（みぎょうしょ）が発給されるようになる。いずれにしても、北条氏の公文所であれば、北条氏が発給する文書を処理する機関ということになる。では、北条氏はどのような文書を発給し、その公文所ではどのような職務を遂行したのだろうか。

所領支配の充実と公文所

ここに、貞応三年（元仁元年・一二二四）九月二十一日に発給された文書がある。陸奥国平賀郡岩楯村（青森県平川市）の地頭代に曾我次郎を任命したものだ。平盛綱が、泰時の意向を承けて発給し、文書の右側（袖という）に花押を据えて、泰時が承知していることを保証している。曾我氏は、北条氏の被官であり、岩楯村も北条氏の所領であった。

また、寛喜二年（一二三〇）正月、公文所で武蔵国太田荘（埼玉県春日部市・久喜市等）内の荒野の開発が決定された。これを担当したのが、家令尾藤景綱であり、太田荘もまた北条氏の所領であった。あるいは、文保元年（一三一七）十二月、北条氏が支配する陸奥国大平賀郷（青森県平川市）の年貢が納入された際の結解状（収支決算書）は、公文所に提出されている。すなわち、公文所の職務のひとつとして北条氏の所領支配があった。

泰時は、北条一族に対する惣領権強化の一環として、その経済基盤である所領支配の充実を考え、さらに家法を制定し、一族に対する統制強化を目ざしたのである。これ以降、代々の北条氏の惣領はこの家法を追加し、北条一族とその被官を統制する「御内の法令」へと充実・発展させていくのである。

執権・連署体制の成立時期をめぐる近業

貞応三年（一二二四）六月二十八日、義時の没後、政子から時房・泰時の二人が「軍営の後見として武家のことを執行」するよう指示されたことによって、執権・連署体制が始まったといわれてきた。

これに対して上横手雅敬氏は、

①時房は同年七月から翌嘉禄元年六月まで在京していた、

②この期間、幕府の発給する関東下知状は、泰時の署判のみで時房が加判していない、

の二点から、『吾妻鏡』の記述を否定、嘉禄元年（一二二五）六月の大江広元、翌月の政子の逝去によって、泰時は叔父時房を起用して、複数執権制いわゆる執権・連署体制が発足したと考えられ、この見解が通説となって久しい。

昭和四十六年以降、『鎌倉遺文』が刊行され、同時期の史料が容易に検討できるようになると、この通説に疑問が呈せられるようになった。すなわち、石井清文氏は『吾妻鏡』の記述を詳細に検討し、時房の在京期間を元仁二年（嘉禄元年・一二二五）正月から同年四月までに限定して①を否定した。また、泰時の単独署名の下知状が発給された貞応三年九月以降、政子が没するまでは泰時の単独執権であったが、それ以前、すなわち義時が没した貞応三年六月から八月までについては、泰時の単独執権の証明が不十分と批判する。そのうえで、泰時・時房に期待されたのは「軍営御後見」

として「執行武家事」を実現することであったが、泰時は徐々に「家令」を設置するなどして幕政および一族の惣領としての地位を固めていったと指摘する。そこで、時房と泰時の関係に注目して二人の動向をまとめておこう。

義時没後の泰時と時房

　まず、義時没後の貞応三年の動向である。閏七月二十九日、泰時は伊賀光宗の政所執事職を罷免し、替わって二階堂行盛を任命したが、それは「二品＝政子の芳命」によって行ったものであった。一方、時房は八月一日になって、初めて政所に出仕した。世上が騒がしいなかで、これを沈静化するためには、日常の政務にもどるのが「落居(らっきょ)の基」との政子の勧めであった。

　一方、泰時は八月二十八日になってようやく政所に出仕し、さらに「家務条々」＝家法を制定した。翌日から、伊賀方の籠居(ろうきょ)や伊賀一族の処分、さらに義時遺領の配分作業など惣領家内部の対応に追われた。もっとも、伊賀氏に対する処分は、政子が指示し、それを受けて泰時が対応したものであった。

　この前後の政子・時房・泰時の動向を詳しく整理した石井氏は、政子と泰時とのあいだに「政策上のずれ」がある一方、政子の後ろ盾を得た存在として北条時房を評価する。しかし、泰時・時房ともに政子の指示によって動いているのであって、政子自身に偏りはみられない。ただ、七〜閏七月にかけて、伊賀方や伊賀一族、それに加担しかけた三浦義村の対応に追われたからか、二人が協調して幕政に関わった事例はほとんど見られない。

泰時発給の関東下知状

そうしたなかで、次のような下知状が発給された。

早く左衛門尉藤原忠義をして、讃岐国櫛無保（くしなしのほ）（香川県櫛梨町）の地頭職となさしむべきのこと。

右の人、かの職として、先例に任せ沙汰致すべきの状、仰せにより下知くだんのごとし。

貞応三年九月七日

武蔵守平（花押）（北条泰時）

泰時だけが花押を据（す）えた関東下知状である。泰時が単独で署判した関東下知状・関東下文は、政子が没する直前の元仁二年（一二二五）四月までに合わせて六通が確認される。少なくとも、下知状発給の前提に、泰時による政所掌握という状況、さらに政子の何らかの承認があったことは想像できる。

しかし、時局はなお流動的であった。九月九日には、足利義氏が新恩として美作国新野保（岡山県津山市）以下数か所を拝領したが、『吾妻鏡』はその主体を記載していない。また、十五日には、時房が若君＝三寅の奉幣使として、一か月遅れて行われた鶴岡八幡宮の放生会に参列し、翌日に行われた流鏑馬以下の神事にも、三浦義村や小山朝政、中条家長らが列席するなかで参宮した。ところが十月一日には、泰時が三浦義村・小山朝政・中条家長ら宿老を招き、杯酒を勧め贈物をするなど饗応している。どのような談合だったのかわからないが、北条時房が担当した八幡宮神事に関わった三人を、数日後は泰時が饗応するなど、幕府宿老を自陣営へ取り込もうとするかのような二人の鍔迫り合いと見られなくもない。

そうしたなか、十月二十八日、阿波国麻殖保（徳島県吉野川市・美馬市の一部）の支配をめぐって、預所左衛門尉清基と地頭小笠原長経が争った。そこで、鎌倉に呼びよせ、「両国司（相模守時房・武蔵守泰時）の御前」において一決を遂げさせた。二人揃って訴訟を担当したのは、これが唯一であった。

執権の後継表明と鎌倉殿確保

十一月、泰時は義時の追福供養として伽藍の建立に着手、立柱が行われた。亡父の追善供養といえばそれまでだが、前執権の追善ということになれば、単なる亡父ということだけでなく、義時という幕政担当者の後継を表明した行為とみるべきだろう。

さらに、十二月二日には泰時が「執権」として幕政担当の志を明らかにすべく、明法道（法律学）の目安（箇条書きの文書）を閲覧することを日課にしようとしていた。また、同日には上野国の検注を実施するため、外記大夫祐通を派遣しようとしたが、土用中であったため、検注実施の可否を陰陽師安倍国道・同親職に尋ねた。国道は可、親職は否の勘申であったが、政務遂行を優先して派遣している。徐々に、幕政担当者としての自覚というか、北条時房に対する優位を感じ取ったうえでの意思表示ともいえる。

さらに泰時による主導性は、鎌倉殿三寅を自陣営に取り込むことによって強まろうとしていた。すなわち、十二月十四日夜、三寅は泰時邸に渡御した。これは立春の節会にあたる十九日に、方違えのため入御する予定であったが、当日は陰陽道でいう「没日」にあたるため、三寅の初めての入御に適さないとの理由から、夜分の渡御となったのである。ところが十九日当日、三寅は大江佐房（広元の孫）や三浦義村、中条家長・佐々木泰綱らを随え、ふたたび泰時邸に渡御した。三寅の奉幣使（代理）として、鶴岡八幡宮の諸神事を遂行した時房に対抗するかのように、あるいは鎌倉殿という玉を掌中にするための、二度にわたる三寅の泰時邸渡御であった。

泰時と四角四境鬼気祭

さらに二十六日、近ごろ流行っている病に泰時が驚いた時、陰陽師安倍国道は「四角四境鬼気祭」を行って退治すべしと提案、泰時はこれを行ったのである。何気ない記述であるが、大きな意味を持っていた。

この祭祀について岡田荘司氏は、奈良時代に鬼魅を防ぐため「京城四角の路上」で行われていた国家祭祀「道饗祭」が、十世紀初頭、陰陽道独自の疫神祭として成立した「四角四堺祭」に、国家祭祀の重点が移っていったと指摘する。さらに鬼気祭についても、疫病・疱瘡（天然痘）を鎮める国家祭祀として十世紀半ばに行われていたが、その後、「四角四堺祭」に吸収されていったという。なお、天暦六年（九五二）の山城国に下された官宣旨に載る「四堺祭」の祭場となった和邇・会坂・大枝・山崎の四か所は同国の国堺に位置している。

泰時の行った「四角四境鬼家祭」も、陰陽師安倍国道によって、東は六浦（横浜市金沢区）、南は小坪（逗子市）、西は稲村（鎌倉市）、北は山内（鎌倉市）という、当時の鎌倉市中を囲む四か所が祭場となった。おそらく、鎌倉の疫病を除去する祭祀は、幕府の祭祀として行われたのであり、それを司祭できるのは鎌倉殿であったが、幼年の三寅にかわって泰時が行ったのである。

なお、藤原定家の日記『明月記』嘉禄元年（一二二五）二月七日条に「泰俊朝臣を招き鬼気祭を修ぜしむ。この冬・春の間、世間疫癘、道路に満つ」とあり、『一代要記』には「疱瘡」ともあるから、かなり広範囲で疱瘡が流行ったことがわかる。

また、翌元仁二年（嘉禄元年・一二二五）は正月から二月下旬にかけて、霖雨（長雨）が続いた。そこで泰時が陰陽師に問うたところ、これらは天災ではあるが、諸国の神社を崇敬し、祈禱を致すべきとの答えを得ている。施政者としての対応であろう。

なお、この年の正月、時房は元日の垸飯を三寅に献上した。正月の垸飯は、「歳首の垸飯」ともいわれ、幕府内の序列を表していたから、北条時房の立場を示すものとして評価する指摘もある。しかし、『吾妻鏡』は二日以降の記事を欠いているものの、父義時の喪に服していた泰時が正月の祝事に加わることはなかったであろうから、これをもって時房の優位と評価することは難しい。

政子と最勝講・仁王会

元仁二年正月十四日、政子は、鶴岡八幡宮で初めて「最勝八講」を行った。最勝講は、金光明最勝王経を講義して、国家の安泰、天皇の長寿を祈願する講会（法会）で、全十巻を八座（グループ）で講ずるため八講といった。平安時代には仁王経・法華経とともに「鎮護国家三部経」と称され、宮中や寺院で盛んに行われた。

さらに、五月になって政子は、鶴岡八幡宮の別当定豪や三浦義村、二階堂行村、陰陽権助国道らを集め、「疫気流布」ばかりか「炎旱」が続き、病死する者の多さにふれ、その災いを攘うため般若心経・尊勝陀羅尼経の書写供養を行うことを伝えた。さらに、定豪の申し入れを受け、二十二日、千二百人の僧侶による仁王経一千部の転読が、続いて般若心経・尊勝陀羅尼経それぞれ百巻の書写が行われ、諸国の一宮に奉納されることになった。翌日夜、その効果あってか降雨があった。『吾妻鏡』は法会の後にたちまち「甘雨」があったとし、「諸天、感応を垂らし豊穣を歌うべき」を知らしめたと記している。

仁王経は、これを講説する法会（仁王会）を行うことによって災難を滅除し、あるいは国家の安寧を祈るという為政者のあり方を説いた経典である。真言宗の空海が、高雄山寺で国家の平穏を祈って護国の祈禱を行ったというが、政子に仁王経の講読を申し入れた定豪も、仁和寺の兼豪より伝法灌頂を受けた真言僧であった。

最勝王経や仁王会の説明が長くなったが、正月の最勝講に続いて、五月にも仁王会が行われた目的は、疫病の流行に対する除災であった。同時に天皇の長寿になぞらえて、幼い三寅の行く末とともに幕府の安定にも通ずる国家の安寧があったことは間違いない。

さらに、泰時の四角四境鬼家祭に対して、最勝講・仁王会を行う政子の姿勢は、政子のもとで、「軍営の後見」を委ねた時房・泰時による幕政を意図しながらも、突出しつつある泰時に対する時房のわだかまりを関知していたからであろう。

二　合議制の光と陰

（一）幕府の移転と評定衆

広元・政子の死

政子の御願によって行われた仁王会、それに続く甘雨の歓びのなかで、政子は体調不良に陥った。その快復を祈って、幕府陰陽師や八幡宮供僧らによって祈禱が行われたが、政子の容体は一進一退であった。そのようななか、六月十日には大江広元が病死した。幕府草創以来、頼朝の側近として、また幕府の宿老として重きをなした広元も、病気には勝てなかった。七十八歳であった。政子は広元の病気に気落ちしたのであろうか、十六日以降、絶入（意識不明）状態が続いた。七月に入ると、新たに前権侍医の和気定基が政子の治療に専念するなかで、八日には「東御所」（新御所）に渡御したが、危急故に敢えて行われた異例の対応であった。十一日、政子は六十九歳の生涯を閉じた。幕府草創に大きな役割をはたした広元・政子があいついで亡くなったのである。

二十三日、日ごろ政子が生活していた義時旧邸に、北条時房が移り住んだ。この義時旧邸は「大倉御亭」とも記されるように、大倉御所＝幕府の近くにあったと思われる。秋山哲雄氏によれば、『吾妻鏡』寛喜三年（一二三一）正月十四日条に「大倉観音堂の西辺、下山入道の家が失火、余焔により唐橋中将亭ならびに故左京兆の旧宅および二階堂大路の両方の人屋等焼けおわんぬ」とある「故左京兆」は右京兆＝義時の誤りで、大倉観音堂＝杉本寺の西方、大倉幕府の東に位置していたという。いずれにしても、義時旧邸を継承した時房の立場に留意すべきであろう。

源家の象徴「竹御所」

八月二十七日、政子の葬儀が行われたが、「御葬家御仏事」は頼家の遺児「竹御所」が沙汰した。頼家、実朝亡き後、源家を名のれるのは竹御所だけであったし、時房・泰時いずれかが行ったとしても、両者のわだかまりが高ずるのは目に見えていた。あるいは、『明月記』嘉禄元年十月二日条に「関東（三寅）今年十二月、必ず御元服有るべきの由、二品（二位・政子）示し置かる。幕下（西園寺実氏）加冠のために下向か」とあるように、あらかじめ三寅の元服を考えていた政子が、死後の対応まで考えていたのだろうか。もっとも、寛喜二年（一二三〇）十二月、源家を継承する竹御所と十五歳年下の頼経（三寅）との婚儀まで、政子の配慮であったかはわからない。

翌九月三日、泰時は三浦義村・二階堂行村を御所に呼びよせ、「理世の沙汰」について密談することがあった。三浦義村は和田氏亡きあと、幕政に大きな影響を与える有力御家人の筆頭であり、二階堂行村は政所執事行盛の叔父にして、事務官僚の重鎮でもあった。今後の幕政運営に関する会談で、助言と協力を求めたと思われるが、そのなかに北条時房に対する処遇が含まれていたことはいうまでもない。幕政における権威の象徴でもあった政子亡き後、時房とのわだかまりを残したままで、幕政を担当する不安定さは泰時自身も感じ取っていたし、義村・行村の進言もあったと思われる。その後、二十日には奉行人らを集め、信賞必罰の方針が宣言されたが、あるいは時房との共同統治の方針が含まれていたのではないだろうか。

現在、北条時房・泰時連署の関東下知状が確認できるのは、翌十一月十九日であるから、いわゆる執権・連署体制がスタートするのは、政子の没後ということになる。ただし、当初から連署と称されたかは疑問であって、『吾妻鏡』ではともに「軍営の後見」と表現されている。また、幕府の公文書、たとえば政所の下文などをみても、両者とも政所別当として自著しており、『沙汰未練書』でも執権・連署の別を設けず、ともに執権と称している。したがって、上横手氏が指摘したように、執権・連署制とは複数執権制であったことになる。

評定衆の設置

今後の幕政の基本路線を確認した泰時・時房は、幕府の移転を計画した。十二月二十日には新しい御所を宇都宮辻子に造営、鎌倉殿三寅を迎えて人心の一新を図った。同日、泰時はさらに新御所において、鎌倉大番役の制を定めた。遠江国以東十五か国の御家人に、その所領の規模に応じて御所と諸門の警備を命じたのである。この番役制は、泰時・時房のほか、中原師員・三浦義村・二階堂行村・同行盛・中条家長・町野康俊・矢野倫重・太田康連・後藤基綱・佐藤業時・斎藤長定の十三人によって、新御所で評議された最初のものであった。

この泰時・時房を除く十一人こそ、いわゆる評定衆である。二階堂行盛は政所執事で、行村はその叔父。また、町野康俊は三善善信の子で問注所執事。太田康連はその弟、矢野倫重は甥にあたる。中原師員は法曹官僚、佐藤業時・斎藤長定は事務官僚出身。そして、三浦義村・中条家長・後藤基綱は有力御家人出身ということになる。事務官僚出身が八人と多いが、それだけ実務家が必要であったことによる。三人の有力御家人を入れることによって、御家人の意志が反映されることが期待された。評定衆は、政所に出仕し、政治や訴訟に関する評議や決定を行うことになった。その結果、政所や問注所の職務内容が軽減され、一般事務や裁判事務が主たる任務になっていく。

(二) 関東御成敗式目の成立

公平な裁判

嘉禄二年(一二二六)十月九日、評定が行われた。尾張国の御家人である中原泰貞と三浦義村の郎従大屋家重とのあいだに発生した所領問題が提訴されたのである。この評定の席で、評定衆でもある義村は、家重が道理をわきまえていることを強調した。ところが、評定所のうしろで評議をうかがっていた泰貞が聞きつけ、義村の強弁を訴えたのである。そのため、義村と泰貞の激しいやりとりになり、両人とも評定所を退座させられた。評定の結果、大屋家重の勝訴となり、所領は家重に付けられた。後味の悪い裁決であった。

三日の後、評定の時、訴人(原告)が評定所の近辺を徘徊することが禁止された。しかし、相論当事者の一方が、評定所の関係者であれば、公平な裁判は期待できない。文暦二年(一二三五)になって、評定の時、評定衆が退座すべき関係者の範囲を、

祖父母・父母・養父母・子孫・養子孫・兄弟・姉妹・聟〈姉・妹・孫の聟もこれに同じ〉・舅・相舅・伯叔父・甥姪・従父兄弟・小舅・夫〈妻が訴訟を起こした

場合〉・烏帽子（えぼしご）

と定めているのも、公平な裁判を考えた結果であろう。

頼朝時代のような独裁者がおらず、しかも北条氏が有力御家人・官僚と拮抗（きっこう）する存在でしかなかった時、三者が妥協できる体制こそ、公平な評定、裁判にみられる合議体制であった。そこで、三者を規制しながら、三者とも納得できるような規約を明確にする必要がおこってきた。妥協とは、規制と納得からなるといっても過言ではなかろう。その一例が、文暦二年の評定衆退座の規定でもあった。

頼朝以来の幕政のなかで培われてきた慣例・慣習、あるいは、それ以前から存在した武士社会内の慣行を、鎌倉幕府全体の共通認識に高め、成文化する必要が生まれてきたといえる。それに加えて、承久合戦後、幕府の支配圏が西日本に拡大されたという事情もあった。

承久以前、西日本の紛争の多くは朝廷が処理していた。ところが、承久合戦後、幕府の支配が西日本に拡大されると、荘園領主や国衙（こくが）の役人と新補地頭（しんぽじとう）とのあいだに紛争が多発するようになっていった。義時は、これらの紛争解決のため、早くも貞応元年（一二二二）、守護と地頭の守るべきことがらを法制化している。泰時は、義時のこの路線をさらに徹底させようとした。

式目の作成

貞永元年（一二三二）五月、泰時は基本法典の編纂を評定衆に諮り、八月にはその作業を一応完了した。はじめは単に「式目」とか「式条」とかよばれたが、幕府の裁判の基準ということから『関東御成敗式目』とか、編纂の年号をとって『貞永式目』とよぶ。全五十一か条。最後に評定衆および泰時・時房の起請文を載せている。

この基本法典を完成させた泰時は、同年八月八日と九月十一日に六波羅の弟重時に次のような書状を送っている。

> 裁判を行っている時、同じような内容でも強い者が勝ち、弱い者がまける不公平もあり、身分の高下、依怙贔屓による不公平もある。これらを是正して、公平な裁判の基準として式目を作ったので、その一通を送ります。
>
> もちろん、裁判に依拠すべき京都の律令があることは承知しております。しかし、田舎では、律令に通じている者は千人、万人に一人もいないのが実情です。このような状態なのに、律令を適用して処罰したのでは、鹿穴を山中に掘って、気がつかぬうちに落ちてしまうようなものです。
>
> そのため、頼朝公時代の先例を基本に編纂したものです。所詮、従者は主人に

忠を尽くし、子は親に孝を尽くし、妻は夫にしたがうように、人の心の過ちを捨て、正直を賞するようになれば、自然と庶民も安心するだろうと思い、作ったものです。納得されたうえで、この式目を書き写して、諸国の守護や地頭にくばり、よくその趣旨を徹底させてほしいと思います。

かれの書状は、内容の知らない朝廷の法律で処罰されたのでは、武士社会の慣例・慣習が無視されることになるし、さらには武士の権益をそこなうことにもなる、多くの御家人の権益を保護するためにも、この式目は必要と主張している。

公家法・本所法・武家法

したがって、この式目の適用範囲はあくまで御家人とその所領である。そのため、朝廷の法令＝公家法や荘園領主の本所法とは、まったく適用対象を異にしていた。すなわち、裁判にしても、その管轄範囲は当事者の身分が御家人であることが基準であった。もっとも、紛争の多くは御家人とそれ以外、たとえば荘園領主や国衙の役人とのあいだで起こっていた。これらの紛争が増加するなかで、訴訟内容にもとづいて、所務沙汰（不動産関係の裁判）、雑務沙汰（動産関係の裁判）、検断沙汰（刑事裁判）に三分類されるようになっていく。

式目の内容は、武士社会の慣例・慣習から成文化されたもの（私法的内容）と、新たに幕府が制定した法規（公法的内容）に大別される。

まず第一条および第二条では、幕府支配下の国ぐにや荘園内の神社・仏寺を崇敬し、破損を修理し、子細を幕府に報告するよう命令している。式目の施行範囲が「関東御分の国々と荘園」と明記されている。また、第三条および第四条では、守護の職務を、いわゆる「大犯三箇条」に限定するとともに、守護の越権行為を禁止している。第五条では、地頭の年貢滞納を禁止し、悪質な場合は地頭職を没収することも決められている。これらは、国司や荘園領主の支配に、守護や地頭は関与してはならないという、幕府の基本政策が明示されているといってよい。それはさらに、国司や荘園領主の裁判に幕府は介入しない第六条として現れてくる。

不易法・年紀法・悔返権・悪口・謀書

また、御家人の権利を保護する慣習の成文化もみられる。第七条は、頼朝以来政子までの鎌倉殿＝将軍から給与された所領は、それ以前の所有者が裁判をおこしても現在の所有者の権利を保護するというものである。一般に「不易法」とよぶ。第八条は、現実に所領を支配して二十年以上が過ぎれば、たとえ書類上の不備があっても、現在の支配者を正当な権利者として認める規定。当時、これを「年紀法」とよんだ。

さらに第二十六条は、御家人の相続に関するものとして重要である。子が親から所領を譲られ、幕府もまたこれを認定して安堵の下文を与えた後でも、親はいつでもこれを取り戻すことができた。これを親の「悔返権」というが、幕府の認定も親の権限の前には無力であったことになる。幕府でさえも、御家人の一族内部の問題に関与できなかったのである。

裁判に関する規定が多く含まれていることも、その式目編纂の目的からいって当然であった。第十二条は、紛争が生じて当事者同士が対面して相手に悪口を吐いた時、その紛争地は裁判の結果にかかわらず相手に与えられるというもの。当時、裁判の過程でもっとも重視されたのは、証拠書類である。したがって、当事者は証拠書類の確保に全力をあげたが、時として謀書（偽造文書）を提出することもあった。第十五条では、証拠書類を偽造した場合、所領を没収することが定められている。

さらに第二十八条には、他人の所領を奪うことを目的として、何ら過ちのない者を訴え、その非が明白になった時には、所領を没収して他人に給与するとある。被告が幕府の出頭命令に背くことが三度におよんだ時は、原告の勝訴とすべきことは第三十五条、これ以外にも、訴訟に関する規定は多い。公平な裁判をいかに重視したかがわかる。

また、第十六条では、承久合戦で朝廷方に味方したとして所領を没収された者が、後に誤りであったことがわかった時は、所領を返却すること、あるいは朝廷方に与し(くみ)た後も発覚せず、現在に至った者は、すでに時間もたち時効であろうから、所領五分の一を没収して赦免すること、などが規定されている。第十七条によれば、承久合戦で父と子が朝廷方・幕府方それぞれに分かれた場合、朝廷方に味方した者の処罰と、幕府方に味方した者の勲功ははっきり区別して処置すべきとある。

所領・裁判に関する規定が全体の三分の一にも及んでおり、承久合戦の後、その勲功や没収地の処分などについての紛争がいかに多かったか、そして、いまだ係争中であること、合戦の後、地頭と国司・荘園領主との相論(そうろん)(裁判)が増加していることなど、当時の現状を如実に示している。

当事者主義・弾訴主義

ところで、式目はわずかに五十一か条である。この条文数では、今後おこるであろう紛争のすべてに対処することはできない。そのため、提訴された問題については、そのつど下された判決が、いわゆる「追加(ついか)の法」として存続した。もちろん、それのみが追加の法ではなく、幕府が行政担当者として発令する単行法令もあった。現在、これらの追加の法は、佐藤進一氏・池内義資(いけうちよしすけ)氏によって整理され、刊行された『中世法制史料集(第一巻・鎌倉幕府法)』によって、約七百五十条を知ることができる。

だが、『関東御成敗式目』が守護や御家人に周知されたのに対し、追加法は関係者のみに伝えられたものが多く、一般に周知されたとは思われない。しかも、当時の裁判組織はきわめて受け身的であり、独自に裁判内容を調査することもなかった。いわゆる検察機能が備わっていなかったといってよい。そのため、裁判の進行はほとんど当事者の手によってなされ、主張の根拠となる証拠書類や判例の収集さえ当事者の仕事であった。証拠書類が偽造されたものかどうかさえ、当事者の主張にもとづいたのである。そして、訴人（原告）と論人（被告）が相互に主張を展開し、三問三答の範囲内で裁判所が判決を下すという、徹底した当事者主義の裁判制度であった。

さらに、一般の殺人などの検断沙汰の場合も同じで、殺人事件が発生しても、提訴されなければ刑事事件にはならないという弾訴主義であった。

このような当事者主義（弾訴主義）といい、すでに述べた親の悔返権といい、幕府と御家人のあいだには相互に介入しえない部分があったのであり、ある面で独立的でさえあった。その根底には、幕府権力がそれぞれの御家人を完全に掌握しきれない現状があったとみるべきである。したがって、合議体制といい、その規律の成文化といい、結局は北条氏と有力御家人・官僚の妥協以外のなにものでもないという一面も棄てさることはできないだろう。

(三) 執権・連署制の実態

泰時の限界

泰時、時房が連署して発給した公文書は、嘉禄元年(一二二五)十一月十九日付の関東下知状がもっとも古く、以後、時房が没する仁治元年(一二四〇)の前年(延応元年)まで六十五通、また、連署の関東御教書も嘉禄元年十二月から延応元年九月までの八十八通がそれぞれ確認されている。いずれも政子の死後であり、合議体制の代名詞とさえいわれる評定衆の設置もまた政子の死後であることは興味深い。

いったい、時政・義時にみられた北条氏の権力志向は、どこにいってしまったのだろうか。時政が梶原氏・比企氏という頼家の後見勢力を滅ぼし、将軍の外戚を独占しようとしたような、あるいは義時が幕府機構内に確固とした立ち位置を確保し、有力御家人を排除したような強硬性を、泰時は見ていたはずである。

この泰時の、というよりも北条氏の方策転換は、実は北条氏自体に原因があった。すでに述べたように、泰時が義時の跡を受けついだ時、ある種の内紛が起こった。もちろん、伊賀氏事件にみられるように、泰時の相続に対する態度には強硬な一面があったことは見逃すことができない。

この頃、時政から義時へという幕府草創の世代を経るたびに、いわゆる庶子家が分離・自立していく傾向は北条氏にもあった。北条氏といえども、東国武士の一流であった。当時の武士は分割相続を原則としていたから、北条氏もまた庶子家が惣領家から分立していく傾向を阻止することは難しい。このような情況のもとで、しかも当時の慣例・慣習を無視してまで泰時の相続が強行されたことはすでに詳述した。

義時・泰時にしても、幕府内における北条氏の地位を確立するためには、北条氏自体をまとまりのある一団にし、そのうえで有力御家人対策を進めていかざるをえない。義時が、政所の別当を掌握し、あるいはその延長上に「執権」制を作り上げて自らその地位に就いたように、泰時も公文所を開設し、家法を制定した。義時は、そのうえで有力御家人である和田氏を滅ぼしたのである。

したがって、泰時も有力御家人対策を遂行していけばよかった。だが、北条氏の惣領権は、あまりにも弱かったことが露呈したのである。一族が分立・分離していくなかで、時政や義時時代のような有力御家人対策を遂行することはできなかったといえる。とくに、泰時が密談した三浦義村の存在は大きく、三浦一族への対応は、泰時のみならず北条時房にとっても厄介であった。

ここに、評定衆という合議体制は、北条氏と官僚・有力御家人との妥協の産物として、あるいは緩衝(かんしょう)地帯として誕生したとみるべきである。その根底に、東国の御家人が、頼朝時代のような鎌倉殿（将軍家）と個々に結びつく縦の関係ではなく、御家人同士が横に結びつく認識をもつようになったことが考えられる。かれらは、頼朝の死後、頼家時代の十三人の訴訟上申制や、梶原景時を追放しようとした時、六十六人もの御家人が鶴岡八幡宮に集まり、連署状を頼家に提出するなどの体験を共有していた。鎌倉殿の権力に対して盲従するのではなく、自らの意志に基づいて、自らの意志を貫徹するための方法を見いだしていたのであり、それは執権への対応でも同様であった。

泰時と時房

北条時房・泰時による連署の公文書が発給されるなかで、『吾妻鏡』にはそれに反した記述がみられる。たとえば、元日に行われる垸飯献上の儀は、嘉禄二年（一二二六）および翌嘉禄三年（安貞元年）の元日に泰時が担当したが、安貞二年以降、『吾妻鏡』に不記載の年があるものの、時房が没する仁治元年（一二四〇）まで、元日は時房、二日は泰時、三日は北条朝時（名越・泰時弟）が担当しているのである。これまでも述べたように、垸飯献上を誰が、いつ担当するかは幕政上の序列を示す指標ともなっていたから、元日の儀を時房が担当し続けたことの意味は大きい。石井清文氏は、「権力内部での主導権争い」の継続とみる。

さらに、『吾妻鏡』嘉禄二年七月一日条に着目する。すなわち、橘公高・本間忠貞・小河左衛門尉・同右衛門尉らは、承久合戦に際し、時房勢に加わって軍功を挙げされなかった。そこで、時房が「挙げ申」したにも拘わらず「許容」されなかった。そのため、時房は勲功の賞として得た伊勢国内十六か所から四か所を割いて与えたというのである。橘公高ら四人と時房の関係は検討が必要であるが、時房の「挙げ申」であるが故の「無許容」ではあったと思われる。

また、六月、泰時が大慈寺釈迦堂で義時の三年忌の追善供養を行ったところ、翌日には時房が政子の年忌供養のため、大慈寺内に三重塔を建立し、その供養を行った。ところが翌年（一二二七）二月、泰時は大倉御堂（大慈寺）を撤去し、その跡地に政子を供養するため新たな御堂の建立を提案し、評定衆にこれを諮ったのである。これに対し、二階堂行村および太田康連（善信の子）をはじめ、三浦義村以下二、三人も反対した。さらに陰陽師五人の勘申も否定的であった。泰時の方針は拒否され、その後、二度にわたる諮問でも同じであった。結局、泰時の方針は、評定衆を納得させることはできず、大慈寺境内に政子を追善する伽藍を建立することに変更したのである。しかも、四月に上棟まで進んだところ、六月になって泰時の次男時実が家人に殺害されるという事件が発生、落慶供養は七月にずれ込んでいる。時房と泰時のこだわりが内包されるなかで、泰時が幕政内でも圧倒的権力を握っていたわけではなく、北条家中に対する統制も不十分であったことを示している。

仁政の陰で

後醍醐天皇股肱(ここう)の臣ともいうべき北畠親房は、足利尊氏と対立するなかで著した『神皇正統記』のなかで、泰時を、

泰時は心正しく、政事も素直であって、人を育み、物に驕らず、公家の御事を重用し、本所の面倒なことをも解決してくれたので、それは風の前に塵一つも無いように、国中が平穏であった

と評価している。この評価は、同時代の『太平記』でも同じであり、以後、おそらく近代社会にいたるまで、その仁政が讃(たた)えられたといって過言ではない。しかし、泰時が「軍営後見」として義時の跡を継承したときなど、「心正し」かったとは考えられない。

寛喜二年（一二三〇）六月、美濃国からの飛脚が、九日に蒔田(まきた)（牧田）荘（岐阜県大垣(おおがき)市）で降雪があったことを報告した。平地で約一メートルにも達したとの記録も残る。その前まで雨がふって豊年の兆しがあったものの、異常な涼気によってたちまち五穀実らずの状態におちいった。寛喜二年六月九日はグレゴリオ暦七月二十日に当たるから、真夏の降雪ということになる。しかも、この冷気・降雪は美濃一国に限らず、

信濃・上野両国でも確認されており、さらに翌月には降霜もあったという異常気象に見舞われた。

翌年三月、「百姓多くもって餓死」という状況に対し、泰時は伊豆・駿河両国に出挙米（貸付米）の支給を実施したが、それを推進しない現地担当者がいたようで、あらためて督促し、怠るようであれば担当者の氏名を報告するよう指示した。伊豆・駿河両国は、泰時が守護であったにもかかわらず、この体たらくであった。

この施策は、越前・尾張以西の諸国にも命令されたようである。しかし、利息とともに返還せざるをえない出挙米は利率十割（倍返し）であったから、返還に困難を来す場合が少なくなかった。天福元年（一二三三）四月、幕府は利率十割を停止し、五割の利とするよう六波羅探題に伝えた。

また、飢人のなかにはせめて身命を助けようと妻子・親族を沽却（売却）する者もおり、なかには自身を「富徳の家」に質入れする場合もあった。幕府は、飢饉時の「人倫売買」を認めながらも延応元年（一二三九）四月までとし、身柄を買い戻すときは沽却したときの安値ではなく、高騰していても現在の価格に拠るものとした。長又高夫氏は、幕府の命にしたがって債務・利息を放棄し、あるいは飢人に米を放出した「富徳の家」が困窮する事態を避けようとしたと指摘する。

しかし、この間の飢饉対策（撫民政策）は、出挙米の支給や利率の半減、あるいは人身売買許可の期限設定でしかない。「仁政」の陰で、律令国家による賑給（必需品の支給）や課役減免、多産援助などに類する施策は、まったく顧みられることはなかったのである。

第六章　北条時頼と三浦一族

一　寛元の政変

（一）泰時の死

朝政に関わる泰時

幕府内に微妙な対立があっても、朝廷に対しては幕府が一丸となって強硬策を推し進めていく。承久合戦の勝利と、幕府の合議体制の確立は、曲がりなりにも大きな意味をもつ。その結果、泰時は朝廷の政事（まつりごと）や畿内近国の寺社勢力に対して強硬策を展開していった。

大和国には守護が設置されず、興福寺（こうふくじ）が実質的に同国を支配していた。嘉禎（かてい）元年（一二三五）、石清水（いわしみず）八幡宮領の山城国薪荘（たきぎのしょう）と興福寺領の大住荘（おおすみのしょう）（ともに京都府京田辺（きょうたなべ）市）とのあいだに水争いが発生した。この衝突は徐々に拡大され、紛争がくり返されたため、幕府としてもこれを放置することができなくなっていた。翌年十月、幕府は興福寺の騒動を鎮めるため、大和国に守護と地頭を任命することを決定、実施しようとした。結局、守護は臨時的なものとなったが、興福寺の内部対立もあって、騒動は鎮静化の方向にむかった。

承久合戦の後、皇位に就いた後堀河天皇は貞永元年（一二三二）十月、わずか二歳の四条天皇に譲位、同時に後堀河上皇による院政が開始された。ところが、天福二年（一二三四）八月に後堀河が亡くなると、四条も仁治三年（一二四二）正月、わずか十二歳で急逝した。そのため、土御門上皇の子邦仁王と、順徳上皇の子忠成王が皇位継承者としてうかびあがってきた。

当時の京都政界では、忠成の生母が九条家出身ということもあって、左大臣二条良実や西園寺家は忠成を即位させようと画策していた。皇位継承とはいいながら、幕府の意向も無視しがたいと、使者を鎌倉に派遣した。ところが、泰時は京都の意向に反対し、鶴岡八幡宮の神意であるとして土御門の子邦仁の即位を求めたのである。

承久合戦で、順徳は義時追討の推進者であったが、土御門はその計画にまったく無関係であった。しかも、順徳はいまだ佐渡に存命中であり、忠成が即位すると、順徳の帰京、院政開始という可能性があった。邦仁にとっては、思いがけない即位の実現であった。いわゆる後嵯峨天皇である。邦仁の即位は、天皇の廃立さえ幕府によって左右されることを見せつけたのである。これら一連の泰時の強硬策は、まがりなりにも幕府内の諸勢力を「合議」体制に結集できた結果であった。

泰時の死

その泰時が、仁治三年(一二四二)六月十五日、一か月半の闘病生活ののちに逝去した。六十歳であった。ところが、泰時の後継者に関して、またしても非常事態が発生したらしい。この仁治三年は、『吾妻鏡』が欠けていて詳しいことはわからない。頼朝が急死した建久十年(正治元年)も、建久七年から『吾妻鏡』は欠けていた。その理由ははっきりしないが、『吾妻鏡』の欠如と幕政上の非常事態には何らかの関連があるようである。

それに対して、民部卿平経高の日記『平戸記』には、関連する記述がいくつか確認できるので、知りえる情況を整理しておきたい。泰時罹病の噂は、五月十三日、経高にもたらされた。それによると、四月二十七日に罹患、五月六日頃に出家を将軍頼経に願い出て許された。そのため、京都在住の御家人たちが騒ぎ始め、六波羅探題の北条重時が従兄弟の北条時盛とともに鎌倉に下った。

五月九日、泰時が出家すると、その被官五十人あまりが同時に出家した。翌十日、日頃から不仲であった弟の名越朝時が出家したことは、平経高にとっても気がかりであった。十五日には足利義氏もまた出家したことが『鎌倉年代記』にみえる。二十日、関東(鎌倉)で合戦の計画が発覚したという噂があり、内裏近辺が騒々しくなってきた。この間、幕府は東海道各地の関所を厳戒するよう御家人に命令したため、京都からの使者は足止めされ、鎌倉に下向できなかったという。

六月二十日、鎌倉からの使者が六波羅に到着、泰時が去る十五日、病死したこと、泰時の死後、騒動があったものの、今はすでに収まっていることなどを伝えた。

以上が、泰時病死前後の情報である。もとより京都の貴族が書き残したものであるから、噂や誤報もあろう。これがすべてである確証もない。しかし、泰時の二人の男子、時氏・時実はすでに亡く、時氏の子経時・時頼はいまだ若かったから、後継者をめぐる内紛があったことは、充分想像できる。

(二)　執権経時から時頼へ

泰時の配慮

ところで、仁治二年（一二四一）以降の政所下文には、泰時を始めとして、中原師員・藤原親実・足利義氏・大江（長井）泰秀・北条（大仏）朝直・安達義景の七人が政所別当としてあらわれてくる。政所別当が多数になることは建保四年（一二一六）にもみられ、実朝の親裁体制の強化との見方があるが、必ずしもそうではないことは第四章で指摘した。ただし、今回の増員は幕府の重鎮北条時房の死後になされており、単なる増員ではなさそうである。

七人のうち、足利義氏は泰時の従兄弟であり、北条朝直は前年死去した時房の四男で、やはり泰時の従兄弟にあたる。また、安達義景は泰時の子時氏の妻の兄弟である。大江泰秀は大江広元の孫にあたり、中原師員とともに官僚出身である。藤原親実については、不明な点が多いものの、『吾妻鏡』からは将軍頼経の側近として雑務を担当している。頼経が将軍職を辞任する寛元二年（一二四四）以降、『吾妻鏡』から藤原親実の姿は見えなくなる。

また、仁治二年は評定衆における北条一族が増加した時期でもあった。同年六月、それまで泰時の弟である政村（まさむら）、従兄弟の朝直・資時（すけとき）兄弟の三人であった評定衆に、弟の有時（ありとき）、孫の経時（つねとき）が加わった。これに六波羅探題として上洛（じょうらく）している泰時の弟重時と時房の子時盛がいる。このように、義時・時房の子孫が幕府の機構に確固とした立場を築きあげるようになってきたことは、執権の権力基盤として泰時には重要な意味をもっていた。

泰時を除く別当四人が評定衆を兼ね、さらに三浦泰村（やすむら）（泰時の女婿）のほか、政村や資時らを含めると、評定衆十九人中八人を北条一族ないし泰時の姻族が占め、大江・中原・三善・二階堂・清原など官僚九人が含まれていた。したがって、泰時の晩年は、北条一族と姻族を中心に、官僚を加えた協力体制のもとで幕政が担当されたこ

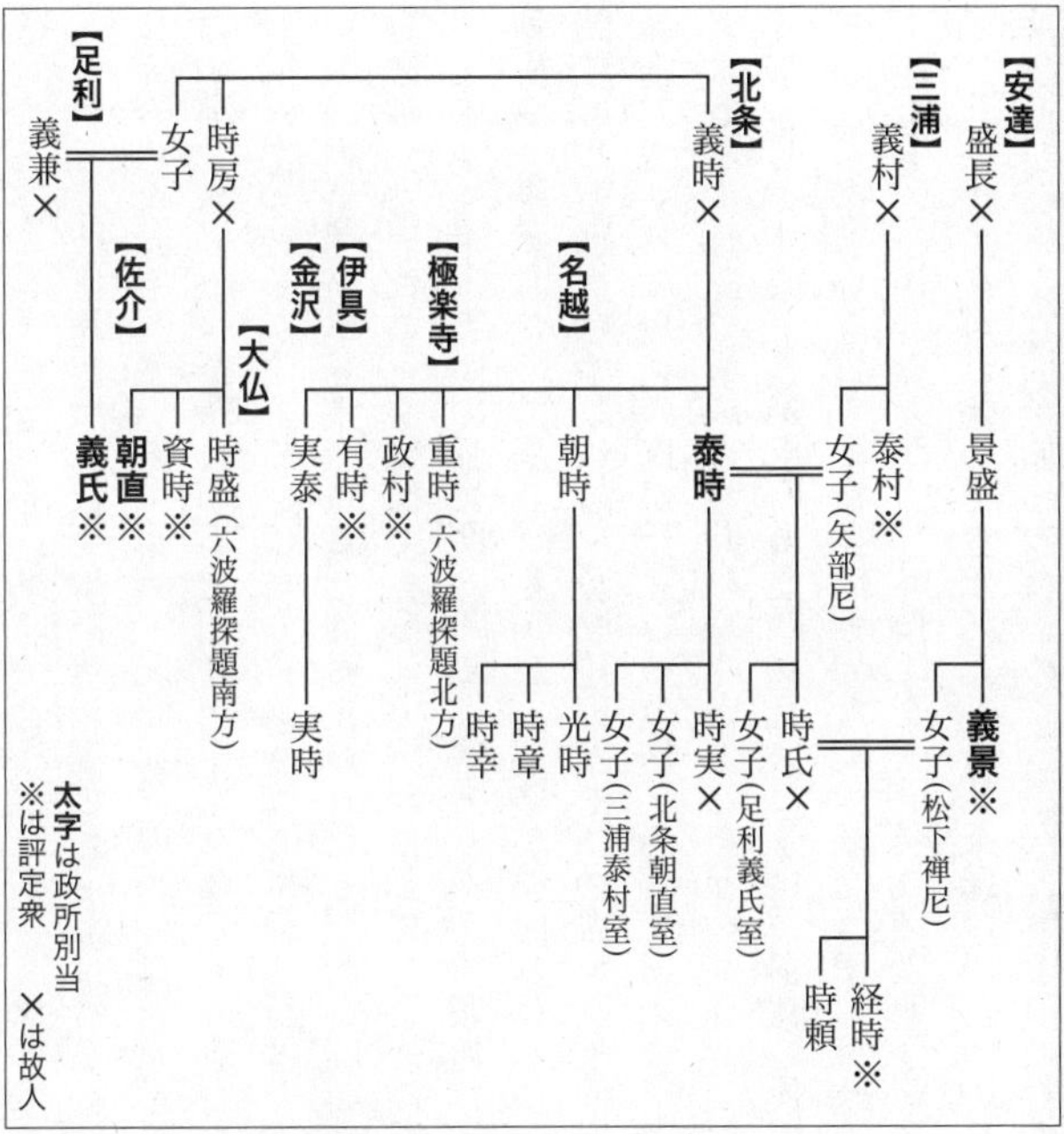

図9　仁治二年六月の幕府首脳（北条一族と泰時の姻族）

とになる。

また、後に反執権派に転ずる後藤基綱が評定衆に残るものの、泰時の弟名越朝時系は完全に排除されている。泰時・朝時兄弟の不仲は、京都の貴族さえも知りえた公然の事実であった。泰時に続いて朝時が出家したのも、泰時の後継者候補から除外する意図があったのか、あるいは身の危険を感じて自ら行った対応であろう。泰時の死後、その後継者争いが発生することは考えられたし、若い経時・時頼に対して、朝時が対立候補であったことも想像できる。いずれにしても、後に混乱の一因ともなった。

ともかくも、泰時の死に関わる動揺はとりあえず収拾された。北条経時が、泰時の執権職を継承したのである。しかし、連署が任命されることはなかった。なお、経時時代の政所別当は中原師員・藤原親実・大江泰秀・北条朝直・安達義景、それに経時の六人である。足利義氏が見えないのは、泰時を追って出家したためであろう。いずれにしても、その構成は泰時の晩年と変わらない。

しかし、北条一族が幕府の要職に就いたとき、泰時の執権職を継承した孫経時はかえって若輩ということになり、強力な統治権を行使し、政策推進力を発揮できるかは不透明といわざるをえない。いわゆる庶子家の自立・分立という武家にみられる傾向が、北条氏にも現れ始めてきた。しかも北条氏の場合、いわゆる惣領家は執権として幕政担当という立場が加わったため、惣領家と庶子家の対立は、常に起こりうる可能性を含んでいた。

将軍の交替

ところで、承久元年（一二一九）七月、わずか二歳で鎌倉に下向した三寅（みとら）も、元服して藤原頼経（よりつね）と名のり、泰時没時には二十五歳の青年鎌倉殿に成長していた。たしかに、その前半は政子と執権義時が、後半は泰時が執権として幕政を掌握していた。しかし、将軍は無権であっても、鎌倉殿は権威の象徴ではあった。その在職期間が長いだけに、頼経の周囲には側近とでもいうべき多くの御家人集団が形成されつつあった。しかもこの集団には、北条一族でありながら、惣領家に反発する名越朝時の子光時（みつとき）、さらに評定衆の後藤基綱（もとつな）、上総権介（ごんのすけ）秀胤（ひでたね）、有力御家人三浦一族の光村（みつむら）なども加わり、頼経のもとで反執権グループをつくりあげていた。

寛元二年（一二四四）四月二十一日、北条経時は、将軍頼経の子を元服させ、頼嗣（よりつぐ）と名のらせた。同日、経時は評定衆をひきいて政所に集まり、頼嗣の吉書始めの儀式を行った。これは、経時が頼経に将軍職の辞任を要求したことを意味する。さらに、儀式終了後、経時は被官平盛時（もりとき）を京都に派遣、頼嗣の征夷大将軍の宣下（せんげ）を奏請した。同月二十八日、朝廷は頼嗣を征夷大将軍に任命したが、執権北条経時の周到な計画性を知ることができる。

この寛元二年には、いわゆる頼経の側近とみられる三浦光村、上総権介秀胤が評定衆に加わっており、北条経時も妥協せざるをえなかったと思われる。それでも、経時の謀計に頼経の反発は大きく、頼経の帰洛がたびたび決定されても、そのつど鎌倉にとどまっている。翌年七月、出家した頼経は、将軍職を辞して後も「大殿」とよばれ、鎌倉に隠然たる影響力をもっていた。

時頼の執権継承と寛元の政変

ところが、頼経追い落としを画策した北条経時は、寛元四年（一二四六）三月に罹病、執権職を弟の時頼に譲ると、翌々閏四月一日、わずか二十三歳で病死したのである。経時の死によって、事態は急速に展開した。

同月十八日午後十時頃、鎌倉市中が騒々しくなり、甲冑を身に付けた武士が充満するという状況に陥った。二十日にも近国の御家人が鎌倉に集まり、騒々しい日々が続いた。この騒ぎは、五月になっても収まらず、鎌倉中の庶民が家財をもって東西に運び出すありさまであった。同月二十四日、時頼は渋谷一族に中下馬橋の警護を命じ、御所（頼経・頼嗣）に集まろうとする人びとを阻止させ、時頼のもとに集まる人びとは素通りさせた。この間、衝突が各所でみられ、甲冑を付け、旗を挙げた御家人が幕府や時頼のもとに集まった。

名越光時の謀叛が発覚したとの噂が流れ、翌日光時は出家、その髻を時頼に差し出し、謝罪を申し出た。二十六日、時頼邸に北条政村・同(金沢)実時・安達義景が集まり、寄合(秘密会議)が開かれた。事件の処理について話しあわれたのであろう。六月七日、光時に同意したと思われる後藤基綱・藤原為佐・上総秀胤・三善康持らは評定衆から外され、加えて三善康持は問注所の執事も罷免された。また、藤原定員および子の定範も処罰、さらに北条(名越)光時の弟時幸を自害に追いやった。

同月十日、時頼邸に、北条政村・実時・安達義景、さらに被官諏訪盛重・尾藤景氏・平盛綱らが集められ、ふたたび寄合が開かれた。三浦氏の処遇について話しあわれたらしい。このときの話し合いに基づき、名越光時を伊豆国江間(静岡県伊豆の国市)に配流するとともに、越後国の国務(行政権)をはじめ、多くの所領を没収、さらに上総秀胤を上総国に追放した。

側近のほとんどを失った前将軍頼経も、これ以上、鎌倉に滞在することは許されなかった。七月十一日、北条時定、島津忠時、さらに身近に仕えた後藤基綱・三浦光村らに警備されて帰洛した。前将軍頼経を中心として、その側近である御家人や北条氏の一部が結びついた反執権クーデターも失敗した。この一連の事件を、『鎌倉年代記』は「宮騒動」と書き残しているが、「寛元の政変」とでもいうべき政争であり、今後に発生する重大事の前触れとなった。

二　宝治の政変

（一）源家と三浦氏

三浦氏の本拠

神奈川県の三浦半島、ここには三浦氏とその一族に関連する多くの苗字の地が残されている。また、そのほぼ中央部に残る衣笠城は、戦国時代の遺構が多いものの、三浦氏代々の居城跡と伝えられている。

三浦氏は、桓武平氏出身と伝えられるが、各種の系図には異同が多く、不明な点が少なくない。ただ、源家との結びつきは古く、後三年合戦（一〇八三〜八七）に、相模国の「つはもの三浦の平太郎為次」が源義家に従ったことが『奥州後三年記』に載る。天養元年（一一四四）九月、当時、鎌倉の館を本拠としていた源義朝は、突如境川（鎌倉市長谷を流れる小河川）を越えて大庭御厨に乱入、伊勢神宮に納入するはずの魚類を奪い取るという濫行をはたらいた。

さらに義朝は、郎従清原安行・三浦荘司義継、その子義明・中村荘司宗平・和田太郎助弘をはじめとする一千余騎を動員し、御厨からの収穫物を奪い取るとともに、御厨内に住んでいる神官や神人たちに暴行を加えた。鎌倉を本拠に、相模国内や房総半島に勢力を扶植しようとする義朝に、三浦氏は為次からの関係でもって服従し、源家の勢力拡張に寄与したのである。

この義継が「三浦荘司」を名のったことは、かれが三浦荘（神奈川県横須賀市）の荘官（現地管理者）であったことを意味する。三浦荘の実態はほとんどわからないが、三浦半島が広大な地域ではなく、したがって三浦氏自体も本来はそれほど大規模な武士団であったとは思われない。義朝と結んだ三浦氏が保元の乱（一一五六）にどのような行動をとったかわからないが、平治の乱（一一五九）では義明の子義澄が義朝にしたがったこと、敗退後に帰国したことが『平治物語』にみえる。その後、義澄は千葉常胤の子胤頼とともに京都警衛のために上洛しており、治承四年（一一八〇）八月に頼朝が蜂起すると、いち早く帰国し、幕府草創に大きく関わるのである。

頼朝の挙兵と三浦氏

ところで、三浦義明が「三浦介」を名のったことが『吾妻鏡』に記されている。介とは、国司の次官であるから、義継の荘司とは異なり、相模国の政治に関わり始めたことが想像できる。承元三年（一二〇九）、三浦義村は祖父義明が天治年間（一一二四～二六）以後、相模国の雑事に関与してきたため、父義澄が頼朝から検断を沙汰するように命じられ、いわゆる守護に任命されたと述べている。三浦半島を拠点に、源家と結んだ三浦氏は、国衙の官人として勢力を拡大、守護に任命されたのである。

頼朝蜂起後の治承四年八月二十二日、三浦一族は頼朝と合流するため三浦半島を出発した。この時、同一行動をとったのは、次の図10にみられる人びと（図中の※）であり、『吾妻鏡』は「三浦衆」とも記している。しかし、頼朝が石橋山で敗れたことを知ると、本拠衣笠城に引き返さざるをえなかった。

その途中、由比が浦で畠山重忠勢と戦いにおよんだが、ここで多々良重春が戦死、重忠勢も多くの郎従が討ち死にしたため、双方が引きあげた。だが、帰国した重忠は、河越重頼を介して武蔵国の軍勢を動員し、ふたたび三浦氏の衣笠城を攻撃した。

二日にわたる戦いで疲れた三浦氏は、これ以上の迎撃もできず、ついに城をすてて落ちのびることになった。逃げのびようとする義澄に、義明は、

自分は源家累代の家人として、源家がふたたび盛えようとする時に巡りあうことができた。これ以上の悦びはない。すでに八十余年の生涯もおわった。今は、この老命を頼朝公のためになげうって、子孫の勲功につくしたいと思う。あなた方

は急ぎ退去するように。

と言い放ち、ついに重頼・江戸重長（しげなが）らのために八十九歳の生涯を閉じたのである。

その後、三浦義澄一行は船で房総半島にわたり、頼朝に再会した。安房国方面の事情に精通する三浦一族にとって、頼朝との再会は、万が一を考えたときの予定行動であったろうことは、第三章で詳述した。

頼朝と合流した三浦一族は、両総の上総氏・千葉氏とともに鎌倉に入り、富士川（ふじがわ）の戦い後の十月二十三日、相模国府（神奈川県小田原（おだわら）市か）で三浦介の地位を保証された。また、十一月十七日には、一族の和田義盛が侍所の別当に任命された。

三浦一族の自立傾向

三浦氏が徐々に勢力を拡大、三浦介を称するようになった経緯は、三浦一族が三浦半島のみならず、半島の外に庶子家を生み出していく過程でもあった。義明が三浦介を称したことからわかるように、かれが三浦一族の族長であったろう。また、その弟義行（よしゆき）・為清（ためきよ）は半島内の津久井（つくい）・芦名（あしな）を支配して苗字の地にしたのに対し、義実（よしざね）は半島外の岡崎（おかざき）（神奈川県平塚（ひらつか）市）を支配した。この違いは、頼朝の蜂起に際し、義行が族長義明と共同歩調をとり、義実は別行動をとるという対応になって現れてくる。

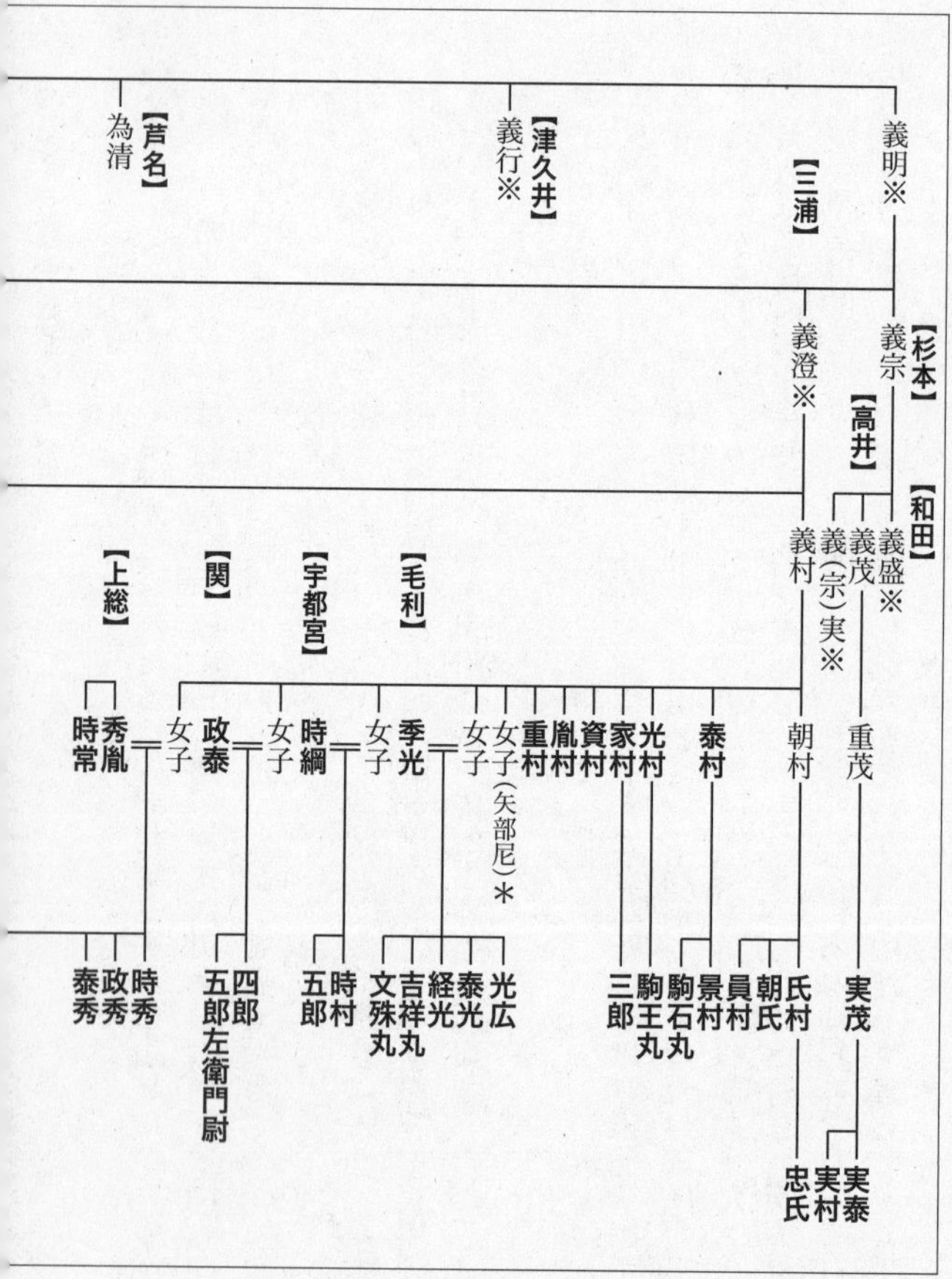
【杉本】義宗
義明※
【三浦】義澄※
【和田】義盛※
【高井】義茂
重茂
実茂
実泰
実村
義(宗)実※
義村
朝村
氏村
朝氏
員村
忠氏
泰村
景村
駒石丸
光村
駒王丸
家村
三郎
資村
胤村
重村
女子(矢部尼)＊
女子
【毛利】季光
光広
泰光
経光
吉祥丸
文殊丸
女子
【宇都宮】時綱
時村
五郎
女子
【関】政泰
四郎
五郎左衛門尉
女子
【上総】秀胤
時常
時秀
政秀
泰秀
【津久井】義行※
【芦名】為清

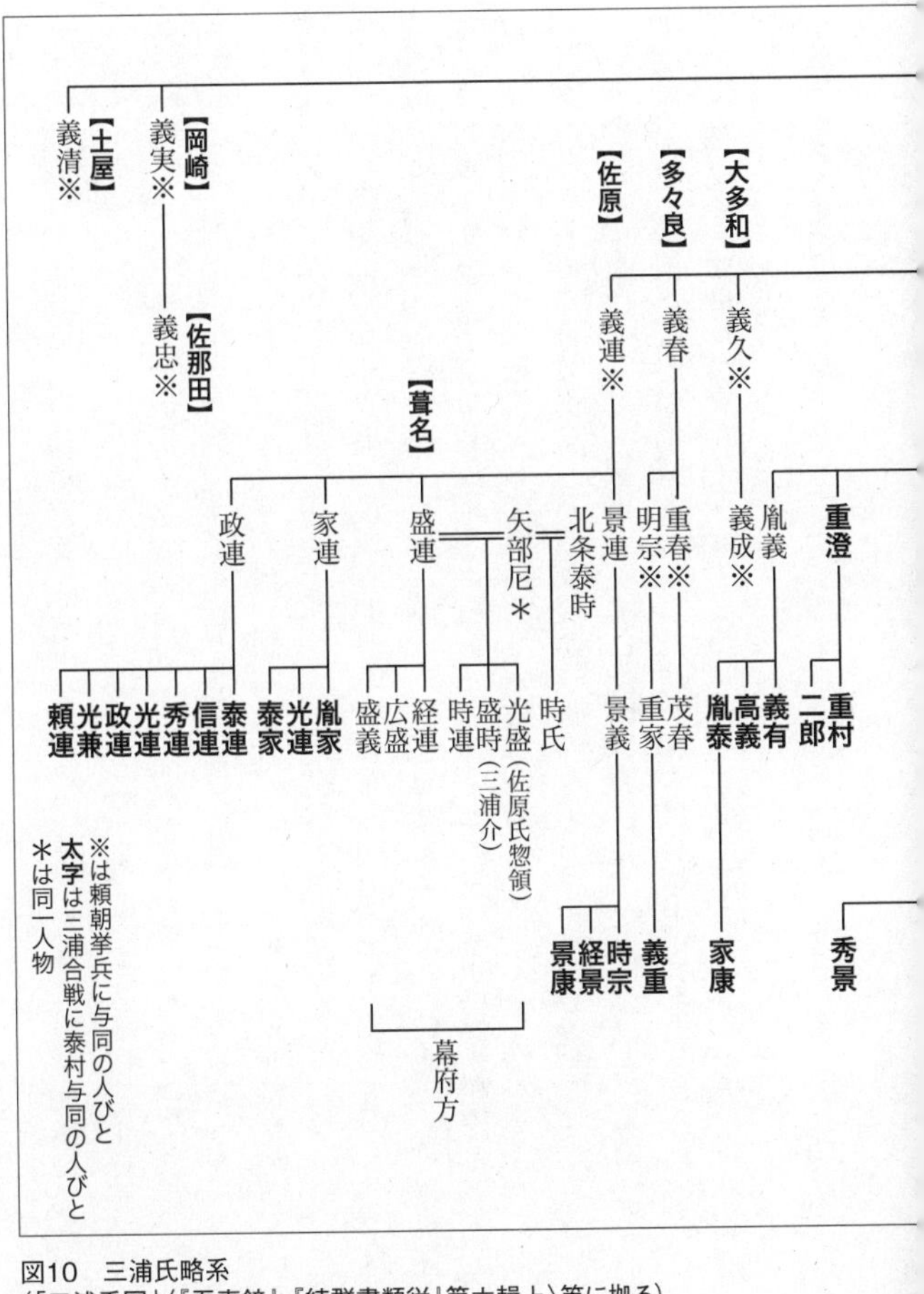

図10　三浦氏略系
（「三浦系図」〈『吾妻鏡』・『続群書類従』第六輯上〉等に拠る）

この傾向は、義明の次世代になると、さらに進む。長子義宗は杉本を称し、その多くの弟は大多和・多々良・佐原などを称するようになる。このように、子孫が発展・拡大することは、それぞれの庶子家が自立する傾向をもっていたし、和田義盛の侍所別当就任はこの傾向にいっそうの拍車をかけたことであろう。

羽下徳彦氏によれば、このような自立傾向は義盛とともに佐原義連にも強いという。建久元年（一一九〇）十二月、頼朝が推挙した御家人十人が任官した。この時、三浦義村が右兵衛尉に、和田義盛・佐原義連がともに左衛門尉に任命されている。さらに三浦義澄が相模国の守護であったのに対し、義連は後に和泉・紀伊両国の守護に任命されており、加えて義盛は侍所別当に就いている。この三浦・佐原・和田という三家は、幕府内で対等の御家人として扱われていた。

建久四年正月のことである。三浦義澄の一族のなかで、義澄の支配に背く者がいるという噂があった。そこで、義澄の支配に一族は服従すべきであると、幕府は命令を加えている。義澄が幕府の権威をかり、三浦一族の自立を阻止しようとしたのも、かえって庶子家が徐々に自立しようとする傾向をもっていたことをうかがわせる。

三浦一族と和田合戦

三浦一族における庶子家の自立が決定的になったのは、いわゆる和田合戦（一二一三）の時である。『吾妻鏡』によれば、義盛の蜂起に対し、三浦義村は当初同意して行動をともにすることになっていた。ところが、最終的には義盛に敵対し、北条義時方に味方したのである。

この和田合戦で、義盛に味方した広義（こうぎ）の三浦一族には、由井・大多和・岡崎・津久井・高井（たかい）などの諸氏が含まれていた。もちろん、かれらは三浦一族ということだけで義盛に味方したわけではない。たとえば、由井太郎や岡崎政宣（まさのぶ）・大多和四郎は「山内の人びと」と考えられていたし、津久井七郎や三浦高井太郎父子も同様であったろう。これらの事実は、一族存亡の危機に際してさえ三浦一族が同一歩調をとりえなかったこと、また、三浦氏の族長と思われる義村の、一族に対する統率力がすでに失われていたことを示すものであった。

この傾向は、さらに進む。延応（えんのう）元年（一二三九）十二月、三浦義村が没すると、翌年四月、子息泰村・光村・家村以下は義村の遺領を相続し、それぞれに幕府から安堵（あんど）の下文を賜ったのである。その後、それぞれが御所ならびに泰時のもとに参り、進物を贈って謝意を示した。三浦氏の家督は、泰村に引きつがれるが、泰村と弟たちは同等の御家人として行動するようになり、父義村が泰村以下の子らに対したと同じような関係＝統率権を泰村に期待することはできない。三浦諸氏が一族としての同族意識をそれぞれがもったとしても、分割相続は自立の一歩に他ならないのである。

(二) 三浦氏の滅亡

安達景盛の焦り

寛元四年(一二四六)七月、前将軍藤原頼経を京都に送還し、頼経グループを構成していた有力御家人を評定衆から排除するという、いわゆる「寛元の政変」に、三浦光村が加わっていたことは、北条氏と三浦氏の関係を微妙なものにした。

三浦氏の族長泰村は、十八歳で承久合戦に従い、暦仁元年(一二三八)ごろ、若狭守に任命された。もっとも、若狭国の守護は安貞二年(一二二八)以降、代々北条氏が掌握しており、泰村の国守任命は単なる名目だけのものであった。しかし、御家人として国守に任命されたことは、三浦氏の権勢が決して小さなものでなかったことを示している。

宝治元年(一二四七)四月四日、大蓮房覚智(安達景盛)が出家先の高野山から鎌倉甘縄の安達義景邸に到着した。かれはその後、連日のように時頼邸に出向いて密談を重ねるとともに、三浦一族の隆盛、傍若無人の行動を説き、対比的に安達氏の将来を憂いて、子息義景や孫泰盛を叱責した。

もっとも、翌五月六日には三浦泰村の次男駒石丸が時頼の養子となる約束が成立するなど、表面上は平穏であった。また、将軍頼嗣と結婚していた時頼の妹が亡くなると、時頼は喪に服するため、十三日には西御門の三浦泰村邸に移ることがあった。

集結する三浦一族

ところが、五月二十七日、泰村邸に一族が結集し、軍備を調えているのを知って、急ぎ逃げ帰った時頼は、その後、泰村一族の周辺を探索させた。その結果、かれらは武器を邸内に運び入れ、さらに安房国や上総国の所領から武具を船で搬入するなど、謀叛の計画を公然と進めていると報告された。

六月一日、時頼は再度確認するため、佐々木氏信を使者として泰村邸に派遣したが、氏信の報告も泰村謀叛であった。近国の御家人が鎌倉に集まり、騒々しい日々が続いた。四日には、三浦一族や郎従がそれぞれの所領から、泰村邸に集結した。そのなかに、泰村の妹婿である下総国の関政泰もいた。しかし、御家人は退散すべしとの鎌倉の保々奉行人の命令が出されたため、関政泰は帰国しようとしたが、その途中で三浦泰村追討を聞いたため、ふたたび鎌倉にもどったのである。また、やはり泰村の妹婿である毛利季光も、妻のことばを聞き入れて、泰村に加担することを決めた。

翌五日になって、鎌倉はますます騒々しくなっていった。時頼は、万年馬入道を、ついで平盛綱を三浦泰村のもとに遣わし、和平の誓約書を送った。もともと泰村もことを荒だてることは好まなかったし、光村ら一族の強硬意見に押されただけでもあった。泰村が非常に喜んだことはいうまでもない。しかし、事態は覚智（安達景盛）の介入によってふたたび急転する。覚智は義景・泰盛に対し、三浦泰村と時頼が手を結べば、泰村一族だけが驕り、安達氏の繁栄は難しい。運を天にまかせて、すぐにでも雌雄を決すべきと主張した。

そこで安達泰盛は、大曾禰長泰・武藤景頼・橘公義ら多くの軍勢を引きつれ、甘縄邸を出発し、若宮大路の中下馬橋を北に向かい鶴岡八幡宮の赤橋に打って出た。さらに筋替橋を北に進み、御所内の御家人を動員して西御門の三浦邸を急襲した。和平の使者の到着直後であった泰村は、この奇襲に驚いたが、家子・郎従に防戦を指示した。和平工作も、安達泰盛の攻撃によって失敗したのである。

鎌倉の市街戦

戦いが始まろうとしていた。そこで時頼は、金沢実時に幕府の警備を命じるとともに、弟時定を大手の大将軍として塔ノ辻から攻撃させた。これをきっかけに、辻々で戦いが展開した。しかも、毛利季光が三浦方に味方したため、戦いはさらに拡大し始めていた。

そこで時頼は奇略をめぐらし、風が北から南に変わったのをきっかけに、泰村邸の南側の人家に火を放った。強風にあおられ、煙は泰村邸を覆ったため、泰村らは煙から遁れるため邸屋を出て頼朝の墓所である法華堂に立て籠もった。また、三浦光村は従兵八十余騎とともに二階堂の永福寺にあったが、兄泰村の意見にしたがって法華堂に集まった。

頼朝の絵像のまえで往事を懐かしむとともに、極楽浄土を願って法事を行っている。そこに、時頼の軍勢が総攻撃をかけたのである。三浦方もよく防戦し、六時間にもおよぶ戦いがくり広げられた。しかし、ついに力尽きた泰村以下、主だった者二百七十六人、総計五百余人は自害し果てたのである。

有力御家人が滅んでいくなかで、三浦氏もわずか一日の戦いで全滅した。死者を検視した直後、飛脚が京都に派遣された。六波羅の北条重時に、三浦一族の滅亡を連絡するとともに、西国の地頭・御家人に泰村与党を討伐すべき命令が下された。当時、三浦氏は相模国のみならず、河内国や伊予国の守護でもあった。また、三浦氏与党の捜索も関東で始まった。

三浦泰村の妹婿で、昨年、評定衆を除名され、上総国に追放となった上総秀胤の上総国一宮大柳の館（千葉県一宮町）が同族の大須賀胤氏や東胤行に攻撃された。そのため、秀胤は館に火を放ち、一族あげて自害、上総氏も全滅した。さらに、泰村に味方した金持次郎左衛門尉が捕縛され、大江（海東）忠成は毛利季光に味方したとして評定衆を除名、豊田太郎兵衛尉・次郎兵衛尉の兄弟も捕縛された。

泰村与党の人びと

三浦泰村与党の人びとの名が『吾妻鏡』に記録されている。かれらは諸系図から、

①泰村の子息と泰村の兄弟、その子息。
②義明系統の三浦支族として佐原・平・大河戸・高井の諸氏。
③義明以前に分派した広義の三浦支族としての長尾・平塚の諸氏。
④泰村の姻族である毛利・上総・関・宇都宮・小笠原の諸氏。
⑤その他の諸氏。

に分類できる。

ただし、③は三浦支族とはいいながら、五、六世代以前に分派した一族であるので、⑤と大きな違いはない。また、嘉禎四年（一二三八）二月、三浦義村が上洛した際、家子（いえのこ）として引率した諸氏がいた。ところが、義村に供奉（ぐぶ）した家子のすべてが、この戦いで泰村方に付いたわけではない。宝治元年（一二四七）当時、義村はすでに亡く、家嫡子泰村が父義村と同じように、嘉禎四年当時の家子を動員できたわけではなく、家子も必ずしも強い従属性をもっていたわけでもなかった。

さらに、関政泰は泰村の姻族ではあるが、縁坐（えんざ）として処分されることは必定と自覚

し、泰村に与同したのであり、毛利季光（大江広元の子）も妻のことばを容れて泰村方に加わったのである。⑤に含まれる下総・臼井・印東の諸氏は、いずれも下総国の武士であり、上総秀胤との関係が考えられるが、上総国に居住していた秀胤は、泰村の姻族ということで幕府の追討を受けた。いずれも、姻族であるが故に縁坐の対象となることを自覚し、結果的に与同したのである。泰村が、姻族を動員できたわけではない。

また、羽下徳彦氏は「三浦一族としての危機感」が存在したため、②の三浦支族が集結したと指摘する。ところが、泰村の又従兄弟にあたる佐原盛連とその子らは時頼方に味方している。泰村勢の中心は、子弟と②三浦支族（の一部）ということになり、有力な御家人であっても、族長の一族に対する動員権はきわめて狭い範囲にしか発動できなかったことを示している。

佐原氏の去就

「三浦一族としての危機感」があったにもかかわらず、佐原盛連の子経連・広盛・盛義・光盛・盛時・時連は三浦泰村方に加わらず、幕府方に味方した。それは、光盛・盛時・時連兄弟と北条氏との血縁関係が大きく影響した。すなわち、かれらの母矢部尼（義村の娘）は、当初、北条泰時に嫁し、そのあいだに時氏が誕生していた。その後、佐原盛連に再嫁して光盛以下が生まれたから、かれらは時氏とは異父兄弟、時頼は甥ということになる。まさに姻族以上の関係が佐原氏の去就を決定させ、この盛連の系統が「三浦介」を継承して、戦国期まで三浦氏を存続させるのである。なお、中世を通して会津地方を支配した葦名氏もこの系統と伝わる。

建長元年(一二四九)八月、幕府は佐原氏に対して、故盛連の勤めた御家人役は、今後、光盛が一族に分担させて勤めるように命じた。光盛が佐原氏の惣領となることを、幕府が認めたのである。同時に、佐原経連以下の兄弟に与えられる相模国内の所領については、佐原氏の惣領である光盛を含めて、盛時が三浦介として支配するようにとも命令した。すなわち、佐原氏の惣領はあくまでも光盛であるが、相模国分や三浦一族については、三浦介盛時が管轄することになった。

曾祖父義明、祖父義澄が三浦介を名のって後、『吾妻鏡』はその継承者であるはずの義村・泰村を三浦介と記していない。ところが、泰村を始め三浦氏のほとんどが滅亡した直後、佐原盛時が三浦介を名のることになった。この三浦介盛時こそ、三浦惣領家が滅亡した今、佐原氏を含めた全三浦一族を支配する族長になったと理解できる。

公権の限界と親権・悔返権

しかし、留意すべきは、佐原盛時が兄弟を支配できる前提として幕府の裁可・認定があった点である。本来、幕府は御家人のイエ内部については、関知せぬ、あるいはできない立場をとっている。たとえば、幕府が認めて安堵の公文書を発給した相続であっても、その後、父は子に対する相続を破棄するという、悔返権を行使できるなど、その具体例であろう。

父盛連は、たしかに子の光盛らを支配・動員したであろう。しかし、盛連の死後、盛時は兄弟に対して父盛連と同じ権限を行使できなかった。そのため、幕府の認定を根拠に兄弟に対する支配を行使しようとしたのであり、幕府の裁可・認定がなければ、盛時の兄弟への支配は困難をきわめたに違いない。

父の子に対する支配の根拠は、いわゆる親権であった。したがって、父が亡くなり、子らのなかで誰がその後継者になろうとも、父と同等の権限＝親権を行使することはできない。そこに幕府の認定という、別の支配の原理・根拠が必要となった。この後継者＝惣領の権限は絶対的なものでなく、惣領の政治力によって違いが生まれるものであった。佐原盛時が三浦介に任命されたことは、幕府の認定を根拠に、父と同じ内容の権限が付与されたことを、一族に向かって表明することでもあった。

秀胤の遺領

宝治合戦の余波として、上総秀胤とその一族が上総国一宮で滅んだことはすでに記した。この秀胤は、千葉常胤の曾孫にあたる。父常秀は、寿永二年（一一八三）に暗殺された上総権介広常の遺領を与えられ、上総国一宮の大柳の館に居住していた。その後、和田義盛が敗死すると、その遺領を与えられたのであるが、秀胤は三浦泰村の妹と結婚していたため、幕府勢の攻撃をうけ自害したのである。では、秀胤の遺領はどうなったのであろうか。

正嘉三年（一二五九）三月、上総国の御家人深堀時光は、番頭足利頼氏（泰氏の子）の指示に従って京都大番役を勤めるよう、幕府から命令をうけた。佐藤進一氏によれば、この番頭は大番役の指揮者としての守護を意味するもので、幕府の滅亡まで、足利氏が上総国の守護職を継承したという。この点については、伊藤邦彦氏の反論もあるが、第九章にて再述したい。

また、『吾妻鏡』には、秀胤の遺領を足利義氏が拝領したことがみえる。その所領はさらに子の泰氏に相続された。ところが、建長三年（一二五一）十二月、足利泰氏は幕府の許可を得ず、突然出家した。このような出家は「自由出家」と称し、幕府もこれを禁止していたため、泰氏はその罪によって埴生荘（千葉県成田市）を没収され、その後、北条（金沢）実時が支配した。では、そのほかの上総秀胤の遺領はどうなったのであろうか。

北条氏の房総進出

下総国の一宮香取神宮は二十か年に一度、遷宮を行うことになっていた。その遷宮の費用は、武蔵・安房・上総・下総の四か国が負担していたが、治承元年（一一七七）以後は、下総国の有力武士団である千葉氏と葛西氏が中心となって分担した。建長元年（一二四九）が遷宮を行う年（式年遷宮）であったが、三鳥居の造営役は大方郷（茨城県常総市）の地頭関政泰が分担することになっていた。しかし、三浦泰村の妹婿でもあった政泰は泰村に与して戦死、大方郷は諏訪真性（盛経）に与えられた。ところがこの真性は、信濃国の諏訪大社（長野県諏訪市）の神官であると同時に北条氏の被官でもあった。

また、埴生西（千葉県成田市）や印西（千葉県印西市）、平塚郷（千葉県白井市）を支配し、香取社中殿や瞻男社の造営を担当したのは金沢実時であった。おそらく、上総の秀胤が評定衆を罷免・追放された寛元四年（一二四六）六月以降、秀胤から没収して実時に与えられたものと思われる。

宝治元年（一二四七）頃、千葉氏の惣領はわずか八歳の亀若丸（頼胤）であった。父時胤はすでに仁治二年（一二四一）、わずか二十四歳で亡くなっていたため、一族に対する惣領の統制もゆるみがちであった。建長元年（一二四九）、閑院内裏の造営について、千葉頼胤は「西対屋」の造営を幕府から命令されたが、分割相続が進んだ結果、御家人役を容易に勤めることができないと幕府に訴えている。このように、有力御家人である千葉氏でさえ、惣領頼胤の年少、分割相続による所領の減少によって、御家人役も容易に負担できない状態に陥っていた。さらに、一族としての統一行動もとれぬまま、寛元から宝治にかけての一連の政変・戦いを経て、北条氏が房総半島に進出してくるのを、手をこまねいてみているだけだった。

このようにみていくと、寛元四年の執権経時の病死と時頼の執権継承、さらに前将軍頼経の帰洛と、それに関連した多くの評定衆の罷免に続く宝治元年の三浦惣領家と与党の粛清は、幕政に大きな影響を与えた一連の事件として理解すべきであって、単なる「三浦合戦」ではない。そうした観点から、本書では「寛元・宝治の政変」とよんでおこう。

三　北条時頼の政治

(一)「寄合」の発生

増える密談

寛元四年(一二四六)三月から康元(こうげん)元年(一二五六)十一月までの約十一年間、時頼は執権の地位にあった。しかも、康元元年、執権職を一族の北条長時(ながとき)に譲った後も、弘長(こうちょう)三年(一二六三)十一月に亡くなるまで、政治の実権を掌握していた。時頼の、約十八年間におよぶ政権担当期間は、幕府政治が北条氏の専制化に進む大きな岐路でもあった。

時頼が執権に就くと、前将軍頼経を中心とする反執権グループに対し、名越光時を失脚させ、頼経を帰洛させてその危機を脱した。さらに、有力御家人三浦氏を滅ぼした。この二つの事件は、時頼が北条氏の惣領として、あるいは執権としての立場を確保・強化するうえで、大きな意味をもった。

この間、北条時頼は自邸に北条政村・金沢実時・安達義景らのほか、諏訪盛重・尾藤景氏・平盛綱ら一部の被官を集め、秘密会議（後の寄合）を開いて重要案件を評議・決定したことは既に記した。

名越光時の件といい、前将軍頼経の帰洛といい、きわめて重大な事態に対処するため、時頼はもっとも信頼できる人びとを集めたのである。本来、嘉禄元年（一二二五）に創設された評定衆が、訴訟沙汰のみならず、それ以外の政務をも取り扱っていた。したがって、光時や頼経の件についても、時頼は評定衆と合議して事態の解決をはかるのが本筋である。だが、評定衆のなかにさえ反執権グループのメンバーがいる時、その反執権グループに対処する処遇を評定衆とともに行うことは、当然のことながらできなかった。

この秘密会議＝「寄合」に出席した政村や実時は、北条氏のなかでも時頼派であり、また、安達義景は時頼の母、いわゆる松下禅尼の兄という身近な存在であった。これに、時頼の有力被官諏訪氏や尾藤氏、平氏が加わるという、きわめて身内的なものであった。かれらだけが、時頼にとって真に信頼できる人びとであったのであり、北条一族に対する時頼の統率力が必ずしも確固としたものではなかったことを示している。

表3　北条時頼執権就任前後の評定衆（『関東評定衆伝』に拠る・順不同）

	寛元4年(1246)・宝治元年(1247)	建長元年(1249)
執権連署	北条　時頼(寛元4年閏4月執権) 北条　重時(宝治元年7月下向関東・連署)	北条　時頼(6月14日任相模守) 北条　重時(6月14日任陸奥守)
評定衆	北条　政村 北条　朝直 北条　資時 北条　時章(宝治元年7月加) 中原　師員 伊賀　光宗 ×大江(毛利)季光(宝治元年6月誅) ×大江(海東)忠成(宝治元年6月除評定衆) 大江(長井)泰秀(広元の孫) 二階堂行盛(政所執事)【信濃系】 二階堂行義【隠岐系】 ×三善(町野)康持(寛元4年6月除評定衆、止問注所執事) 三善(太田)康連(寛元4年8月問注所執事) 三善(矢野)倫長 清原　満定 宇都宮泰綱 安達　義景 ×三浦　泰村(宝治元年6月誅) ×三浦　光村(宝治元年6月誅) ×後藤　基綱(寛元4年6月除評定衆) ×藤原　為佐(寛元4年6月除評定衆) ×上総　秀胤(寛元4年6月除評定衆)	北条　政村(12月9日一番引付頭) 北条　朝直(12月9日二番引付頭) 北条　資時(12月9日三番引付頭) 北条　時章 中原　師員 伊賀　光宗 大江(長井)泰秀 二階堂行盛(政所執事)【信濃系】 二階堂行義【隠岐系】 二階堂行久(7月加)【隠岐系】 三善(太田)康連(問注所執事) 三善(矢野)倫長 清原　満定 宇都宮泰綱 安達　義景 【引付衆】(12月13日設置) 二階堂行方【隠岐系】 二階堂行泰【信濃系】 二階堂行綱【信濃系】 大曾禰長泰 武藤　景頼

×は三浦合戦で泰村与同の人びと

連署重時の誕生

そこで時頼は、三浦氏を滅ぼした直後、六波羅の北条重時を鎌倉に呼びもどし、兄でもある前執権経時の旧宅をその居所に定めた。その直後、重時を政所別当および連署に就任させ、政務を補佐させることにした。現在、宝治元年七月十九日付けの関東御教書が残っているが、これは時頼・重時の連署で発給された最初のものである。また、政所の下文も建長三年八月三日付けが初見であるが、別当として署名しているのは、やはり重時・時頼の二人だけである。

北条重時は泰時の弟で、その娘と時頼は結婚していた。したがって、重時は時頼の岳父、もっとも信頼できる一族の一人であった。しかも、寛喜二年（一二三〇）以来十七年間、六波羅探題として政務を担当してきた経験と能力、加えて五十歳という北条一族内での老練さは、きわめて大きな意味を時頼に与えたと思われる。

なお、三浦氏排除前後の評定衆をみると、政村・朝直・資時に時章（名越朝時の子）が新たに加わった。泰時の嘉禎二年（一二三六）に朝時が加わったものの、すぐに辞退しているから、実質的には名越系北条氏からは初めての就任である。北条一族の多くから評定衆を選任し、いわゆる時頼政権がスタートしたといえる（表3）。

しかし、朝時に始まる名越系北条氏は、北条時政の名越邸を相続したこともあって惣領家に対してしばしば敵対的であったから、その存在は惣領家にとって桎梏の一つとなった。

ところで、「寛元・宝治の政変」によって、大江（毛利）季光は誅殺され、その弟大江（海東）忠成は評定衆を除名され、甥の大江（長井）泰秀だけとなった。その泰秀も「所労によって出仕」できぬ日々が続き、建長五年十二月、四十二歳で没した。「所労」の内容がわからぬものの、二人の叔父が幕政から排除されるなかで、泰秀の立場も安穏としたものでなかったことは事実である。

しかも、二名から三名に評定衆が増えた二階堂氏は引き続き政所執事を掌握するとともに、建長元年（一二四九）十二月にスタートした引付衆にも三名が加わっており、三善氏も康持（町野系）が罷免された問注所執事を康連（太田系）が継承していた。いわゆる時頼政権のなかで、二階堂・三善両氏が安定的に政治基盤を維持するなかで、承久合戦に際して親広が廃嫡され、今また季光・忠成兄弟の粛清、泰秀の頓死という状況は、大江氏の衰微を物語るものとなった。

もちろん、時頼政権の中心は連署重時と政村・実時・義景であって、これに有力被官が加わって、中核を成していたことはいうまでもない。なお、これ以降、時頼が亡くなる弘長三年（一二六三）まで「寄合」の開催を確認できない。おそらく、この秘密会議は特別な場合にのみ開かれたのであって、いまだ定例化したものではなかった。

（二）専制と御家人保護

頼嗣から宗尊親王へ

前将軍頼経が帰洛しても、その子頼嗣が新将軍として鎌倉に存在していた。当時、頼嗣は八歳の幼少であり、幕政の運営上、これといった問題もなかった。しかし、権威の象徴として「鎌倉殿」である以上、父頼経と同じように反執権グループの支柱となりえる可能性は多分に残っていた。

建長三年（一二五一）十二月、矢作左衛門尉・長久連・了行法師らが謀叛を計画したとして、佐々木氏信・武藤景頼に捕らえられた。諏訪盛重がこれを調べたところ、謀叛の計画を白状したため、ある者は誅殺され、ある者は配流された。だが、『吾妻鏡』には詳細が記されておらず、事件の具体的な内容はまったくわからない。もっとも、『保暦間記』には、前将軍頼経が京において謀叛を計画したとある。

そこで時頼は、この事件を京都政界の中心九条忠家と関連づけた。忠家は、頼嗣の従兄弟にあたる。翌年二月、二階堂行方と武藤景頼を上洛させ、後嵯峨上皇の子を鎌倉殿に迎えようとした。後嵯峨は、北条泰時の支援によって即位できた経緯もあり、時頼の申し入れを拒絶できなかった。三月一日、朝廷では親王の東下について評議され、十七日になって、十一歳の宗尊親王が鎌倉に下向することが正式に決まった。

皇族将軍の実現

十九日、宗尊は鎌倉に向かうため、いったん六波羅に入り、その後に京を出発した。宗尊が鎌倉に向かっているころ、鎌倉では頼嗣が御所を退出、佐介谷（さすけがやつ）にある北条時盛邸に移った。四月一日、宗尊は鎌倉に到着、そのまま時頼邸に入ると、征夷大将軍に就任した。三日、宗尊の到着と入れ違うように、頼嗣は帰洛した。宗尊といい、頼嗣といい、わずか十歳前後の少年であり、ともに政治の犠牲者であった。

同月十四日、政所始めの儀式が行われた。時頼はこの皇族将軍の実現と並行して、朝廷の九条家を攻めたてた。『鎌倉年代記』には、「九条道家の一族の多くが勅勘を蒙った」とあり、道家の孫忠家が右大臣を解任された。忠家が勅勘を解かれ、政界に復帰して関白に就くのは、実に二十一年後の文永十年（一二七三）五月のことである。

この幼少の鎌倉殿を擁して、時頼は執権の権威を高め、北条氏の惣領家としての基盤を確立していく。建長八年（一二五六）三月十一日、重時が連署を辞任、即日、出家した。二十七日には重時の子長時が京都から鎌倉に到着したが、重時の出家に対応した行動であろう。三十日には、重時に替わって弟の政村が連署に就いた。当時、五十二歳の政村は、執権を補佐する老練な政治家になっていた。

寄合といい、執権職の譲与といい、時頼の政治に専制的兆しがあったことは事実である。ただし、それは単なる専制ではなく、その根底に優れた御家人対策があったことも忘れてはならない。とくに注目されるのは、御家人の負担軽減と訴訟の効率化である。

大番役と篝屋役

鎌倉殿と主従関係を結んだ、いわゆる御家人は本領の支配権を安堵され、時には新恩地を与えられるかわりに、いろいろな義務を幕府に対して勤めなければならなかった。この義務を御家人役というが、たとえば、戦争があれば幕府勢として従軍する必要があったし、将軍が各地に赴く時、これに供すること（供奉人役）もそのひとつであった。あるいは、鎌倉市中の警備（鎌倉番役）や宿場町の警護などもあった。しかし、なんといっても大きな負担は、京都御所と市中の警固であった。すなわち、大番役と篝屋役である。

大番役（鎌倉番役と区別して京都大番役と記述することもある）という制度が、いつ始まったか明らかではない。石井進氏によれば、十一世紀末から十二世紀初頭のいわゆる白河院政期、各国の国司が国内の武士を動員して行ったものに由来するという。また、古く三浦周行氏によれば、その勤務期間は古代律令期の衛士制の影響をうけて三か年であったが、頼朝の時に六か月に短縮されたともいう。

たしかに文暦元年（一二三四）当時、大番役が六か月勤務であったことは、幕府の追加法六六条から確認できる。この六か月におよぶ京都滞在中の生活費や京までの旅費などは、すべて自己負担であったから、遠国から上洛する御家人にとって、この負担は大変重い、苦しいものであった。そのため、御家人はこの負担の一部を所領内の百姓や土民から押し取り、転嫁する者も多かった。その結果、百姓や所領の支配に関連して、御家人と荘園領主とのあいだで訴訟が増加する傾向にあった。

すでに指摘したように、当時の武士社会は原則として分割相続であった。この分割相続が代々行われていくと、それぞれの家産の減少が進むばかりか、御家人役を負担することも困難な状況に陥っていく。

御家人役の負担軽減

そこで時頼は、三浦氏を滅ぼした直後の宝治元年（一二四七）十二月、従来の六か月勤務の大番役を三か月に短縮し、御家人の負担軽減を考えたのである。また、翌年正月、西日本の名主や荘官のなかで、御家人になりたい者があれば、守護にしたがって大番役を勤務させ、そのうえで御家人と認める政策を決定、六波羅探題に伝達した。それによれば、大番役を勤務する者が増えるわけであるから、これまでの御家人の負担が減少することはいうまでもない。それは、所領内の百姓らへ転嫁される負担を軽減することにも通ずるものであった。いわゆる撫民政策のひとつでもある。

京市中の夜警である篝屋役についても、同様の処置がとられた。この篝屋役は、京市中の辻々に松明を灯し、夜警を主たる任務とした。これを担当したのも、大番役のために上洛した御家人であった。そこで時頼は、大番役の御家人から篝屋役を除き、在京の御家人に負担させることにした。

引付衆の設置

このような御家人の負担軽減策は、御家人の訴訟面でもとられた。御家人間、あるいは荘園領主・荘官との所領に関する訴訟は、幕府創設以来、徐々に増加し、ことに承久合戦以降はその傾向を強めた。そのため、泰時は裁判の公平性をはかるため評定衆制度を創設し、御成敗式目を定めたのである。

しかし、増加の一途をたどる訴訟に対し、問注所や評定衆では充分にその効果をあげることができなかった。そこで時頼は、裁判の効率化と公平性をはかるため、引付制度を創設したのである。

建長元年（一二四九）十二月、評定衆の北条政村・同朝直・同資時を引付頭人に就任させ、さらに政所寄人から二階堂行方・同行泰・同行綱・大曾禰長泰・武藤景頼らを引付衆に任命し、三組の引付方を組織した。この引付制度は、はじめ三組にわかれていたので三方引付といったが、増加する訴訟に対応するため、建長三年六月には六方引付とした。一時的に三方に減じたが、同四年には五方引付となり、それぞれに六人前後の引付衆が割りあてられた。

この制度の創設によって訴訟の効率があがったことは、御家人にとっても大きな利益であった。訴訟が長びけば、そのために多額の経費を捻出（ねんしゅつ）することになり、弱小御家人にとって裁判を継続することはきわめて困難となる。そのため、訴訟を途中で断念する御家人も出てくれば、結果的に裁判は公平ではなくなる。したがって、引付制度は裁判の効率化と公平性をはかったものであり、結果的に御家人の負担を軽減させることにもなった。

また、引付衆には有力御家人や官僚（文官）が選ばれ、一部の例外はあるものの、そのなかから評定衆に加えられた。したがって、執権・連署の施策推進に関与する評定衆や引付衆の構成メンバーから、その時々の幕府の中核、あるいは施策の特徴を考えることができるのである。

時頼の執権辞任

康元元年（一二五六）十一月二十二日、北条時頼は執権職を北条長時に譲るとともに、武蔵国に対する行政権（国務）、侍所別当ならびに鎌倉の邸宅を長時に預けた。

『吾妻鏡』によれば、家督＝時宗がいまだ幼少であるため、その代官としてであったという。だが、時頼はこの時いまだ三十歳の働きざかりである。時宗の幼少が理由であったなら、自身が執権としてもう少し政務を担当できたはずである。それを長時を時宗の代官として、執権職を譲った点に、時頼の深い「よみ」があった。

これまで、北条氏が家督や執権職を次世代に継承させる時、多くが失脚や病気が原因であった。たとえば、義時は時政を失脚させて北条家を簒奪したし、義時の病死によって泰時が執権となったが、伊賀一族の関与もあってスムーズな移譲ではなかった。さらに泰時から経時、経時から時頼への継承も同じである。しかもほとんどの場合、次期執権や家督をめぐる内紛が表面化しているのである。これは、いずれも北条惣領家の一族に対する統率力が弱く、執権職が必ずしも惣領家に継承されるとは限らなかったことを示している。

このような前例を考えた時、時頼が働きざかりの三十歳で執権を譲ったこと、しかも長時を代官＝中継ぎとして就任させたことは、執権職が北条氏の惣領家に継承されるものであることを喧伝したことになる。

もっとも、こうした執権職の移譲をいつ頃から考えていたかはわからない。すなわち、後任として六波羅から呼び寄せた長時を、引付を経ずに評定衆に加えたのが六月のこと、翌月には武蔵守に任じ、十一月に執権職を移譲するという慌ただしい日程からは、重時の連署辞退と出家が与えた影響の大きさがみてとれる。

ところで、この時、長時が継承した職権のなかに武蔵国の行政権が入っていた。しかし、時頼は武蔵守（むさしのかみ）に一度も就いていない。武蔵守は、畠山重忠の謀殺後、ほぼ北条氏が代々就任してきた。たとえば、建永二年（一二〇七）三月には幕府が国内の荒野開発を武蔵守足利義氏に命令したように、幕府直轄の国であった。ところが、北条泰時が国守に就くと、北条氏の惣領が国守と関係なく、同国の行政権を掌握したのである。時頼の例はこのことを示しているし、文永三年（一二六六）五月、相模守北条時宗が武蔵国の目代に命令を加えているのも、同じように考えられる。

執権長時と時頼

康元元年（一二五六）十一月二十二日、北条時頼から執権職を移譲された長時は、二十四日には政所に赴き、連署政村ならびに評定衆と参会した。同年十二月五日には六波羅探題北方北条時茂（ときしげ）（長時弟）に対し、尾張国堀尾荘（岐阜県羽島市）と隣接する長岡荘（愛知県稲沢市・岐阜県海津市・羽島市南部）との境相論に関して原告・被告を召喚するとともに、論所を実検して結果と絵図の提出を求める関東御教書が発給されている。執権としての職務を遂行していることがわかる。菊池紳一氏によれば、『吾妻鏡』には評定を主導する長時の形跡は記載されないものの、その在任八年間に、関東御教書、関東下知状、政所下文など多くの公文書を発給しており、移譲された執権職を忠実に実行した能吏と評価する。

たしかに、相論の裁許や相続の安堵、さらに諸政について六波羅探題や守護への通知などのため、下知状・御教書あるいは下文を発給したことは事実である。しかし、その事実認定や決定のプロセスに長時がどのように関与したかは別次元のことであろう。

たとえば、『吾妻鏡』文応元年十二月二十五日条によれば、「京上所役および大番役」について裁断が下され、追加の法が定められた（三三三〜三三四条）。諸国の御家人が、大番役の費用として多くの銭貨や夫駄(ぶだ)を貧民（農民）に賦課しているため、今後は段別銭三百文、五町別に官駄一疋(ぴき)・人夫二人に限定し、それ以外は停止すべしというものであった。多くの御家人にとって、きわめて重要な課題であったが、『吾妻鏡』は単に「今日、法を定めらる」とあるだけで、その主体を記していない。しかし、前日、長時は罹患(りかん)して「減気」の状態であって、翌日に行われた将軍宗尊の北条時宗邸渡御の供奉さえ「日ごろ所労」と言上するほどであったから、長時がこの大番役関連法の制定に関与することはなかったと思われる。

また、年頭の「垸飯(おうはん)の沙汰人」を年中行事と一括するが、垸飯の献上者は幕政の序列を示すものとして重視する近年の研究動向からすれば、単なる年中行事ではなかろう。少なくとも、正嘉元年以降、弘長三年まで、その間、『吾妻鏡』が欠けている年があるものの、一日を時頼が、二日を重時（弘長元年まで）が担当している事実は、執権・連署移譲後も時頼・重時が幕政の中枢に位置していたことを示している。

さらに、正応二年（一二六〇）正月、御所に詰める昼番衆が定められたとき、将軍の求めに対応できる人材として、歌道・蹴鞠・管絃・右筆・弓馬・郢曲（歌謡・歌曲）など芸に秀でた輩が選抜された。しかし、選抜予定者の目録が時頼に提示され、数回にわたる打ち合わせが行われている。元将軍藤原頼経のとき、将軍の周囲に反執権グループが誕生したという前例を避けるための、時頼による身辺調査ともいえる。結果的に、六番制の昼番衆が決まったが、いずれにも時頼に近しい北条一族あるいは有力御家人が配置されることになった。

継続する時頼体制

北条長時が執権職を継承して三か月後の康元二年（一二五七）二月、時頼の嫡子正寿の元服の儀が執り行われ、時宗の名が与えられた。それは、将軍宗尊、執権長時・連署北条政村を始めとして有力御家人が参集するなかで、盛大に行われたものであって、惣領家の家督ばかりか、執権長時の継承者が誰であるかを暗示させることになった。

さらに四月になって時頼は、紺紙金字の大般若経一部を新写し、願文とともに皇大神宮（伊勢内宮）に納めた。その願文には、

伏して乞うらくは三品大王、よって耆薬なく、もって仙齢を保たんことを。凡それ国家を擁護するものは、神の明徳なり。わが願いすなわちこれにあり。民黎を富饒するものは、経の恵力なり。わが願いまたこれにあり。神といい経といい、なんぞ素念を納受せざらん。

とあった。すなわち、願いは三品大王＝宗尊親王が耆薬（不老の薬）を用いずに仙齢（長寿）を保つことである。神徳によって国家を安寧にすること、経文によって民を豊かにすることは時頼の願うところであり、その願いをどうして伊勢の神が受け入れないことがあろうかと宣言したのである。それは、国家の守護と万民の豊饒という国政レベルの施政方針表明でもあった。

北条長時・政村による下知状や御教書が下され、幕政が進められる一方、時頼は以前と同じように、あたかも院政を行う「院」のような実質的な政権運営を考え、鎌倉殿宗尊の長寿を祈念しつつも、将軍の無権化と長時の後を考えていたように思われる。それは、時頼が執権を辞任した後の評定衆や引付衆の構成メンバーが、辞任前と基本

的に変わっていないことからもわかる。すなわち、康元二年当時、評定衆十名、そのうち九名は時頼執権時のメンバーであり、新たに評定衆となった安達泰盛は、引付衆からの昇進で、かつ時頼の従兄弟でもあった。また、引付衆十六名のうち十二名は継続しており、新たに北条教時・後藤基政・三善康宗・二階堂行忠が加わった。教時は評定衆の北条時章（名越系）の弟、基政・康宗の二人は前年没した基綱・康連のそれぞれ子、行忠は行泰・行綱兄弟の弟である。名越系北条氏が二人となった不安材料はあるものの、この時点では表面化していない。

執権を長時に譲り、出家して鎌倉山内の最明寺に遁世したはずの時頼であったが、実際はその後も幕政を担当する意志が消えることはなかった。そうした時頼を中心とした幕政運営は、幕政の担当者という立場が執権から分離し、北条一族の惣領家と結びついたことを示している。なお、北条氏の惣領家を一般に得宗家と称している。しかし、その名称の由来や時期については疑問も多く、第八章で詳しく述べることにしたい。

第七章　北条時宗と安達泰盛

一　時宗政権とモンゴルの襲来

(一) 時宗政権の誕生

政村・時宗政権の幕府首脳

弘長三年(一二六三)十一月、北条時頼は、鎌倉山内の最明寺(さいみょうじ)において三十七歳の生涯を閉じた。当時の執権は長時、連署は政村である。時頼の子時宗はいまだ十三歳という年少であったが、長時は翌文永元年(一二六四)七月二日に出家、八月二十一日に逝去した。そこで、長時出家後の八月五日、連署政村が執権に就き、十日にはわずか十四歳の時宗が連署に就任した。もちろん、政村の執権就任も時宗への中継ぎであった。

時宗が執権に就任するのは文永五年(一二六八)三月、十八歳になったときであるが、時頼の死後、長時・政村が執権職にあったときも、時宗が北条氏惣領家の家督として存在したことは、若狭国における北条氏の重要な所領である今富名(いまとみみょう)(福井県小浜(おばま)

市）の支配者を代々まとめあげた『若狭国税所今富名領主代々次第』（『群書類従』第四輯）に、

一、相模守時宗ときよりの御ちゃくし。徳崇と号す　弘長三年十二月より弘安七年四月まで御知行。

とあることからわかる。この今富名は、寛喜三年（一二三一）以降、伯父にあたる元執権経時から父時頼を経て支配してきた所領であり、時頼が没した弘長三年から、時宗が没する弘安七年（一二八四）四月まで嫡子時宗が支配し、その後も貞時、高時と北条氏家督の所領として伝領された。

ところで、時宗が連署に就任した前後の文永元〜二年の評定衆と引付衆を整理しておこう。表4に記された人びとが政村・時宗政権を構成したこと、しかも、前年の長時（実質的に時頼）時代の構成メンバーと比べても、死亡した者を除けばほとんど変化がみられず、政村・時宗政権は、時頼政権をそのまま引きついでスタートしたことになる。なお、二階堂氏が五人と多数を占めているが、二階堂氏は安達氏と姻戚関係にあり、引付衆の大江（長井）時秀も同じである。

なお、連署就任後、文永三年三月、引付制が廃止され、重要案件は「直聴レ断」、すなわち、直接判断することとし、細事は問注所に付せられることになった。この「直聴レ断」の主体は十六歳の時宗であろうが、六月十九日、時宗邸に集まった政村・実時・安達泰盛（義景の子）によって「深秘の御沙汰」＝寄合がひらかれており、こうした集団指導体制のもとに政権が運営されたのである。したがって、政村・実時、それに時宗の姻族となる泰盛が時宗政権の中枢を構成し、さらにそれらの姻族が中枢を取り巻いていたのである。

宗尊から惟康へ

十四歳で時宗が連署に就任した時、鎌倉殿・将軍宗尊はすでに二十三歳の青年であった。鎌倉に下向して十二年の歳月が過ぎていた。もともと「執権」は、将軍の後見という立場であったから、北条氏は常に将軍のもとで政権を担当するという立ち位置から抜け出すことができなかった。したがって、北条氏が恣意的に政権を担当するためには、将軍は政治的に無力・無権でなければならなかった。そのためには、将軍は幼少であり、あるいは政権担当にまったく無関心であることが必要だった。

だが、将軍が幕府の象徴である以上、常に無権とはならなかった。鎌倉での滞在期間が長くなれば、それだけ将軍と個人的に結びつく特定のグループが生まれる先例をすでにみてきた。時宗が連署に就任した時の宗尊の立場は、このようなものであった。

既述の文永三年（一二六六）六月の「寄合」は、こうした宗尊の処遇に対する密談

表4　北条時宗連署就任前後の評定衆と引付衆
（『関東評定衆伝』に拠る・順不同）

	文永元年（1264）	文永2年（1265）
執権連署	北条　政村（相模守・8月11日執権）	北条　政村（3月左京権大夫）
	北条　時宗（右馬権頭・8月11日連署）	北条　時宗（3月相模守）
評定衆	北条　朝直（一番引付頭・5月3日卒）	
	北条　時章（二番引付頭→一番頭）	北条　時章（一番引付頭）
	北条　実時（三番引付頭→二番頭・越訴奉行）	北条　実時（二番引付頭・越訴奉行）
		北条　時広（6月11日加）
		北条　教時（6月11日加）
	安達　泰盛（三番引付頭・越訴奉行）	安達　泰盛（三番引付頭・越訴奉行）
	武藤　景頼	武藤　景頼
	小田　時家（11月加）	小田　時家
	二階堂行義【隠岐出羽系】	二階堂行義【隠岐出羽系】
	二階堂行方（12月出家）【隠岐常陸系】	
	二階堂行泰（政所執事）【信濃筑前系】	二階堂行泰（政所執事10月卒）【信濃筑前系】
	二階堂行綱（4月加・行泰弟）【信濃伊勢系】	二階堂行綱【信濃伊勢系】
	二階堂行忠（4月加・行泰弟）【信濃系】	二階堂行忠【信濃系】
	三善（太田）康有（問注所執事）	三善（太田）康有（問注所執事）
	三善（矢野）倫長	三善（矢野）倫長
		大江（長井）時秀（6月11日加）
	中原　師連（11月加）	中原　師連
引付衆	北条　時広（11月加・時房孫）	北条　時広（6月→評定衆）
	北条　教時（名越朝時子）	北条　教時（6月→評定衆）
		北条　義政（6月11日加・重時子）
		北条　公時（6月11日加・時章子）
		北条　業時（6月11日加・重時子）
		北条　宣時（6月11日加・朝直子）
	二階堂行綱（4月→評定衆）【信濃伊勢系】	佐々木氏信（6月11日加）
	二階堂行忠（4月→評定衆）【信濃系】	二階堂行有（6月11日加）【隠岐出羽系】
	大江（長井）時秀	二階堂行実（6月11日加・政所執事）【信濃筑前系】
	中原　師連（11月→評定衆）	
	小田　時家（11月→評定衆）	大江（長井）時秀（6月→評定衆）
	伊賀　光政	伊賀　光政
	藤原　清時	藤原　清時

であったと思われる。宗尊に近しいものが時宗を謀殺しようとし、それが発覚したための非常の「寄合」であったという。これに関連してであろうか、前日、北条氏の被官諏訪盛経が上洛しており、また、この日、宗尊の側近と思われる松殿僧正良基が鎌倉から逃走した。二十三日、宗尊の夫人藤原宰子と娘掄子を山内の別邸に移し、また、子の惟康を時宗邸に迎えた。

鎌倉中が騒然となり、多くの御家人が時宗邸に集結した。翌日、やはり宗尊の側近と思われる左大臣法印厳恵も行方をくらました。鎌倉の騒動はその後も続いたが、翌七月四日、宗尊は女房の輿に乗って、北条時盛の佐介邸に入った。同日、将軍職辞退を強要された宗尊は、あわただしく鎌倉を出発、帰洛させられたのである。新しい鎌倉殿には、宗尊の子わずか三歳の惟康（後に臣籍降下して源惟康）が就いた。

三月に引付制を停止し、重要な案件は時宗と時宗邸に集まる中枢が担当するシステムを作り上げ、そのうえで、六月二十日の「寄合」において決定された処置だったのだろう。政村・実時・泰盛らが若い家督時宗を後見し、政権の体制強化をはかったのである。

（二）文永の異国合戦

モンゴル使到着と幕府の対応

宗尊から惟康へ鎌倉殿が交替するという変化のなかで、文永三年八月（以下、年月等は和暦で表す）、モンゴル皇帝フビライは主使黒的および副使殷弘に国書をもたせ、高麗と日本に派遣した。国書を受け取った高麗王元宗は、モンゴルの使者を案内し、翌年正月には巨済島に到着した。しかし、冬の海の激しさにモンゴルの使者はおじけづき、日本への渡海を断念した。

八月、フビライはふたたび日本への使者派遣を決定、元宗に命令した。そこで元宗は、潘阜を使者として日本に出発させた。十一月、潘阜は対馬に到着、同国守護代宗助国を仲介として、翌文永五年正月、筑前守護の武藤資能と会見した。潘阜からモンゴル国書と高麗国書を受け取った資能は、これを幕府に送ったが、幕府はこの国書をさらに朝廷に回送した。朝廷は、この国書に対する返書を与えず、やむなく潘阜は五か月後に帰国せざるをえなかった。

この間、二月には西日本の守護に、モンゴルの襲来に対処すべく戦闘準備を命令（追加法四三六条）、さらに、時宗は執権に就任、政村が連署となって時宗を補佐することになった。その後も、モンゴルや高麗の使者はたびたび日本に派遣されたが、日本側はそのたびに返書を与えず、黙殺の方針をとった。なお、フビライは文永八年、国号を元と改めている。

執権時宗の誕生

時宗が執権として初めて評定に出仕するのは、モンゴル国書の対応に追われる文永五年三月のことである。翌年四月、五番の引付制が復活された。しかし、『関東評定衆伝』には「四月二十七日、問注所の沙汰を止められ、五方引付を始めらる」とあるように、細事を担当した問注所の沙汰だけが引付に移管されたのであって、重要案件は除かれていることに留意すべきである。宗尊が帰洛し、その後を継承して六歳になった惟康こそ、傀儡そのものであった。後に「寄合」と称される「深秘の御沙汰」が、政権の中枢に位置づけられていたことに変更はなかった。

なお、文永四年には泰盛の弟時盛が評定衆に新たに加わり、復活した引付衆には泰盛の弟顕盛および一族の大曾禰長経が加えられ、安達一族は北条氏に次ぐ多数を占めるようになった。しかも、引付頭人五人のなかで、北条氏以外は「深秘の御沙汰」にも加わる泰盛だけであったから、泰盛の政治力が増したことはいうまでもない。

ところで、時宗の体制強化をさらにはかるためには、少なくとも北条氏の家督としての地位を明確に位置づけることが必要であった。時宗が、父時頼から家督を相続し、つぎの執権を継ぐことは了解されたことでもあったろう。しかし、時頼の死後、時宗が北条氏の家督として確固たる地位に立つためには、時頼の遺言だけではなく、時宗自身の政治力が必要であった。

二月騒動

時宗は嫡子ではあったが、長子ではなかった。時宗の庶兄時輔（しょけいときすけ）が六波羅探題南方として上洛したのは、文永元年十一月のことであり、時宗が連署に就任した直後であった。この探題就任は、反時宗グループの中心ともなりえる時輔を鎌倉から遠ざける点で効果的であったろう。『保暦間記』は、時宗が執権職に就任したため、時輔は以前から謀叛（むほん）の志をもっていたと記している。北条氏が執権職を交替する時、必ずといっていいほどみられた内部の対立である。したがって、時輔の上洛はこのような内紛を回避する手段の一つであった。

なお、文永五年および同八年、モンゴルの使者が国書を持参し、国交を要望するという外交問題が生じた際、時宗と時輔とのあいだに政策上の不一致がみられ、対立が激化したという安田元久氏の考え方もある。いずれにしても、文永の後半、時宗と時輔とのあいだに不和が生じていたことは事実であったから、時輔の上洛は一時凌（しの）ぎの便法でしかなかった。

文永八年八月、高麗使が大宰府（だざいふ）に到着、これを追うようにモンゴル使趙良弼（チャオリアンピー）が筑前国今津（いまづ）（福岡県福岡市）に到着した。良弼は強硬な姿勢で返書を要求、無視すれば武力行使もやむをえないようにふるまったと、吉田経長の日記『吉続記』は伝えている。九月十三日、幕府は九州に所領を持つ東日本の御家人に対し、みずから九州に下向して守護の指揮下に入り、「異国の防禦」に専念するよう命令を下した。さらに、十二月には元執権長時の子義宗が六波羅探題北方として上洛した。モンゴルの使者に対処する幕府の積極策であるが、同時に、時輔に対する示威行動でもあった。

翌年二月十一日、名越時章・教時兄弟が鎌倉で殺害された。さらに十五日、時輔が義宗に攻撃され、吉野の山中に逃れ行方不明となった。この鎌倉と京都における紛争を、『保暦間記』は「二月騒動」と記している。

ところが、後に時章はこれといった謀叛の動きもなく、誤って殺害されたことが判明し、討手の五人が斬首された。ただし、教時の討手については賞罰もなかった。この庶兄時輔の襲撃、名越兄弟の殺害が、宗尊から惟康への将軍交替と同一線上の政治的対策であったことは理解できる。

二月騒動の余波

反時宗派とでもいうべき庶兄時輔や名越時章・教時兄弟が抹殺されると、時輔の兼任していた伯耆国、時章が就任していた筑後・肥後・大隅三か国などの守護職が没収、伯耆国には佐原頼連、筑後国には大友頼泰、肥後国には武藤（少弐）資能（のちに安達泰盛）、大隅国には千葉宗胤がそれぞれ新しい守護に任命された。網野善彦氏は、佐原頼連と泰盛との関係が深く、後に肥後国の守護に泰盛が就任していることから、この体制強化の推進者は泰盛であったと指摘する。

この同一施策上で行われたものが、同九年十月に下された諸国大田文の作成命令（追加法四四九・四五〇条）である。一国内の田畠の面積、所有者の名前を調査し、御家人役を賦課する台帳を作成させたのである。今後、予測されるモンゴルの襲来に対処する施策のひとつでもあった。

ところが、この調査が進むにつれ、御家人の所領が非御家人に売却され、あるいは和与（無償譲与）という名目で支配者が変わっている事例が確認された。そこで幕府は、同年十二月、将軍から給与された御恩の地を和与のかたちで他人に譲渡することは、特別な根拠があればやむをえないものの、それ以外は認めず、根拠のないものは没収することに決定した（追加法四五一条）。

さらに翌十年七月、御家人の所領回復に関する追加法を発令した（追加法四五二条）。それは、まず質に入れた土地であろうと、単なる抵当権の設定された土地であろうと、債権者の請求を停止させ、債務者である御家人が無償で所領を回復できること、つぎに正嘉元年（一二五七）以後、債権者が支配できることを幕府が確認した土地の場合でも、債務者たる御家人の異議申請を認めること、の二点からなっていた。

すなわち、御家人の無償土地回復に関する法令であり、後の徳政令とほとんど同じ内容であったから、非御家人にとっては受け入れがたいものであった。幕府は、異国の攻撃に対処するため、御家人保護を名目に専制的政治を展開しようとしたのである。しかも、この法令によって当然引きおこされる反発に対しては、翌八月、守護や御家人に管内の「悪党」を厳重に取り締まるように命令を下している（追加法四六〇号）。幕府の施政に反発する非御家人を含む全ての人びとを「悪党」ととらえ、取り締まりの対象とみなしたのである。

文永の「モンゴル」襲来

これ以前、文永十年三月、元使趙良弼がふたたび来訪、大宰府において日本側からの返書を求めた。しかし、今回も返書は下されず、五月には帰国した。そのため、フビライも数度にわたる「日本招諭（しょうゆ）」が失敗と判断、ついに武力行使を決定した。

翌文永十一年八月、フビライは日本遠征の総指揮官として忻都（シンドウ）、副官として洪茶丘（ホンタチウ）・劉復亨（リィウフーホン）を高麗に派遣した。それ以前から調達されつつあった兵員・軍船・物資を編成・組織し、十月三～五日、元・高麗の連合軍は合浦（ハッポ）（慶尚南道馬山市（キョンサンナムドマサン））を出発し、早くも同三日午後から五日にかけて対馬（つしま）を急襲した。なお、このときの元・高麗の連合軍を三万二千人～四万人、軍船九百艘（そう）とする通説に対し、服部英雄（はっとりひでお）氏は『高麗史』

や『元史』ばかりか、鷹島（長崎県松浦市）沖の海底で進められている軍船の海中調査の成果などから、将兵五千五百人、船頭を含めた水手六千七百二十人の計一万二千人強と指摘している。

対馬を制圧した元・高麗連合軍は、壱岐を攻略した後、十九日夕刻から博多湾岸の今津浜・博多・箱崎（福岡県福岡市）などに上陸を開始した。本格的な戦闘は、翌二十日に始まった。前年五月、時宗政権は、少弐資能を介して、異国警固を目的とした「博多津番役」を一か月交替で勤仕するため、上府＝大宰府に来着するよう御家人に命じていた。

少弐氏は、本姓武藤氏であるが、幕府が大宰府を支配するようになると、現地最高責任者たる大宰少弐に任ぜられ、後に少弐を名のるようになった。さらに少弐氏は、筑前・肥前の守護を兼ね、筑前の守護所は大宰府に置かれたから、「宰府守護所」とも称された。

服部氏は、『元史』に載る「大宰府西守護所」を、西の鳥飼干潟、東の那珂川河口干潟によって守られる要害の地で、後に福岡城が築かれる赤坂山に比定し、少弐経資が入城した最大の軍事拠点と指摘した。経資は、ここを本拠に鳥飼・荒戸などの樋井川河口一帯（守護所の西）を守備範囲とし、豊後守護の大友頼泰には筥崎宮を中心とする多々良川・宇美川河口方面（博多湾岸の東部）を、肥前・肥後の守護代でもある弟の景資には住吉宮を中心とする那珂川・御笠川河口方面（守護所の東）を守備するよう配置した。さらに室見川河口の姪浜、さらに遠く瑞梅寺川河口と今津浜（博多湾岸の西部）にも軍勢を配置したが、赤坂山の西にあたる麁原山一帯は手薄になったともいう。

のちに、麁原山から「大宰府西守護所」に比定できる赤坂山方面が激戦地となったが、軍事拠点でもある「西守護所」の争奪戦でもあった。さらに、元軍は大友頼泰が配置された筥崎宮方面にも上陸、多々良川河口域が戦場となって筥崎宮が炎上した。矢の有効距離はたかだか三十メートルといわれ（飛距離だけなら百メートル以上に達する）、日本軍の長弓も元・高麗軍の短弓も実際はあまり変わらないというから、弓矢を用いて戦うのであれば、狭い範囲での至近戦であったろう。服部氏は、元軍は緒戦で互角ないし辛勝したが、「西守護所」のある赤坂山を落とせなかったので失敗と「評価」する。暮れてきたので、元軍は麁原山に引き上げ、その夜を過ごしたという。この点が、重要である。

服部氏は、博多湾の浅い水深から、沖合二キロメートルほどに停泊せざるをえなかった元・高麗連合軍の軍船と陸地を往復させるには往復一時間を要すると試算する。そのうえで、軍勢九千人の多くが上陸していたとすれば、帰船するには上陸用小艇百五十隻で二往復半が必要となり、その夜に博多湾から出帆するのは不可能と判断する。

暴風雨によって、一夜で退却することはできなかったことになる。
しかも、『関東評定衆伝』に、

> 文永十一年十月五日、蒙古異賊寄せ来たりて、対馬島に着す。少弐入道覚恵代官藤馬允、討たれる。同二十四日、大宰府に寄せ来たりて、官軍と合戦す。異賊は敗北す。

とあることなどもふまえて、元・高麗勢との戦いは一日で終結したのではなく、十日間近く滞在して「作戦」を継続していたと指摘する。

さらに、元軍の撤退は台風が原因ともいわれ、あるいは、気象学的にはこの時期の台風なみの暴風雨はありえないともいわれる。その事実については不明であるが、たとえば網野善彦氏は、日本側の抵抗と風雨が元軍内部の対立を表面化させ、元軍は意識的に撤退したと考え、服部氏は、二十日夜半ではないものの、その後の寒冷前線通過にともなう嵐＝暴風を指摘する。

文永のモンゴル襲来に関する史料はきわめて少なく、多くは後代の編纂（へんさん）史料が用いられてきた。服部氏は、同時代の史料を、さらに編纂史料ではあるものの『元史』や『高麗史』を批判的に用いながら、鷹島の弘安の合戦に沈んだ元船の調査成果をふまえ、現地に長く関わってきた地の利を考慮に入れたもので、傾聴すべき指摘が多い。なお、充分に首肯できるか判断に悩むが、いわゆる通説とは大きく異なる研究の段階にモンゴル襲来は入ったと思われる。

二つの法令

暴風雨についてはともかく、元軍が撤退したことは事実であった。これを知らない幕府は、十一月一日、二つの命令を西日本に下した。その一つは、安芸国の守護武田信時に宛てたもので、守護は管国内の地頭や御家人ばかりか、荘園領主が支配する所領の人びと、すなわち非御家人をも動員し、異国の襲来を防禦せよというものである(追加法四六三条)。本来、幕府が支配できたのは、幕府と主従関係をむすんだ御家人とその所領だけであった。承久合戦で幕府が勝利し、西日本に多くの新地頭を任命しても、この原則に変更はなかった。ところが、このたびのモンゴル襲来という未曾有のできごとを利用し、御家人・非御家人にかかわらず、すべて守護の指揮下に組み入れようとしたのである。

もう一つの命令は、鎮西奉行大友頼泰に対して下されたもので、元軍との戦いで軍功をあげた者には、たとえ非御家人であっても恩賞を与えるというものである(追加法四六四条)。この二つの命令は、西日本一帯の守護に下されたものであろう。この命令によって、幕府はそれまで点と点であった支配圏を、一円的に拡大しようとしたのである。元軍撤退の知らせが朝廷にもたらされたのは、十一月六日のことだった。

(三) 戦後の警備体制

異国警固番役

文永の襲来後、西日本では元の再襲に備え、沿岸の警固体制が強化された。文永十二年(一二七五)二月、北九州の警固体制に関する幕府の基本方策が少弐経資(つねすけ)によって明らかにされ、九州の国ぐには三か月ごとに北九州の防備に専念することになった。各国の武士は、それぞれの守護に引率され、春夏秋冬のそれぞれ三か月ずつ、警固にあたることになった。その際、担当国の武士を三組に分け、おのおの一か月ずつ従事するようになっていた。しかし、この警固は長期にわたって行われなければならず、多くの武士にとってその経済的負担はきわめて大きなものであった。

五月、幕府はさらに長門(ながと)国の警固が御家人不足で弱いため、周防(すおう)・安芸・備後三か国の武士を防備に加えた。また、西日本の警固体制を強化するため、大規模な人事異動も行われた。守護職の交替がそれであり、建治年間(一二七五~七八)頃にはほぼ完了したといわれる。

西国三十一か国に北陸道の一部五か国を加えて、その変化をみてみよう（表5）。建治・弘安年間以前、三十六か国に占める北条氏の守護国は十四か国である。ところが、弘安以前をみると、北条氏は二十か国、姻族である安達氏が一か国を占め、西国の約六割を占めている。とくに時宗は子息貞時分も含めると二か国から四か国に、弟宗政・宗頼・兼時（宗頼子）で四か国を占め、さらに叔父時定の一か国を加えると惣領家としては約四分の一にあたる九か国の守護職を占めることになった。加えて、時宗派の金沢実政・貞顕、泰盛派と考えられる足利（吉良）満氏がそれぞれ一か国の守護職を得ている。幕府の命令を円滑に遂行することをねらったものであろうが、それは、北条惣領家の西国進出を印象づけるものになっている。

さらに幕府は、十二月初旬、来春三月頃に異国征討を行うための準備を西国の守護に命じている。総大将少弐経資のもと、本拠を博多におき、異国、おそらく高麗攻略を行おうと計画した。そのため、守護に管国内の動員兵力・武具・船舶などを報告させている。

要害石築地の築造

同時に、博多湾沿岸に防備用石塁の築造を進めようとした。もともと異国征討に参加できない者が石塁築造を行うことになっていたが、異国征討と同時に進めるのは難

表5 西国守護の交替状況

	国名	交替前の守護	交替時期と交替後の守護
西海道	筑前	武藤資能	建治元年(1275)頃⇒武藤経資
	◎筑後	北条(名越)時章⇒大友頼泰	建治3年(1277) ⇒北条宗政(時宗弟)
	◎豊前	武藤資能	建治元年(1275) ⇒北条(金沢)実政
	豊後	大友頼泰	⇒大友頼泰・親時父子
	◎肥前	武藤(少弐)資能	弘安4年(1281) ⇒北条時定(時宗叔父)
	△肥後	北条(名越)時章⇒武藤資能	建治2年(1276)前⇒安達泰盛
	○日向	北条(赤橋)義政	建治3年(1277) ⇒北条(赤橋)久時
	大隈	北条(名越)時章⇒公時	弘安5年(1282)前⇒千葉宗胤
	薩摩	島津忠義	文永9年(1272) ⇒島津久時⇒忠宗
山陽道	◎長門	二階堂行忠	建治2年(1276) ⇒北条宗頼(時宗弟)
	周防	大江(長井)泰重	建治2年(1276) ⇒北条宗頼(時宗弟)
	◎安芸	武田信時	正応6年(1293)頃⇒北条(名越)宗長
	備後	大江(長井)時広	文永元年(1264)後⇒大江(長井)泰重
	◎備中	?	建治2年(1276)前⇒北条時宗
	備前	佐々木信実	文永元年(1264)前⇒大江(長井)泰重
	○美作	北条時宗	正応5年(1292)前⇒北条貞時
	◎播磨	小山長村	文永末年⇒北条時宗⇒北条兼時(時宗甥)
山陰道	隠岐	佐々木泰清	弘安6年(1283)頃⇒佐々木時清
	◎石見	相馬胤綱	伊藤祐家⇒建治頃⇒(北条)武蔵式部大夫
	出雲	佐々木泰清	弘安6年(1283)前⇒佐々木頼泰
	◎伯耆	北条時輔	佐原頼連⇒ 弘安8年(1285)後(北条氏)
	因幡	?	元徳元年(1329)頃⇒海老名維則
	但馬	大江(太田)政直⇒政綱?	弘安8年(1285) ⇒大江(太田)頼政
	丹後	?	永仁元年(1293)頃⇒大江(長井)茂重
	○丹波	北条(佐介)時盛	建治3年(1277) ⇒北条(佐介)時国
南海道	○紀伊	北条長時	弘安3年(1280) ⇒北条(赤橋)久時
	淡路	長沼宗泰	正安元年(1299) ⇒長沼宗秀
	阿波	小笠原長房	(小笠原氏)
	讃岐	北条(伊具)有時	文永5年(1268)頃⇒北条(伊具)有時
	伊予	宇都宮頼業	(宇都宮氏)
	○土佐	北条氏	(北条時宗)
北陸道	○若狭	北条時宗	弘安8年(1285) ⇒北条貞時
	越前	後藤基頼	足利満氏⇒弘安8年(1285)後⇒後藤基頼
	○加賀	北条(名越)時章	乾元元年(1302)前⇒北条(金沢)貞顕
	○能登	北条(名越)時章	建治頃 ⇒北条(名越)宗長
	○越中	北条(名越)時章	弘安7年(1284)前⇒北条(名越)公時

◎北条氏が新たに守護となった国　○北条氏が守護を継続した国
△北条氏の姻族が守護となった国

しかったのであろう。異国攻略は中断され、石塁築造がいそぎ進められた。この築造は、沿岸をいくつかの地域に分け、九州諸国に分担させたのである。

この負担は、支配者の田地の広さに比例して割り宛てられ、田一反（約十アール）につき一寸（約三センチメートル）が基準になっている。したがって、田地十町（約十ヘクタール）の支配者は約三メートル余を築造することになる。この石塁工事の負担を要害石築地役（ようがいいしついじやく）という。

この石塁は、いまも博多湾沿岸のところどころに残されている。今でこそ海岸線から離れた内陸部で見られるが、かつては波打ちぎわにあったものである。発掘調査が行われ、海側の高さは二メートル余、内陸側は一メートル強、底部は三メートルにおよぶ。内陸部はなだらかな傾斜をつけているが、海側を切り立った状態にするとともに、砂浜に乱杭（らんぐい）がたてられた。

これら石築地役を含む異国警固番役は、モンゴルの再襲来を恐れた幕府によって継続され、幕府崩壊の後、応永（おうえい）十一年（一四〇四）頃まで続けられたという。もちろん、幕府はモンゴルの襲来に対する防衛に苦心し、その負担を御家人に求めただけではない。建治元年（一二七五）十月、異国合戦の勲功に対し、百二十人の報奨を行っている。

（四）弘安の異国合戦

フビライの使者

文永の合戦で元軍が撤退した後も、フビライからの使者は数度にわたって日本に派遣された。建治元年（一二七五）四月、杜世忠(トゥーシーチョン)を正使とする五人の使者は、長門国室津(むろつ)（山口県下関(しものせき)市）に上陸、その後、鎌倉に入った。しかし、数か月逗留(とうりゅう)された後、五人は龍口(たつのくち)で斬首された。フビライは、弘安二年（一二七九）にも服属を求めて使者を派遣したが、博多到着後、同じように斬首された。そのため、翌年、フビライは国内から兵員の動員を開始、弘安四年正月、先発隊を高麗に向かわせた。これに高麗軍が加わり、合浦で合流した軍勢は二万五千人、これに水夫が加わって四万二千人の大軍となった。これが東路(とうろ)軍である。

また、これ以外にも、一昨年滅ぼした南宋(なんそう)の軍勢約十万人を江南の慶元路(チンユアンルー)（後の寧波(ニンポー)）から出発させた。これが江南(こうなん)軍である。したがって、弘安の攻撃は、元・高麗連合軍の東路軍四万二千人、旧南宋軍を主体とした江南軍十万人、船舶四千四百艘という大軍であった。

東路軍来たる

五月初旬、合浦を出発した東路軍は、三日には対馬を強襲、十五日頃には壱岐を侵略。その後、主力軍は二十六日には博多湾に到着したが、文永の時と異なり、石塁の築かれた海岸は、たやすく東路軍が上陸するのを拒んでいた。そのため、東路軍は防備の弱いと思われた志賀島や能古島（いずれも福岡市）に移り上陸した。日本側もこれを奪還すべく、六月六〜八日には志賀島や能古島周辺の博多湾ばかりか、志賀島では地上戦もくり広げられた。『蒙古襲来絵詞』で知られる竹崎季長が戦ったのも、このときであった。

日本側の夜襲もあったようである。九州の御家人草野経永らは、小舟に郎従らを分乗させて夜襲をこころみた。敵船に乗り移り、船に火を放って引きあげたが、その戦いぶりは、ほかの武士にも踏みきらせた。しかし、その後は元軍も用心して石弓などで迎撃したため、沈没する小舟も多かったらしい。このように、武士がわずかな部下とともに元の船を攻撃する例は多くみられたのではないか。かれらは、軍功によって恩賞が期待できると信じていたのである。

さらに六月前半、元軍は三百艘の軍勢でもって長門国を攻撃した。

六月下旬になっても、大規模な合戦がくり広げられたが、日本側は志賀島を奪還することはできず、かえって反撃をゆるしたらしい。もっとも、九州本土に上陸できない東路軍に対し、日本側は二十九日から七月二日にかけ、武器や食料を補給する兵站（へいたん）基地ともなった壱岐島を攻撃した。「壱岐嶋合戦」であるが、決定的な勝利でもなく、なかば膠着（こうちゃく）した状況が続いた。

暴風雨と元軍の弱み

ところで元軍の主力である江南軍が慶元を出発したのは、六月十八日頃であった。七月始めには肥前国平戸（ひらど）島（長崎県平戸市）に着き、十五日頃には鷹島に到着したようである。これに東路軍の一部が合流したが、二十七日夜から明け方にかけて鷹島の江南軍を日本側が攻撃、激しい戦いが展開された。

それから四日後の閏（うるう）七月一日、前夜からの暴風雨が鷹島沖の江南軍船を沈没させ、さらに志賀島の東路軍に大きな被害を与えた。服部氏は、鷹島で沈んだ船を二十隻前後と推定し、江南軍四千余隻という通説を否定する。「大明浦」＝志賀島でも東路軍は壊滅的な被害を受けた。

『蒙古襲来絵詞』によれば、五日になって幕府の使者と竹崎季長たちは会談、肥前の御家人が「鷹島の西の浦より破れ残り候船に、賊徒数多混み乗り候を、払い除けて、然るべき者どもと覚え候（を）乗せて、早逃げ帰り候」と報告したように、おそらく三日には元軍の総司令官范文虎（ファンウェンフー）が「堅好」の船に乗って逃亡していた。その後、元軍追撃の軍勢派遣が決まり、夕刻には志賀島を中心とする博多湾の元軍を攻撃したようで、七日には鷹島でも合戦がおこなわれた。豊後国の御家人都甲惟親の上申文書にある「弘安四年後七月七日肥前国鷹嶋蒙古合戦」である。もっとも、暴風雨の被害を受けたのは元軍だけでなく、日本側でも相応の被害があったはずだから、全軍総出撃だったとは思われない。

なお、服部氏は『高麗史』の「東征軍九千九百六十名、梢工水手一万七千二十九名、其の生還者は一万九千三百九十七名」という記述から、七十二％という高い帰還率を導きだし、江南軍との被害の差は、船の堅牢性が一つの理由と指摘する。

かつて黒田俊雄氏は、遠征軍の中心が元軍ではなく、高麗軍や旧南宋軍といった服属した軍勢であったという軍構成上の弱さを指摘した。加えて、首脳部のあいだに対立がみられ、統一を欠いていたこと、強制的に建造された船舶が構造上の欠陥をもっていたことなど、人為的原因がその根底にあったと指摘する。

いずれにしても、元軍敗退の報せは、十四日、京都に伝えられた。

（五）モンゴル襲来と鎌倉御家人

文永・弘安の二度にわたるモンゴルの襲来も、結果的には撤退させることができた。しかし、この事件が社会におよぼした影響は大きかった。ここでは、本書の主題に即して武士社会への影響を中心に略述しておこう。

この二度の襲来を撤退させることができたものの、フビライによる遠征計画はこれにとどまることはなかった。弘安七年（一二八四）の秋頃、ふたたび遠征計画が立てられ、その準備が始められた。しかし、弘安九年正月、元領の南端、ベトナムの各地で反元の蜂起（ほうき）が続発、ついにフビライは日本遠征をあきらめざるをえなかった。

だが、日本の朝廷や幕府は、元の遠征中止を確認することもできず、元の再襲に厳戒態勢を続けなければならなかった。そのため、それまで幕府の支配がおよばなかった公家領や社寺領に対する支配が拡大されていった。しかし、厳戒態勢を維持させるためには、九州に所領をもつ御家人を下向させる必要があった。もちろん、東国の御家人が西国に移住する例は、これ以前からみられる。河合正治（かわいまさはる）氏が、東国の所領が狭かったこと、頼朝の死後に続発した鎌倉の争乱からの逃避などの理由を指摘している。さらに拡大・強化される北条氏権力からの逃避などもあり、西国ばかりか奥羽の地への移住が展開されたのである。この傾向に、モンゴル襲来という外圧はさらに拍車をかけたことになる。

庶子家の自立

この御家人の下向・移住は、武士団内部における庶子家の自立を進めることにもなる。元軍の攻撃に、武士が一命を懸けて戦功に励んだ結果、新たに得た所領に庶子家が移住し、あるいは惣領の指揮を離れて守護に直属する庶子も現れた。しかも幕府は、庶子家の自立を認め、惣領・庶子をそれぞれ別個の御家人として負担を賦課することもあった。

また、惣領・庶子にかかわらず、戦功をあげた者には勲功賞が与えられた。ところが、庶子家の自立傾向は、所領支配をめぐって惣領家あるいは一族内の訴訟を増加させた。もともと九州各国の守護は下級裁判権を与えられていたが、九州の御家人は最終判決を求めて、六波羅や鎌倉に赴く者も多かった。

そこで幕府は、異国警固に専念させるため、弘安七年（一二八四）、訴訟機関を設置した。すなわち、九州を三分し、各国の守護と鎌倉から派遣された奉行人が、ともに管内三か国の訴訟を担当するものであった。ところが、各国守護はその就任している守護国とは異なる国々を担当するようになっており、加えて鎌倉から派遣された奉行人との齟齬（そご）も生まれ、充分に機能することができなかった。

そのため幕府は、弘安九年（一二八六）になって鎮西談義所（ちんぜいだんぎしょ）を博多に設置し、少弐経資・大友頼泰・宇都宮通房（うつのみやみちふさ）・渋谷重郷（しぶやしげさと）の四人が合議して裁決を下すことにした。その後、永仁元年（一二九三）、北条兼時（時宗の弟宗頼の子）・同時家（名越時章の孫）が派遣され、鎮西談義所にかわって九州管内の訴訟を担当することになった。しかし、かれらも最終的裁決権は与えられていなかった。永仁四年、北条実政（金沢流）が下向、同七年には鎮西評定衆・鎮西引付衆が配置されて最終採決権も与えられ、鎮西探題として機能することになった。

二　安達氏と鎌倉幕府

(一)　源家と安達氏

安達盛長と頼朝

安達氏の出自については、不明な点が多い。『尊卑分脈』によれば、藤原北家(ほっけ)の系統ということになるが、確証はない。さらに、盛長の甥(おい)として記載される外嶋遠基(としまとおもと)は、平治の乱に源義朝の郎従として従軍した足立遠元(あだちとおもと)と同一人物と考えられる。しかし、遠元は、十世紀中ごろ、武蔵国の在庁官人にして足立郡司でもあった武蔵武芝(むさしのたけしば)の子孫とも伝えられる。したがって、盛長も武蔵国に関係ある者ということになるが、これも確証はない。

ただ、第一章図3に示したように、盛長は頼朝の乳母(めのと)比企尼の娘と結婚したことが知られる。この婚姻が要因となってか、伊豆国に流されていた源頼朝に側近として仕えたことは『吾妻鏡』に詳しい。

治承四年（一一八〇）六月、以仁王・源頼政による平家打倒の蜂起が失敗して後、頼朝が近辺の旧家人を集結しようと派遣した使者が、盛長であった。また、山木兼隆を急襲した後、頼朝にしたがって石橋山に進み、敗れた後もほぼ行動をともにし、房総半島にわたると、千葉常胤のもとに派遣された。頼朝が鎌倉に入って後、盛長は甘縄に屋敷を構えたが、その後も甘縄邸は、安達氏代々の居宅として利用された。

元暦元年（一一八四）七月、渋谷高重が支配する上野国黒河郷（群馬県富岡市）に国府の使者が入ることが禁止され、年貢は領主に直接納入することという命令が頼朝から下され、盛長に伝えられた。また、文治二年（一一八六）八月、小御所の東が修理されたが、その費用は上野国に賦課されたもので、やはり盛長が担当している。さらに建久五年（一一九四）十二月、盛長の甘縄邸に入った頼朝は、盛長に対し奉行する上野国内の寺社を管領するように命じている。『吾妻鏡』は、このような盛長の立場を「国奉行人」と記している。

佐藤進一氏は、上野国の守護と考えられる比企能員に対し、盛長の立場は従来の国衙の役人にとってかわるべきものであり、国内の公領からの徴税事務を担当するものと考えられ、その後、石井進氏は比企氏と盛長の婚姻関係から、両者が分業関係にあったと理解する。さらに伊藤邦彦氏は、比企能員の殺害後、比企氏の担当していた検断業務が安達景盛（盛長の子）に与えられ、以後、安達氏の滅亡まで継承されたが、安達氏は、幕府法上の守護でなかったとも指摘する。この点については、後に詳述したい。

上野国の守護に深入りしたが、盛長の時代にもどる。盛長は、文治五年（一一八九）の奥州合戦（平泉侵攻）、翌年および建久六年（一一九五）の頼朝上洛にも供奉するなど、北条時政や千葉常胤・三浦義澄とならんで、幕府の草創に大きく寄与した人物であった。

さらに娘を、頼朝の異母弟範頼と結婚させ、源家との結びつきを強めた。建久十年（正治元年・一一九九）正月、頼朝が急死すると、出家して蓮西と号したが、その晩年には三河国の守護職にも任命されている（国奉行人との説もある）。その女婿範頼が三河守であったことを考えると、国府の一般行政と守護の警察機能が、範頼・盛長によって統一的におこなわれていたことがわかる。

盛長・景盛と頼家

盛長の立場は、頼家の時代になっても変わることなく、頼家への訴訟上申制がスタートしたときも十三人の一人に加えられている。ところが、その直後、頼家と盛長の子景盛とのあいだに諍いが起こった。正治元年七月、三河国で室平重広が数人の盗賊を語らって濫妨をはたらき、往来の庶民が迷惑しているとの連絡が鎌倉にもたらされた。そのため、重広らの濫妨を鎮めるべき命令が景盛に下された。しかし、景盛は、昨春、京都から呼び寄せた女性と離れることができず、派遣を固辞しようとした。だが、三河国の守護は父盛長であるため、やむなく鎌倉を出発した。

ところが、その留守中、頼家はこの女性を呼び出し、側近の小笠原長景邸に軟禁したのである。この女性に対する頼家の寵愛には並々ならぬものがあり、ついには幕府の北、「北向御所」に住まわせるまでになった。

八月になって、三河国から鎌倉にもどってきた景盛は、頼家の処置に大きな不満をもつことになった。ところが、この景盛の不満を、頼家に密告する者があらわれた。そのため、頼家は景盛追討を命じ、側近を安達邸に派遣したため鎌倉中が騒々しくなった。そこで、政子は安達邸に入り、さらに頼家に使者を送って景盛追討を思い止まらせたのである。

この事件は、頼家に対する不満を安達氏に植え付けてしまったらしい。頼家の側近梶原景時の追討に際し、盛長・景盛父子は和田義盛とともに強硬派のひとりとして行動している。その盛長も、翌年四月、六十六歳で没した。頼家の廃嫡と、安達氏との関わりについて詳細はわからない。しかし、頼家が修禅寺に幽閉された時、頼家が側近を召し出したい旨を政子に要請したところ、景盛はこれに強く反対している。あるいは、女性問題がいまだ尾をひいていたというべきだろうか。

安達氏から城氏へ

実朝の時代になっても、安達氏は幕政の中心的立場を強めていく。頼家幽閉の直後、鎌倉の寺社奉行が選任され、景盛は頼朝の墓所である法華堂を管轄することになった。また、景盛と北条義時との関係には、何やら深いものがあったらしい。元久二年（一二〇五）、時政失脚の直後、義時亭で平賀朝雅の追討を含む善後策が評議されたが、参会したのは大江広元と景盛の二人だけであった。その後も、北条義時・大江広元・景盛が重要案件を評議する事例はきわめて多い。

承元四年（一二一〇）九月、頼朝に敵対した故足利忠綱の上野国内の遺領を調査し、幕府に報告したのは景盛であった。おそらく、父盛長の上野国奉行人を継承し、比企氏の滅亡後は、比企氏が任命されていた守護にも任命されたのであろう。

建保六年（一二一八）三月、景盛は出羽城介に任命された。奈良時代、天平五年（七三三）、朝廷は蝦夷対策のひとつとして、出羽国に秋田城を築いた。しかし、出羽国府は、秋田城の南、現在の山形県酒田市にあったため、国守が秋田城の警衛に専念できなかった。そこで宝亀十一年（七八〇）、国司の一人が警衛を担当することとなり、さらに平安時代末期になると、出羽介がこれを兼務するようになった。そのため、出羽介で秋田城を警衛することから、出羽城介あるいは秋田城介と称されるようになった。
その後、平維茂の子孫が世襲し、城氏を称した。城氏は、鎌倉幕府の成立過程で没落するが、この秋田城介は当初から武門的性格が強く、武家の名誉職としても存在した。したがって、景盛が秋田城介に任命されたことは、武門の家としての名誉を得たばかりではなく、御家人として国司に任じられ、形式上は北条氏と同格になったことを意味した。以後、安達氏は秋田城介を世襲し、ときに城介氏とも称されるようになる。

建保七年(承久元年・一二一九)正月、将軍実朝が暗殺されると、景盛はその死を悲しみ、翌日出家し、大蓮房覚智と号した。高野山に入って高野入道ともよばれた。

(二) 安達氏と北条氏

景盛と泰時

出家して高野山に入った覚智(景盛)ではあったが、承久三年正月には鎌倉に戻っていたらしく、承久合戦には、東海道軍の大将軍北条時房に属して上洛した。京都にあって覚智は、京方の軍兵が栂尾に遁れたため、追って捜索を行おうとした。だが、明恵上人の拒絶にあうと、かえってその軽率な行動をわびるとともに、その後は明恵上人に深く帰依したといわれる。北条泰時が明恵上人に帰依し、施政上多くの影響を受けたことはよく知られるが、この明恵上人への帰依がきっかけとなり、覚智が泰時と緊密な関係になったとは、安田元久氏の指摘するところである。

覚智の娘（後の松下禅尼）は、泰時の長子時氏と結婚、そのあいだには経時・時頼・時定らが生まれた。その後、経時・時頼は相継いで執権に就任したため、覚智の立場は北条氏に密着したかたちで幕政上に確立したと思われる。もっとも、覚智は日常的には高野山にあって『吾妻鏡』にも現れないが、重大な事態が発生した時、現れて幕府の諮問に応じている。

覚智の子義景が誕生したのは、承元四年（一二一〇）であり、安貞元年（一二二七）以降『吾妻鏡』に散見する。当初はこれといった事例もみられないが、嘉禎三年（一二三七）十一月、出羽介に任命されるとともに、秋田城務を勤むべき宣旨が下された。さらに、延応元年（一二三九）には評定衆に選任され、幕政に加わるようになった。しかし、このころの義景が幕政の中枢を占めていたとは考えられず、ほかの評定衆との違いはほとんど認められない。

引付頭人義景と時頼

仁治三年（一二四二）に執権北条泰時が没し、経時・時頼が執権職を継承すると、執権の叔父ともなった安達義景の幕政上の重要度も増してくる。とくに、寛元四年（一二四六）、前将軍頼経を中心とする反時頼クーデターに際しては、北条政村・実時とともに時頼邸で行われた「内々の御沙汰」に加わり、重要案件を評議している。翌宝治元年四月、高野山から鎌倉にもどった義景の父覚智は、連日のように時頼と談合を重ね、また、義景および孫の泰盛に対し、三浦氏の排除と安達氏の発展を説いた。

　宝治の三浦合戦については、第六章で詳しく述べたが、三浦氏の権勢強化に対し、安達氏と姻族北条氏の将来を考え、三浦氏追討の主導的役割をはたしたのが、この覚智であった。なお、三浦氏が滅んだ後、覚智はふたたび高野山にもどり、翌年五月に没した。

　幕府草創以来の有力御家人が相次いで没落するなかで、北条氏と結んだ安達氏はその権勢を強めていく。建長四年（一二五二）四月、義景は五組に編成された引付衆の五番頭人（とうにん）に就いた。一番頭人は北条政村、二番頭人は同朝直、三番頭人は同（名越）時章、四番頭人は二階堂行盛（政所執事）であるから、幕政における中心人物の一人と考えてよい。翌年五月、出家して願智（がんち）と号した義景は、翌月三日、四十四歳で没した。

泰盛と時宗

義景の子泰盛は、寛喜三年(一二三一)、小笠原時長の娘を母として生まれた。寛元二年(一二四四)、「番頭」として上野国の大番衆とともに上洛していたという『吾妻鏡』の記事が初見である。すなわち、大番役勤仕のために在京していた新田太郎が、六波羅探題ならびに「番頭」泰盛に連絡せず、にわかに出家したため、所領を没収されたのである。「番頭」は、大番衆の大番役勤仕について責任を持っていたのである。

これについて伊藤邦彦氏は、泰盛が守護でなく「番頭」と記されたのは、幕府法上の守護職に任命されておらず、したがって大番役催促の権限が無かったため、今回、新たに付与され「番頭」の名称が用いられたと指摘する。だが、明確に守護と記された史料を確認できない上野国では、誰が大番役を催促したのであろうか。これ以前、「国奉行人」として国務・検断沙汰を担当していた父義景が大番役を賦課し、泰盛が大番衆を引き連れて上洛したと考えるべきであるから、大番催促権を行使した義景を「守護」と理解できよう。

建長三年(一二五一)五月、甘縄にある祖母松下禅尼邸で誕生した時宗(幼名正寿)元服の儀が康元二年(一二五七)二月に行われた際、泰盛は烏帽子を持参する役を務めている。建長五年六月、父義景の死後、その権力基盤を受けつぎ、十二月には舎兄頼景とともに引付衆に選任され、翌年十二月、秋田城介に任命された。その後、泰盛は康元元年（一二五六）四月、引付の五番頭人に就くと、六月には評定衆に加えられた。また、文永三年（一二六六）六月十九日の寄合には、北条政村・同実時とともに出席している。

さらに泰盛は、弘長元年（一二六一）、養女として育てた異母妹（堀内殿）が時宗と結婚、北条惣領家との関係を強めたが、時宗十一歳、堀内殿十歳というまさに政略結婚であった。文永八年には嫡子貞時が誕生した。泰盛自身も重時の娘と結婚しており、北条（金沢）実時の嫡子顕時（評定衆）と結婚した娘もいた。泰盛は、建長五年から、建治元年（一二七五）に実時が六浦（神奈川県横浜市）に籠居するまで、引付衆あるいは評定衆として評定ばかりか寄合にも同席していた間柄でもあった。さらにその兄弟は、北条政村のほか、官僚系御家人、とくに二階堂氏や大江氏との婚姻も確認できる（図11）。

安達一族で評定衆、あるいは引付衆に選任されたものは多く、泰盛を中心として、常態的に三名前後が評定衆や引付衆に就いており、子息宗景が秋田城介を継承した弘安五年（一二八二）以降、評定衆・引付衆におのおの二人が加わっている。

なお、正嘉元年（一二五七）三月、丹後守に任命された泰盛の舎兄頼景は、弘長三年（一二六三）六月に上洛、その後、文永九年二月、六波羅探題北条時輔に味方したためか、関東に召還され所領を没収された。兄でありながら弟泰盛が秋田城介を継承し、安達氏の惣領となったことに対する不満があったのであろう。頼景は、正応五年（一二九二）に没したが、その政治生命は文永九年にすでに失ったとみてよい。

こうした婚姻関係が、すべて安達氏に有利に作用したわけではなかったが、安達氏の権勢を考えるひとつの目安とはなる。少なくとも、執権時宗、連署政村および実時の姻族として、あるいは幕府の有力者として、泰盛は幕政の中心を占めていたのである。

評定の形骸化

泰盛とその関係者が多数を占める幕府首脳であるが、実際の幕政運営はどのように進められたのであろうか。『吾妻鏡』が文永三年（一二六六）で途切れているため、問注所執事でもあった三善康有（やすあり）が自らの日記を抄出した『建治三年記（けんじさんねんき）』をみてみよう。もっとも、同書は建治三年の六十八日分しかなく、しかもきわめて簡潔である。そのため、運営の経過に関する記述はきわめて少なく、決定事項のみがこれまた簡潔に記載されている。しかし、七月十九日条には、相太守（そうたいしゅ）（北条時宗）、武州（北条宗政・時宗弟）、駿州（北条義宗・長時子）、越州（北条業時（なりとき）・長時弟）、前武州（北条宣時（のぶとき）・朝直子）、城務（安達泰盛）、佐対（佐々木氏信）、康有（三善）、佐中書（佐藤業連（なりつら））、玄蕃（三善倫経（ともつね））による評定が行われたことが記載される。執権時宗と評定衆による評定

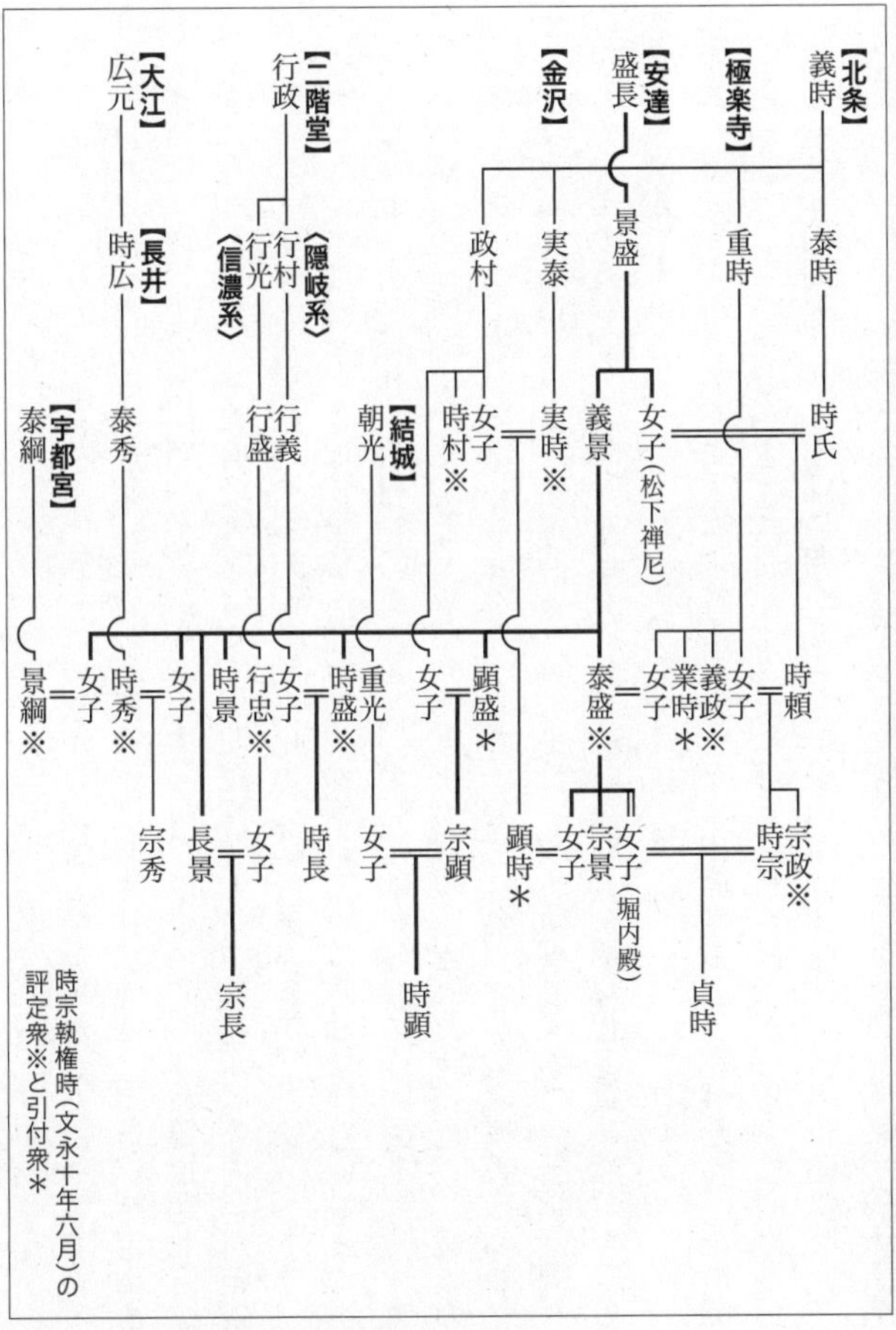

図11　安達氏の婚姻関係(『尊卑分脈』等に拠る)

である。

連署義政は、四月に病により出家しているから出席しなかったことは理解できるが、翌月遁世して信州善光寺に逐電、そのため所領を没収されている。また、評定衆筆頭の北条時村（政村子）も出席しなかったが、十二月には上洛して六波羅探題北方に就くことになっていた。その直前の寄合で、六波羅探題として執務すべき内容が報告されている。モンゴル再襲に対する防衛体制強化の一環であろうか。

それにしても注意すべきは、全ての評定衆が参席しているわけではないことである。たとえば、北条公時は四番引付頭でもあるが、名越系北条時章の子である。文永九年二月、時宗の舎兄時輔排除に関連して弟教時とともに殺害された時章は、時輔への関与が誤りであったことが発覚したものの、その子公時に至っても、名越系への疑念がまったく氷解していないことを推測させる。また、政所執事でもある二階堂行綱と弟行忠、従兄弟の行有、大江時秀なども加わっていない。一部の評定衆との、きわめて恣意的な評定でもある。

なお、評定が開催されたことは他にも見えるが、出席者の名は記載なく、その開催日も定期的ではない。しかも、八月二十九日に評定が行われたが、康有は時宗から呼び出されて「山内殿」＝山内邸に向かうと、一番引付頭宗政、二番引付頭宣時、三番引付頭業時という人事異動と当人への伝達、さらに人員不足の問注所に、召人五名、合奉行三名の増員を命じられている。どうやら、時宗は評定には参席せず、問注所執事康有を山内邸に呼び出し決定事案を指示したのである。康有は、時に応じて山内にある時宗邸に呼び出されているが、直接、時宗から指示されることが多かったのである。

時宗直裁の御恩沙汰

ところで、『建治三年記』六月十六日条には、次のような記事が載る。

諸人官途事、自今以後、評定の儀を罷め、御恩の沙汰に准じ直に聞し食され、内々に御計らい有るべきの由、定められおわんぬ。（下略）

この条文は追加法四七八条として知られるものであるが、諸人＝御家人が官途＝官職に任命されることについて、評定の場で決めることを止め、「御恩の沙汰」に准じて、直接お聞きになり、内々に対応することが定められたというものである。

この条文について細川重男氏は、直に聞いて判断するのは、将軍惟康でなく時宗であること、「御恩の沙汰に准じ」とあるから、これ以前、「御恩の沙汰」は時宗あるいは得宗が裁許していた点を重視する。わかりやすくいえば、「御恩の沙汰」とは御恩を与えて主従関係を結ぶ行為であり、この関係を通して幕府＝将軍はかれらを支配したというものである。佐藤進一氏が提唱した学説で、学術用語的にいえば主従制的支配権といい、統治権的支配権とともに将軍の権力を構成していた。この将軍の権力を、執権ないし北条氏が徐々に簒奪していくのであるが、その簒奪する過程が執権政治や得宗専制といわれる政治体制が確立する過程でもあった。したがって、その時期をいつと考えるかは、鎌倉幕政史、あるいは鎌倉期の国制史を考えるうえで重要な要因となった。

元に戻ろう。細川氏は、時宗が「御恩の沙汰」の直裁権を手にした時期を特定できないとしながらも、宗尊親王の帰洛以後、その後を継承した惟康もいまだ三歳という、実質的に「将軍権力の空白」時期を想定した。さらに、すでに述べた引付制廃止による重要案件の「直聴断」システムを経て、建治三年五月の連署義政逐電から、弘安六年(一二八三)四月の業時連署就任までの六年間、時宗は単独執権体制をとり続けるなかで、幕府の全権力を手に入れ「鎌倉政権の独裁者の地位」に就いたと評価するのである。

この建治~弘安年間に時宗が権力の集中をはかったこと、それこそ得宗専制の時代と考えることなど、首肯すべき点は多い。もっとも、一つの政治体制の成立時期を特定の限られた時間に設定することは難しく、それぞれの考える執権政治や得宗専制体制の本質をどこにおくかによって多くの見解が乱立しているのが現況といえよう。それは、論者の考える指標によってさまざまな時期が設定されている鎌倉幕府の成立時期も同じであり、歴史研究の面白さでもあるのだが。

寄合——御内人の幕政参加

『建治三年記』によれば、寄合は時宗の山内邸で開かれたが、時に応じて安達泰盛、三善康有、佐藤業連（以上評定衆）のほか、平頼綱・諏訪真性（盛経）が加わったことが載る。平頼綱は、祖父盛綱が承久合戦に際し北条泰時に従い上洛したことがきっかけとなって、北条氏の「家務条々」制定を家令尾藤景綱とともに命じられるなど、徐々に被官化していったものと思われる。細川重男氏は、盛綱についで子息盛時もまた侍所所司に就いたとするが、史料等に明示されているわけではなく、その職務実態からの類推である。もっとも、北条氏の公文所から発給される下達文書に上位に署判することが多く、少なくとも北条惣領家の上席被官として行動していたことは確認できる。その盛時の子が頼綱と考えられており、その妻は貞時の乳母となっている。

また、諏訪真性は信濃国の諏訪大社上社の大祝家（神職家）の出身と思われ、その一族は諏訪あるいは神・金刺を称する場合もあった。どのようなきっかけで北条氏の被官に組み込まれたのか明らかではないが、承久合戦に諏訪大祝盛重の子信重が小笠原勢とともに出兵している。さらに、寛喜二年（一二三〇）二月、鎌倉中が騒動し、武装した多くの武士が泰時邸に競い集まったため、盛重や尾藤景綱、平盛綱とともに郎従を率いて稲瀬川方面に誘導するということがあった。おそらく、この時点で、盛重は泰時の被官として行動したのであろう。盛重と真性（盛経）の関係はわからないが、「盛」の字を共有していることから、近しい関係にあったことがうかがわれる。真性の子宗経（直性）もまた北条氏の被官として、その妻は貞時の娘の乳母となっているが、「宗」の一字は時宗から与えられたものであろうか。

平氏や諏訪氏を詳述しすぎたが、すでに泰時の時代、家令を任命し「家務条々」を制定する時、被官を重視しなければならなかったが、時頼の時代になると「深秘の沙汰」（後の寄合）に被官が加わる事例も確認されるようになる。それは、情報の管理強化でもあったが、外部に対して不透明さを増したことでもあり、権力者の独断・専制化が進むことにもなった。その結果、北条惣領家の権力を維持しようとする人材の範囲も限定的とならざるをえず、婚姻や乳母関係が重視されることになる。しかも乳母を選ぶ範囲も狭められるから、どうしても被官を重視せざるをえなくなるのである。

かれら北条氏の被官は、一般御家人＝外様に対して、御内人とよばれた。しかし、御内人のなかには御家人でありながら北条氏に伺候するものや、御家人の庶子家（分家）が被官として組み込まれたものなど、きわめて多様であった。かれらは、北条氏の権勢が増すにつれ、執権あるいは後に得宗と称される北条惣領家の家督との個人的な関係を強めたから、その発言力は無視できなくなっていった。とくに時宗期以降、御内人の影響力はさらに強まり、徳治二年（一三〇七）頃には、鎌倉在住の御内人は九十余氏にもなっていたといわれる。

定例化する「寄合」

そして、このころから「寄合」が定例化して、北条惣領家の家督を中心とした身内的政治体制が確立してくる。奥富敬之氏によれば、建治三年（一二七七）以前から、五日ごとに開かれる定期的な寄合になっていた。『建治三年記』によれば、寄合に常席できたのは、時宗は当然として、安達泰盛などごく一部の人びとであって、そのほか臨時に出席して特定の案件を評議する者がいた。この常席者が、後に「寄合衆」というかたちに制度化されていく。また、その評議内容も、時頼時代の重要政務と異なり、日常的なものが多くなり、寄合そのものが定例化された日常的会議となっていった。

この寄合の日常化は、それまで重要案件を担当してきた既存の制度を有名無実化させていく。佐藤進一氏は、評定衆の低年齢化を指摘した。もともと評定衆は公正な評議を行うものであるから、豊かな経験が求められる。しかし、若年層の増加は、過去の案件に対する認識ばかりか経験値も少なく、結果的にその機能を低下させた。

現在の法体系は、最新の刊行物（たとえば『六法全書』の最新版）を見ることによって知ることができる。ところが、前近代にあっては、過去の法令や判例がまとめられることはきわめて少なかった。事例としてはかなり遡るが、律や令が修正されて格が発令されるが、律令の本文が削除されて新しい内容に変わることもなかった。まして、施行細則ともいうべき式も律・令の本体に組み込まれることはなかったから、現今の修正された法体系を知るためには、過去に出された格・式のすべてを確認する必要があった。そこで、それまで発令された格・式が、平安時代初期、いわゆる三代格式（弘仁・貞観・延喜の格・式）として編纂され、さらに分類されて『類聚三代格』ができあがったことは、高等学校日本史Bの教科書でもかならず学習する内容である。

幕府の法令についても、基本的には同じように考えられる。『貞永式目』の後に「発令」された追加法は『貞応弘安式目』や『新御式目』のように、ある程度の条数からなるものもあるが、個別に下された裁許状（下知状）が判例となったものも少なくない。それらのすべてが網羅された追加法令集のようなものが存在しないため、同じ内容を含む追加法が再度下されることさえあった。したがって、一般御家人はもとより、幕府の法曹官僚さえ、最新の現行法令を体系的に知ることはきわめて困難であった。すべての追加法や判例が網羅されていない環境のなかでは、どのような先例が下されたかは、経験知による範囲が大きくなることを意味する。

これは引付衆にもいえることで、たとえば、引付衆を経験することなく直接評定衆に就任する、あるいは引付衆に就任した直後に評定衆に進む例もあらわれてくる。いずれにしても、評定衆や引付衆に職務遂行が期待されなくなると、それらの職務が結果的に「寄合」に求められるようになる。そこに専制化の兆しがあった。

泰盛の松岡邸

ところで、弘安八年（一二八五）に発生した「霜月騒動」に関する史料「安達泰盛乱聞書」によれば、泰盛は「松か上」から塔ノ辻の屋形に移り、貞時のもとに向かったという。この「松か上」は「松が丘」あるいは「松が谷」であろうが、円覚寺の真向かいにある東慶寺（とうけいじ）の山号松岡山から、その周辺と思われる。東慶寺の開山は、安達泰盛が養女にした実妹（堀内殿、覚山尼（かくさんに））であり、時宗と結婚して貞時が誕生したことはすでに触れた。

しかも、時宗が三善康有を呼びつけて沙汰したのが「山内殿」であったが、その所在地は、時頼が住んだ山内荘の「最明寺御亭」との関連が考えられる。最明寺は、時頼の没後に廃れたものの時宗が再興したようで、『本朝高僧伝』蘭渓道隆（らんけいどうりゅう）伝に「時宗、禅興寺（ぜんこうじ）を開きて居す」とあるから、引き続き最明寺＝禅興寺を居宅としたのであろう。最明寺が円覚寺の右隣にあったことは、建武（けんむ）元～二年（一三三四～三五）に作成されたという「円覚寺境内絵図」から確認できるが、それは東慶寺（泰盛の松が丘邸）の真向かいにあった。泰盛は、時宗の住む山内邸の真向かい「松か上」に住み、「寄合」に参会していたのである。

泰盛の権力基盤

幕政に関与するようになった御内人に対し、泰盛はどのような対応をしたのだろうか。実は、泰盛の政治基盤もかれらとあまり変わらなかった。

安達氏と北条氏を中心とした姻戚関係は前掲の図11で確認されたいが、泰盛は執権時宗の従叔父（じゅうしゅくふ）（五親等の傍系血族）として、さらに養女（後の堀内殿）が時宗と結婚すると岳父（がくふ）（舅（しゅうと））として、そして北条一族の姻族として幕政に加わったのである。しかも、安達一族の婚姻関係は、北条一族ばかりか伴野（ともの）氏、さらに大江氏・二階堂氏という官僚系御家人とも結びついており、時宗の舅という立場だけでなく、幕政の多様な有力者との婚姻関係も泰盛の政治力を増幅させる要因になったと思われる。

こうした幕政内のネットワークを背景に、文永三年六月の「深秘の御沙汰」に加わり、重要案件の処理に当たったのであろう。しかも、「深秘」であるがゆえに情報の隠匿・管理をもたらすことになり、その直前に行われた引付制廃止にともなう重要案件の直裁が早々に現実化したものと理解できる。

泰盛の施政と御内人

しかし、時宗の成長とともに、「深秘の御沙汰」＝寄合が常態化するばかりか、御内人も関与し始めるようになったことは、『建治三年記』の記述からすでに述べた。その一人が、貞時の乳夫（乳母の夫）でもある平頼綱である。乳母は、養君への授乳のみならず日常生活にも関与し、自身の子も同じ環境のなかで育てたから、乳母の子は養君とは乳母兄弟として日常生活を送ることになり、成長後も実の兄弟以上に強い関係が生まれることになった。したがって、岳父が外孫に対して影響力を行使できるのは幼少時であり、外孫が成長するに従い、乳母家の影響力が大きくなることは、源頼家・実朝兄弟に対する比企氏や北条氏の実例からも理解できる。

貞時の成長は、乳母頼綱の影響力を増すことになり、北条惣領家を基盤とするが故に、主導権争いの一面も加味され、その過程で、泰盛は御家人擁護の施策をとらざるを得なくなったとも考えられる。

従来、外様（御家人）を代表するが故に、泰盛は御家人の権利・立場を優先する施策を進めていったとする指摘がある。それは、文永のモンゴル合戦の戦功に関連して、肥後国の無足（所領を持たない）の御家人竹崎季長が鎌倉に赴き、恩沢奉行であった泰盛に戦功を報告、個人的に所領を与えられたという著名な史実によって、あたかも御家人擁護の施策を前提とした泰盛像がつくり上げられたとみることもできる。

したがって、御家人擁護の立場を取るようになった泰盛と御内人は、基本的に相容(あいい)れぬあいだであったが、時宗のもとで一応の均衡が保たれていた。ところが、弘安七年（一二八四）四月、時宗が三十四歳で急死したのである。十八歳で執権に就いて以来、外圧ときびしい内政のなかで、かれの心身はともに疲労困憊(こんぱい)の極(きょく)に達していたのであろう。

第八章

北条貞時と安達氏

一　貞時の政治

（一）執権貞時の政治

弘安七年の施政方針

時宗には、十四歳の子貞時がいた。時宗死後の七月、貞時は執権職に就き、連署業時が時宗に続いて貞時を補佐することになった。今、時宗の亡くなった弘安七年（一二八四）の評定衆と引付衆をまとめておこう。表6からは、評定衆に泰盛・宗景父子のほか姻族四人、引付衆に安達氏二人、大曾禰氏二人のほか姻族一人の総計十一人の多数をみる。しかも、安達氏の与党とみられる引付衆二人を加えると少なくとも十三人となる。実に評定衆の四割弱、引付衆の半数を占める。

※『関東評定衆伝』は弘安八年以降を欠いており、執権貞時以降の組織メンバーを知ることが容易ではない。本書では、佐藤進一氏『鎌倉幕府訴訟制度の研究』（岩波書店・一九九三）に収録される「附録　鎌倉幕府職員表復原の試み」（目黒書店版〈一九四六〉にはないので注意）お

表6　貞時執権就任時（弘安7年）の幕府首脳（『関東評定衆伝』に拠る）

執権	◎北条　時宗（4月卒）⇒◎貞時（7月任）
連署	北条　業時　　　　　　業時

評定衆	引付衆
北条　公時（二番引付頭・4月出家）	北条　宗房（4月出家）
北条　宣時（一番引付頭）	北条　忠時（10月卒）
◎北条　顕時（四番引付頭）	◎安達　長景（4月出家）
北条　時基（三番引付頭・4月出家）	◎安達　時景（4月出家）
北条　政長（正月加）	◎大曾禰宗長
◎安達　泰盛（五番引付頭・4月出家）	◎大曾禰義泰
◎安達　宗景（5月五番引付頭）	◎大江　宗秀
◎大江　時秀（4月出家）	二階堂行宗（4月出家）
◎二階堂行忠（政所執事）	○二階堂行景（4月出家）
二階堂行有（4月出家）	二階堂行頼（4月出家）
佐々木氏信（4月出家）	二階堂行藤
◎佐々木時清	佐々木宗綱
宇都宮景綱（4月出家）	○武藤　景泰
中原　親致（4月出家）	三善　宗康
三善　倫経（4月出家）	
佐藤　業連	

◎安達・大曾禰氏の姻族　○安達氏与党系

よび細川重男氏『鎌倉政権得宗専制論』（吉川弘文館・二〇〇〇）に載る「鎌倉政権上級職員表（基礎表）」・「寄合関係基本史料」・「表29　貞時政権上級職員年表」などを利用している。

ところで、貞時は泰盛の外孫であったが、同時に御内人平頼綱の妻が貞時の乳母であったから、御家人と御内人との緩衝帯ともなった。この間、泰盛は、頼綱との対抗上、この若い執権貞時のもと、御家人擁護の政策を進めていった。

五月二十日、泰盛が中心となって『新御式目』三十八か条が発令された。とはいっても、確認できるのは事書（綱文）だけで細かな内容はない。細川氏は、前半と後半に同じ内容の事書が載ることなどから、前半十八か条と後半二十か条に分けられる二つの法令群から成り立っており、前半は新執権（得宗）貞時が、後半は将軍惟康がなすべき施策を列記したものと指摘する。

しかし、前半・後半に区別することは容易ではなく、同じような内容が含まれることは、本来別個の法令と考えることが可能であり、一体の法令と考える必要もない。すなわち、それぞれ将軍および新執権が対応すべき施策として、時宗死後の弘安七年、二度にわたって発令されたと考えれば、同じ内容が含まれていても（短期間すぎるが）、類例のあることとして認められる。

なお、弘安七年には、『新御式目』三十八か条を含め四九一～五七七条にわたる計八十七か条が確認されている。その内容は多岐にわたるが、幕府の統治権強化を目指したものや御家人体制の維持を追求した施策であって、泰盛主導であったにせよ、貞時政権当初の施政方針とみることができる。

なお、六月三日に発せられた追加法五四〇・五四一条は、「河手（かわて）（河川通行料）」「津・泊・市津料（港湾使用料）」の徴収を禁じたものである。しかし、「河手」については、「御下知」＝時宗発給の関東御教書を帯びていれば認められていたもので（四八五条）、時宗の強い姿勢が感じられる。それが、五四〇条によって否定されたことは、時宗の施政を否定することによって、時宗のもとで政治的発言力を増した御内人を牽制することにもなった。

網野善彦氏は、御内人のなかには、みずから借上（金融業者）となって御家人から所領を買い入れたり、河手・津料の徴収に関与し、廻船貿易の利潤を収得する者が多かったから、河手などの徴収禁止や所領の無償回復は、御内人に大きな影響を与えたはずと指摘する。たしかに、借上を営むとともに、瀬戸内の海上交通の要港でもある播磨国福泊（兵庫県姫路市）を築港するなど、経済・流通システムに深く関わった安東蓮聖は、象徴的な御内人といえよう。

こうした追加法の制定が、御家人体制を維持しようとする泰盛グループが主導したことはいうまでもなかろう。それは、御内人ばかりか、御内人と連携する反泰盛グループの反発を招いたのである。

時房流北条氏の内紛と佐介家の没落

泰盛主導の幕政が進められるなか、六月、六波羅探題南方として在京中であった北条時国（佐介流・時盛の孫）は「悪行」を理由に鎌倉に召し出され、八月になって誅殺されるという事件が発生した。さらに時を同じくして、時国の伯父時光もまた陰謀が露見したとして、拷問ののちに佐渡に流された。『尊卑分脈』は、時光の兄朝盛に「配流」と記すが、あるいは時光の「陰謀」に関わったのであろうか。

なお、本郷和人氏は、『東大寺別当次第』（平岡定海氏所蔵）に、十月「二日　六波羅南方（時国）誅され了。物狂の間、祖母の結構（対策）としてこれを打つ。打手平左衛門尉（頼綱）」から、時国は御内人平頼綱によって討たれたと指摘した。さらに、渡邊晴美氏は、時盛に始まる佐介家と、朝直に始まる大仏家が時房流惣領家をめぐって対立したと指摘し、細川氏もほぼこれに同意する。一方、文永十年九月に評定衆となり、建治三年八月には二番引付頭人、さらに泰盛滅亡後の弘安十年八月、連署に就いた北条宣時（大仏家）に着目した山川智応氏は、頼綱の背後で泰盛打倒を画策した張本の一人と指摘している。それは、時房流北条氏の内訌に、泰盛・頼綱の確執をリンクすることによって、幕政内における路線対立が背景にあったことを想定させるもので、細川氏がいうように、弘安合戦の前哨戦と位置づけられる。

（二）弘安合戦

事件の顚末

弘安八年（一二八五）十一月、安達泰盛グループと御内人との対立は、武力衝突に発展した。いわゆる「霜月騒動」あるいは「弘安合戦」とよばれるこの事件に関する具体的な同時代史料は、次の五点（A～E）を数えるにすぎず、あとは後代の編纂史料である。なお、史料名は『鎌倉遺文』に拠っている。

A・安達泰盛乱自害者注文（『鎌倉遺文』一五七三四号）
B・安達泰盛乱聞書（『鎌倉遺文』一五七三五号）
C・安達泰盛乱聞書（『鎌倉遺文』一五七三六号）
D・安達泰盛乱聞書（『鎌倉遺文』一五七三七号）
E・安達泰盛乱自害者注文（『鎌倉遺文』一五七三七号）

史料Bによれば、十一月十七日午前十時頃まで「松か上」にいた泰盛は、その後、周囲が騒がしくなったため、昼頃、塔ノ辻（鎌倉市・筋違橋付近）の屋形に移り、北条貞時邸に出仕したが、おそらく御内人と戦い、死者三十名、手負い十名に及んだという。『鎌倉年代記裏書』同日条によれば、「合戦の日、余炎は将軍御所に移り、焼失」とあるから、貞時邸に隣接する将軍御所にも延焼したのだろう。

貞時邸・将軍御所が焼失するなかで、泰盛、嫡子城介宗景、弟時景・長景父子以下、討ち死に、自害するものは五百人に及んだという。さらに史料Eには、弟重景は常陸で、甥泰宗は遠江で、姻族伴野盛時も信濃でそれぞれ自害したとある。また、泰盛の子盛宗は「鎮西」岩門（福岡県那珂川市）の合戦で敗死したほか、武蔵・上野両国の御家人にも自害するものがいたという。

史料が少なく詳細は不明ながらも、鎌倉のみならず東国の各地や九州で多くの一族・姻族が殲滅されたため、討手側の周到な計画によって一斉に攻撃されたと考えられてきた。しかし、盛宗が岩門合戦で敗死したことは、肥後国守護であった父泰盛の代官として派遣されていたからであるが、重景や泰宗が自害したのが常陸国や遠江国であったことは、重景・泰宗が両国に赴いた何らかの事情を察知した討手側の攻撃と理解しなければなるまい。討手側の「周到な計画」に対応した、泰盛方の何らかの行動があったのであり、討手側の一方的な急襲ではなかったことになる。

では、その「何らかの事情」を考えるため、泰盛に与した人びとを考えてみたい。すでに用いた図11には、弘安合戦で敗死した人名もあるが、北条氏や二階堂氏との姻戚関係が泰盛に影響した痕跡はきわめて少ない。そのようななかで、北条（金沢）顕時が所領下総国埴生荘（千葉県成田市など）に配流された。また、顕盛は北条政村の女婿であるが、すでに弘安三年に没しており、その子宗顕は政村より一族泰盛との関係を優先、結果的に殺害されたとみることができる。また、二階堂氏との関係では、時盛の子時長や長景が泰盛とともに討ち死にしたが、時盛・長景の婚家は動いていない。二階堂氏では、懐嶋隠岐入道行景が討たれ、又従兄弟の行継が泰盛方に与したにすぎない。婚姻関係はほとんど泰盛に有効に機能しなかったのである。

ところで、史料A・C・Eによれば、伴野彦二郎が信濃国で自害したとあるほか、伴野一族のみならず小笠原一族や南部氏、殖田氏、「秋山人々」など、信濃国に関係する人びとが多い。

伴野氏は安達泰盛の母方の実家であるが、小笠原氏の一族で、『吾妻鏡』文治二年三月十二日条に載る「院（後白河）御領　佐久伴野荘」（長野県佐久市）を苗字の地とする。同書同年十月二十七日条の「（伴野荘）地頭加々美二郎長清」と同四年九月二十二日条の「（伴野荘）地頭小笠原次郎」は同一人物であるから、小笠原長清から子息時長に分与され、荘名を名のったものである。

また、泰盛の弟景村を『尊卑分脈』は大室三郎と記すが、この大室は、『吾妻鏡』文治二年三月十二日条の「左馬寮領　大室牧」（長野市松代町）に由来する。安達氏がいつ頃から大室牧を支配したか明らかではないが、信濃国との関わりを持っていたこともわかる。しかもその子三郎次郎義宗は、史料Eにある「城三郎次郎」に比定できる。そこで、これら信濃関係者をまとめると、図12のような系譜が確認できる。

小笠原氏の内紛

そこで長清の嫡子長経系をみると、長房の子・孫に、弘安合戦で殺害された二人が確認できるが、長忠の子孫にはみられず、しかも長氏に「伴野出羽守〈長泰〉誅さるの後、小笠原総領職を管領」(『尊卑分脈』)とある点に留意したい。すでに渡邊晴美氏は、小笠原一族の惣領であった伴野氏が滅亡することによって長氏が惣領職を得たとする。『長野県史・通史編二』によれば、長清の嫡子長経は、将軍頼家が選任した近臣ともいうべき五人の内の一人であったが、建仁三年(一二〇三)九月、頼家の廃嫡と比企一族の討滅に際して捕縛され、所領を没収、流罪に処せられたという。これに対して、その弟時長および嫡子時直は、小笠原を冠して『吾妻鏡』に記載され、大井荘(長野県佐久市)を支配した弟朝光は大井で記されている。この違いは、「この時期の小笠原一族を代表する惣領が時長の系統であったため」とする。

しかし、長経は、貞応二年(一二二三)五月段階で阿波国の守護として在職していたことが確認され、伊藤邦彦氏は『尊卑分脈』を根拠に、嫡男長房を経て、幕末まで小笠原氏が継承したと指摘する。したがって、「小笠原系図」が比企氏滅亡に関連して長経が「暫く籠居」したものの、承久合戦で父長清に従い「武力の誉れ」を顕したことによって阿波国守護として復活したのであり、弘安八年当時、長経系が小笠原一族の惣領であったと考えてもよいのではなかろうか。

また、伴野荘を支配する伴野長泰は、鳴海氏とともに小笠原氏からは自立した御家人であるから、小笠原氏の「総＝惣領職」は存在しても小笠原一族の惣領職は存在しない。そのため、小笠原氏の惣領が伴野氏や鳴海氏を動員・督促することもできない

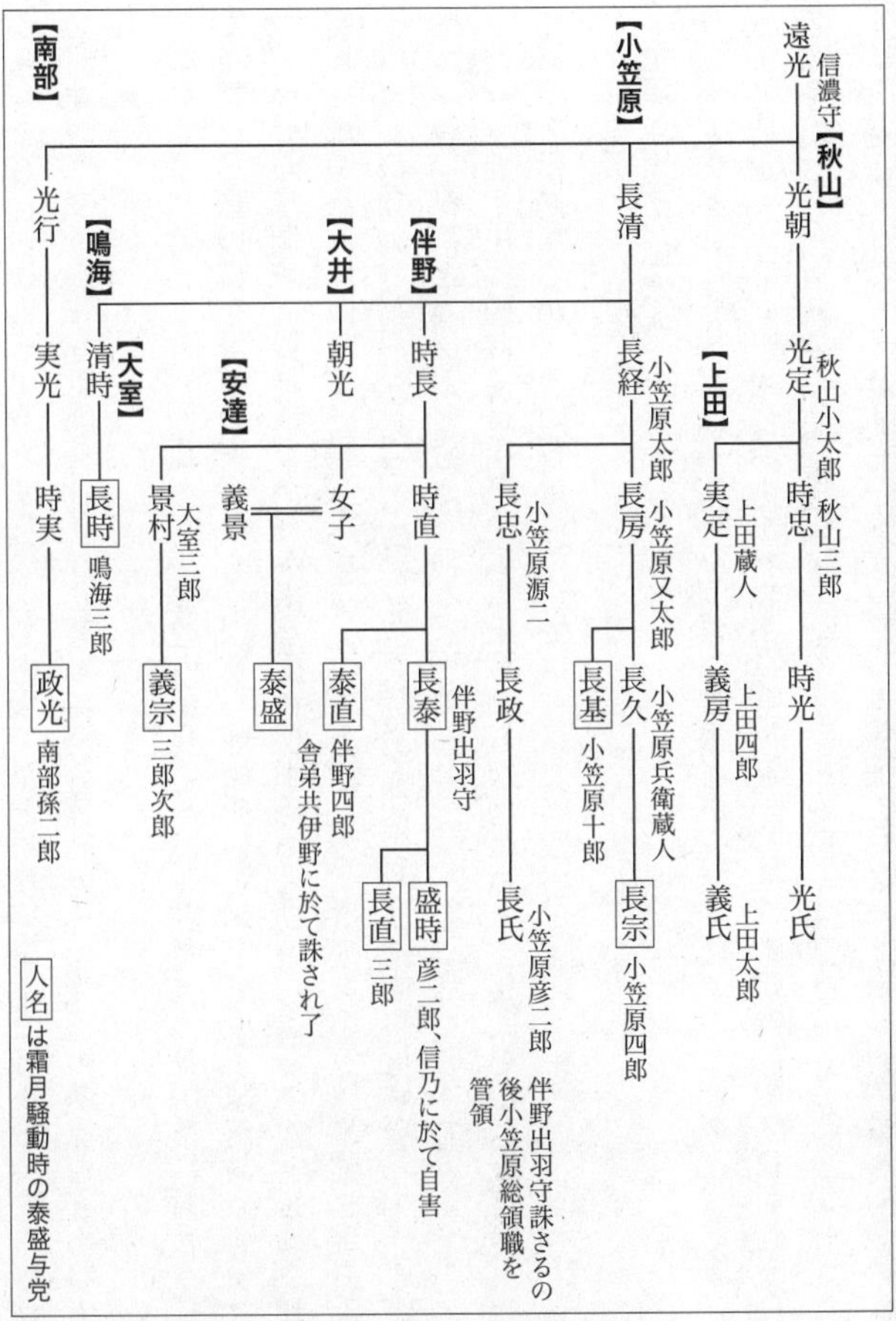

図12　安達氏と信濃国関係諸氏（『尊卑分脈』等に拠る）

から、それを可能にしようとすれば別の要因、たとえば幕府の命令などが求められるのであり、第六章で示した三浦氏滅亡後の三浦介盛時と佐原光盛の関係なども参考になるだろう。

　このように考えると、滅亡した小笠原四郎長宗や同十郎長基の長房系に対し、長忠系の長氏が惣領職を得た事実からすれば、小笠原氏の惣領家と庶子家が対立するなかで、小笠原惣領家に伴野氏ばかりか南部氏や秋山氏の人びと、さらにA・Eによれば、有坂三郎や小河原四郎、三科蔵人が与したことになる。既述「小笠原系図」が長氏について「信州の守護」としたのも、弘安合戦を利用して庶子家長氏が「小笠原総領職」を奪ったことの反映と考えられる。

　なお、鈴木由美氏は「長氏が小笠原氏惣領となったのは、長氏が得宗被官であったため」と指摘するが、その背景については触れていない。

信濃と甲斐の御家人

　なお、史料A～Eには実名比定が困難な被害者が少なくない。たとえば、有坂三郎も実名比定できない一人であるが、『蒙古襲来絵詞』には薩摩の島津久長が壱岐島の敵船を攻撃した軍勢に「信濃国御家人ありさかのいや二郎よしなか（有坂弥二郎吉長）」とある。既述『長野県史』は、「工藤二階堂系図」に工藤祐経の孫に有坂姓がいること、祐経の子祐長系薩摩氏が信濃国に所領を有していたことなどから、確証はないとしつつも有坂三郎を「信濃にかかわる者」と推測している。

武田小河原四郎については、元暦元年（一一八四）七月、源頼朝に粛清された信濃源氏井上光盛の侍で、赦されて御家人に加えられた「小河原雲藤三郎」との関連が考えられる。小河原姓は、山梨県甲府市に「上小河原・中小河原・下小河原」という地名が確認され、信濃源氏の光盛に加担したのであろう。なお、時代はかなり下るが、弘治二年（一五五六）の武田氏配下に「小河原大蔵右衛門尉」が確認できる。また、鎌倉期の三科蔵人も不明であるが、永禄五年（一五六二）当時、武田氏の家臣として「三科清九郎」が確認されるから、甲斐の氏族であろうか。

史料A～Eや図13をみると、泰盛の母方の実家である伴野氏の従兄弟やその子が誅殺され、あるいは自害しており、婚姻関係によって泰盛方に味方したためとみることもできる。しかし、系譜的に「秋山人々」や小笠原氏・南部氏をそれに含めることができないのは当然である。また、有坂氏や小河原氏、三科氏と泰盛との関係は確認できず、小笠原氏の内訌との関連で理解すべきであろう。

ところで、秋山氏からは上田氏が分出している。かれらが、泰盛に与同した「秋山人々」に含まれるかわからないが、史料A・Cに載る殖田又太郎入道は、大江氏の一族であった。しかもその一族は、佐々木氏とのあいだに婚姻関係を有しており、佐々木氏はまた安達氏の一族大曾禰氏とも婚姻関係を有していた。次に、この三者の関係について考えてみたい。

佐々木氏の内紛と大江・大曾禰氏

図13は、安達・大曾禰氏と大江氏・佐々木氏との婚姻関係をまとめたものである。もっとも、大江氏とは泰盛の妹と時秀との婚姻が確認されるだけであり、佐々木氏との関係も大曾禰長経の娘と佐々木時清（ときき よ）の婚姻が確認されるだけで、定綱系佐々木氏との関係はまったくない。

大曾禰義泰や長頼は泰盛の又従兄弟であり、宗長はさらに義泰の甥であって、同族意識でもって加担したかはわからない。

それに対して、佐々木氏と大江氏、吉良氏との婚姻関係から興味ある点が浮かんでくる。すなわち、大江氏にあっては泰盛の妹と結婚した時広系の時秀（評定衆）や、その子宗秀（むねひで）（評定衆）周辺で泰盛方は確認できないのに対して、親広系の佐泰は上田太郎を名のり、その子又太郎泰広は史料Aに載る殖田又太郎入道に比定されるが、子息盛広・泰元とともに自害、滅亡している。さらに、佐泰の弟殖田尾張次郎佐時は佐々木氏信の娘と結婚し、その子広宗は、外祖父氏信の養子となったものの、その子宗清は鎌倉で討ち死にしている。その名のりの地「殖田」＝上田は、信濃国上田荘

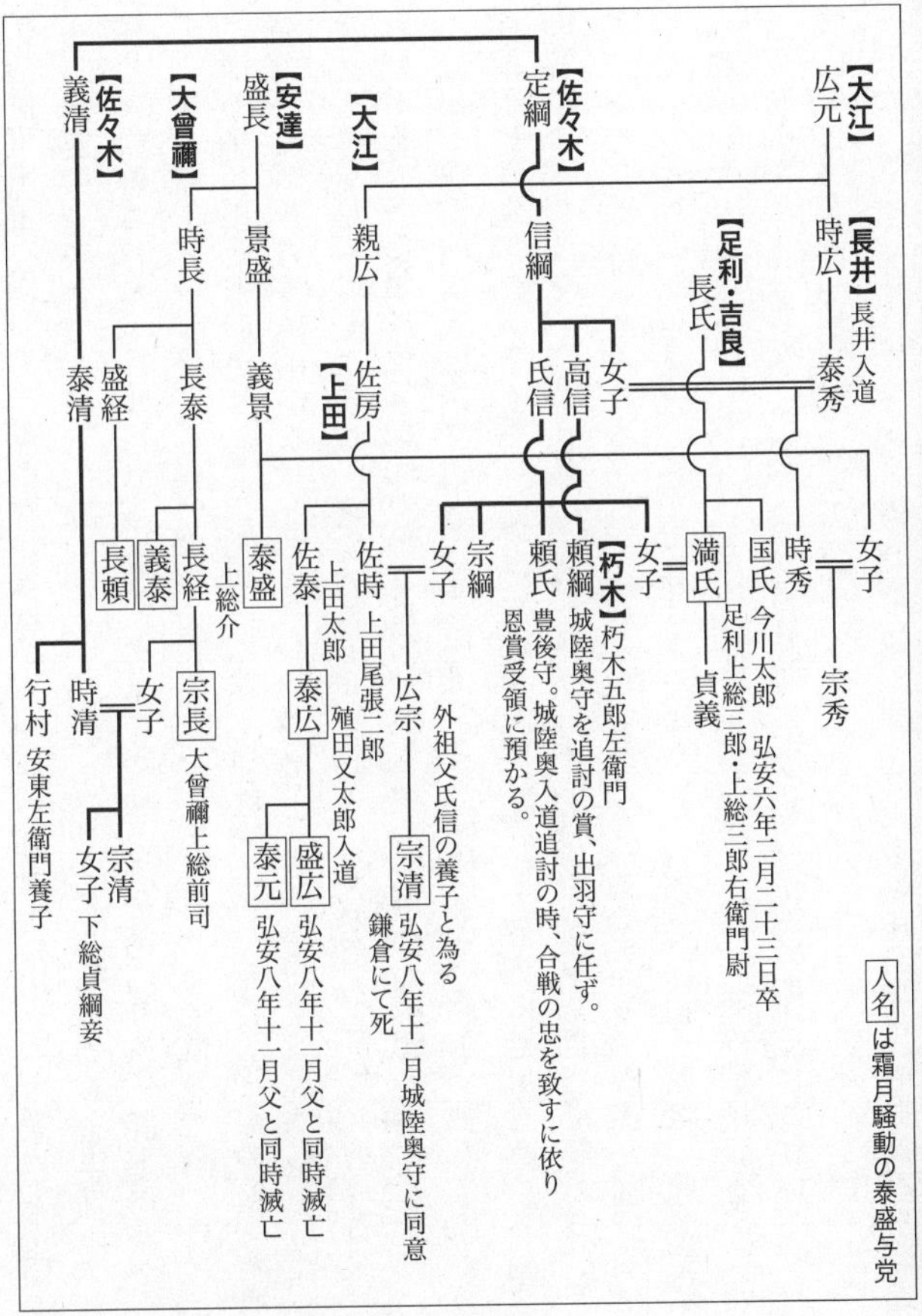

図13　安達氏・大曾禰氏と佐々木氏・大江氏
（『尊卑分脈』「佐々木系図」〈『続群書類従』第五輯下〉等に拠る）

（長野県上田市）に由来すると思われるが、図12に載る「秋山人々」系にも上田を名のる一族が確認できる。あるいは、「秋山人々」のなかにも泰盛方に与せず、大江系殖田氏が排除された後、上田荘を支配したものがいるのであろうか、詳細はわからない。

一方、佐々木氏にあっては、泰盛方に与した事例はまったく確認できないばかりか、氏信の子頼氏について、『尊卑分脈』には「城陸奥入道（泰盛）追討の時、合戦の忠を致すにより恩賞に預かる」とある。「合戦の忠」の具体的な内容はわからないが、あるいは姉妹が嫁した吉良満氏の誅殺と関連しているのだろうか。『尊卑分脈』によれば、その子貞義は祖父長氏の子となっているのも、事件の影響であろうか。

なお、渡邊晴美氏は、『今川家譜』に基づき、満氏の弟国氏（くにうじ）が合戦の忠によって遠江国引馬荘（ひくま）を得たことから、「源氏を名乗る御家人の一族内の惣庶をめぐる対立」と理解する。しかし、『尊卑分脈』によれば、国氏は霜月騒動以前の弘安六年二月に卒しており、直接関わることはなかったようである。したがって、満氏・国氏間に対立があったかは確認できず、次章で詳述するように、足利氏は頼氏以降、北条惣領家とは疎遠になっている。しかも、文永九年（一二七二）には一族の渋川義春が、時宗の舎兄時輔が殺害された、いわゆる二月騒動に関わって佐渡に配流されている。足利一族内の、反北条的動向のなかで理解できよう。

また、「佐々木系図」（『続群書類従』第五輯下）にも頼氏の従兄弟頼綱が泰盛追討に加担、軍忠によって出羽守に任ぜられたとあり、さらに弘安十年（一二八七）二月、頼綱は嫡子義綱に「弘安勲功」として拝領した「常陸国本木郷」を譲与している。なお、本木郷は茂木郷とも記され、栃木県茂木町に比定できるが、この点については次項で詳述したい。

常陸国における八田系諸氏と安達氏

史料Eによれば、安達重景に比定される城五郎左衛門入道が常陸国で自害したとある。なぜ、重景は常陸国で自害したのだろうか。史料Aには、常陸国に関連する人物として、田中筑後五郎左衛門尉、田中筑後四郎、筑後伊賀四郎左衛門尉、同子息の四名が確認できる。この田中姓は、常陸国田中荘（茨城県つくば市）に由来するが、嘉元四年（一三〇六）の常陸国大田文に「一、下妻庄　三百七十町、一、同加納田中庄五百丁」とあるから、下妻荘民が出作して周辺の公田を組み込み、拡張された地域が立荘されて成立したものであろう。この下妻荘（茨城県下妻市）は、常陸平氏の一族下妻弘幹が支配していたが、建久四年（一一九三）十二月、頼朝の命によって八田知家が梟首、その功績によって田中荘を与えられた。知家は、宇都宮社務職を継承する八田宗綱の子で、宇都宮朝綱の弟にあたり、その姉妹（寒河尼）は、下野国の小山政光（朝政の父）と結婚し、源頼朝の乳母にもなった結城朝光の母である（図14）。

田中荘が知家から子息知氏に譲与されたことは、孫の知継が田中左衛門尉を名のっていることから類推できる。知家および知継は、『吾妻鏡』や『尊卑分脈』から筑後守に就いたことが確認され、「田中筑後」の由来となっている。五郎左衛門尉に比定できる人物は『尊卑分脈』に確認できないが、「四郎」とある知継の子知泰が「田中筑後四郎」であろうか。同じように考えると、「筑後伊賀」は筑後守知家の子孫伊賀守に由来するので時家系が該当し、四郎左衛門の名のりからは時家の子景家が考えられる。ただし、幕末期の田中荘は北条高時の弟泰家によって支配されており、弘安合戦によって没収され、北条惣領家が支配するようになったと思われる。

茂木郡と茂木氏

では、すでに述べた佐々木頼綱が嫡子義綱に譲与した「本木郷」はどのように関わっているのであろうか。八田知家が茂木（本木）郡を支配するのは、治承四年（一一八〇）十一月のことであって、頼朝による佐竹氏攻撃の直後である。あるいは茂木郡も、佐竹氏の所領であったかもしれない。承久四年（一二二二）二月、筑後入道知家から譲与された知基は、「下野国東真壁郡内五箇村」を子息知宣に譲与、その後、建長八年（一二五六）三月には知宣から知盛へ、さらに嘉元元年（一三〇三）十一月、知盛から嫡子知氏に相伝された。

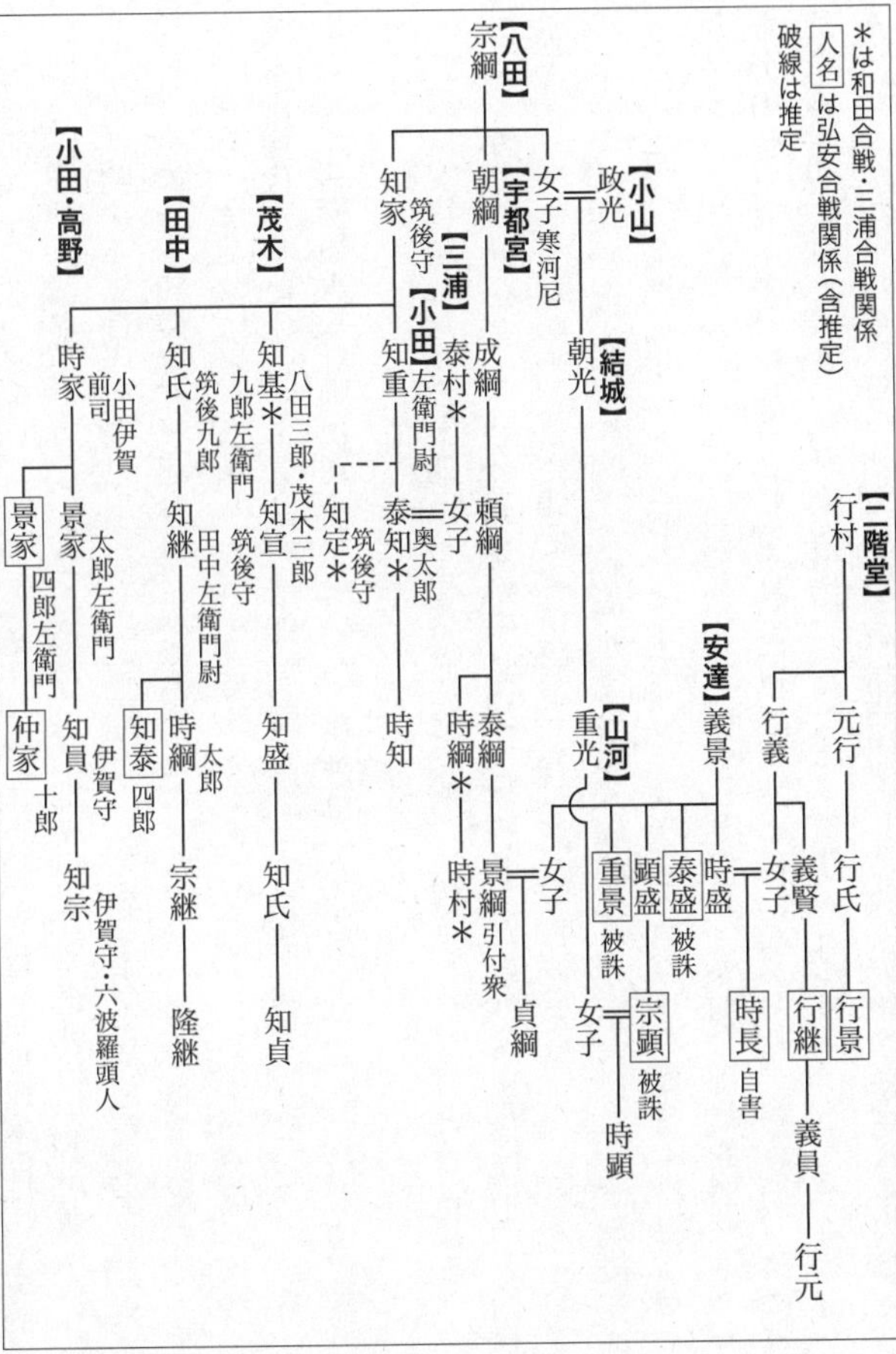

図14　安達氏と常陸国関係諸氏（『尊卑分脈』等に拠る）

ところで、年未詳ながら、知氏の嫡子知貞の申状からは、「東茂木保」が宝治（一二四七〜四九）頃に闕所となったことがわかり、宝治の三浦合戦の影響が考えられる。この点に関する先行研究は泉田邦彦氏が整理し、八田知家の子知重が支配した東茂木保は、その子泰知の妻が三浦泰村の娘であったことから、三浦合戦で連座して失脚し、闕所になったという江田郁夫氏の見解を妥当とした。しかし、松本一夫氏が指摘した茂木氏初代知基に比定できる八田三郎が、建暦三年（建保元年・一二一三）二月に発生した泉親衡の謀叛計画に連座した以上、なんらかの罪科に処されたことは想像できる。

知家は安堵された「本木郡」を知基（八田三郎）に譲与したものと思われる。ところが、承久四年（一二二二）、知基が子息知宣に譲与したのは「東真壁郡内五箇村」（西茂木）であったから、この間に「東茂木」分が没収されたと見るべきだろう。

しかも、知基の子知宣に関する動向がまったく確認できないのに対し、筑後左衛門次郎知定は、嘉禎三年（一二三七）〜正嘉二年（一二五八）にかけて『吾妻鏡』に散見する。『吾妻鏡』によれば、三浦合戦に際して知定は、泰村の郎従を討ち取ったにもかかわらず、泰村の縁者として容易に軍忠を認められなかった。その後、共に戦った武藤景頼が証人として起請文を提出したため、事件の五か月後、ようやく恩賞を与えられた。建長三年以降、知定が茂木左衛門尉として『吾妻鏡』に現れるのは、恩賞が「茂木東」であったからと推測できるのではなかろうか。では、建暦三〜宝治元年のあいだ、「東茂木」を支配したのは誰かといえば、泰村の娘と結婚した泰知の可能性が高い。

知定の確認期間は、田中知継の寛元三年（一二四五）〜弘長三年（一二六三）に近似するから、泰知と同世代とみられるばかりか、三浦泰村の女婿ともなった奥太郎泰知に対し、「泰村の縁者」知定が筑後左衛門次郎と名のることからすれば、二人は兄弟である可能性がある。泰村方となった泰知が支配した「東茂木」は、一度は闕所となるものの、しばらくして知定に与えられたのではなかろうか。

しかし、知定は諸系図にも載らず、その家系は関連史料とともに抹殺されている。この知定系に対し、知基系が「茂木」を継承し、建武元年（一三三四）三月、知貞は「東茂木保」を後醍醐天皇から与えられた。ところが翌年、後醍醐と対立した足利尊氏は、戦乱のなかで「東茂木保」を摂津親秀に与えたため、駿河国益津（ましづ）荘（益頭とも。静岡県藤枝市など）と交換している。その後、茂木保内二か村を得た那須資宿と支配をめぐって相論が持ち上がったが、それに対して知貞が「東茂木」を宝治に闕所であったと主張するのである。

知定系が、東茂木を失った時期を特定することはできない。推論になりすぎるが、既述のように、佐々木頼綱が「本木郷」を手に入れたのが弘安合戦の勲功であった以上、知定系が失ったのもあるいは同じ時であった可能性もある。

二階堂氏と常陸国

ところで、元亨三年（一三二三）頃、二階堂義員の後家尼覚法・子息行元（図14）は、常陸国久慈東郡加志村（茨城県常陸大宮市）内の田・屋敷をめぐって、宇留野大輔僧都宏瑜を訴えることがあった。そのとき、覚法・行元が提出した請文（陳述書）などによれば、加志村は、曾祖父義賢から孫の義員が譲り受けて支配していたのであるが、弘安合戦の時、子息三郎入道自性（行継＝行元の祖父）が泰盛方として行動した咎によって所領を没収された。その際、義員が曾祖父から譲り受けた「加志村」までもが召し上げられた。そこで、永仁五年（一二九七）閏十月、宏瑜に所領回復を祈念してもらうべく一期を限って所領を与えたところ、元亨二年になって押領したというのである。

請文の内容についてすべては確認できないが、図14から、行継が従兄弟関係にある安達時長に味方した可能性は捨てきれない。少なくとも、行継の所領没収が泰盛方として行動したための処分であったことは事実であろう。なお、史料Eによれば、常陸国で自害した城五郎左衛門入道は、泰盛の弟五郎左衛門尉重景に比定されるが、『尊卑分脈』には「被誅」とあり、四郎左衛門尉時長が自害したとある。史料Eの記述者が、混乱した状況のなかで混同したと考えることは可能であろうか。

泰盛の敗因

以上、煩雑をきわめたが、泰盛方として討たれた人びとの一部について詳細に述べた。その結果、それぞれの一族内における主導権争い（惣領・庶子の対立）によって、一方が泰盛方に味方したのであって、婚姻関係は一部を除いて機能しなかったことがわかる。

泰盛の権力基盤が、時宗との婚姻関係に基づくものであった以上、時宗の没後にそれが必ずしも機能しなかったことは、顕時が縁坐（えんざ）によって所領を没収されたことを除けば、北条一族はまったく関与していないことからも推測できる。貞時の外戚という泰盛の立場も、御内人平頼綱の乳夫（めのと）という立場を乗り越えられるものでなかったことになる。加えて、御家人と結ばれた婚姻関係も、それぞれの一族内における惣領と庶子の相克（そうこく）を凌駕（りょうが）できなかったばかりか、泰盛方と御内人方に分かれて対立する構図をつくりあげたといえる。

すでに述べたように、泰盛の御家人に対する擁護的施策も、台頭する御内人に対抗するためのいわば便法であって、分立・自立する御家人の支持もまた不十分であったのである。その意味で、『保暦間記』が記すように、泰盛と御内人平頼綱の「中（仲）悪して、互に失はんと」したことがあったにせよ、「外様」（御家人）と「御内」の対立に収斂させることには躊躇せざるをえない。

しかし、最大の御家人安達氏がほぼ滅亡し、国内各地で五百余人もの御家人が討死、自害するというなかで、結果的に平頼綱を筆頭とする御内人勢力が幕政に深く関与できる条件が整えられたといえる。この鎌倉や各地の騒乱を、『保暦間記』は「霜月騒動」と記すが、騒動という矮小化された事件ではなく、幕政を本質的に変えるきっかけともなった政変と理解すべきであろう。本書が「弘安合戦」と記すのも、同時代史料に記されるばかりか、如上の考えを前提としている。

二　執権から得宗へ

(一) 頼綱の専権

頼綱の主導

弘安合戦の後、幕政を主導したのは御内人平頼綱であった。細川氏は、文永九年(一二七二)十一月、時宗が若狭国の代官渋谷十郎に対して田文調進を命じた時、その意を受けて時宗の花押を袖に据えた奉書を発給しており、これ以前から公文所の執事に在職していたと想定した。さらに、弘安九年(一二八六)閏十二月、貞時が守護でもあった肥後国の大慈禅寺ならびに大渡橋の造営について、宇都宮尊覚(通房)の報告書に基づき、貞時の花押がない書状を頼綱が発給して対応したことを重視する。当時、十六歳に達していた北条貞時に判断能力がなかったとは考えられないが、その貞時の確認を得ぬままに、平頼綱の判断で処理しているのであって、「頼綱専権下での得宗家執事の権威の向上と権力の強化」と評価された細川氏の指摘は、少なくとも「権力の強化」が進んだ点で首肯できる。

また、北条氏の被官であった御内人が幕府の公職に就くことは、金窪行親が侍所の次官（所司）に任命された北条義時の時代から確認される。その後、建保六年、侍所別当を嫡子泰時に任せた義時は、二階堂行村・三浦義村・伊賀光宗・大江能範ら五人を所司に据えて職務を分担させた。細川氏は、「所司」五人に新別当泰時を含むことから、五人は侍所の「高級職員」と規定し、延応元年（一二三九）五月当時、確認される「侍所司金窪左衛門大夫行親」の所司在職は継続していたと考える。「高級職員」の職名・実態が不明瞭であり、延応元年の在職は再任とも考えられる。その後、御内人が所司を継承したともするが、その行動記事からの判断であり、御内人が所司に就いた明証があるわけではない。ただし、『とはすかたり』に「平左衛門入道（頼綱）と申す者が嫡子平二郎左衛門（宗綱）が、将軍の侍所の所司とて参りしありさま」とあることから、宗綱の所司就任は考えられ、少なくとも泰時以降、御内人が幕府内に権力基盤を少しずつ確保していったのである。

そうしたなかで、正応四年（一二九一）八月、社寺の訴訟や「京下りの訴訟」を「奉行人ならびに五方引付」に命ずるべきだが、あまりに延引することがあれば、飯沼助宗・大瀬惟忠・長崎光綱・工藤杲禅・平宗綱が担当すべきとの追加法六三二条が発令された。「京下りの訴訟」とは、京＝朝廷や荘園領主が解決できない御家人を対象とした訴訟のことであろう。本来、幕府法は御家人とその所領を対象とし、朝廷や社寺などの荘園領主や非御家人が関わる訴訟は、たとえ御家人を対象として提訴されたものでも扱わなかった。しかし、幕府権力が拡大するなかで、幕府の裁決を求める場合が多くなっていったのであり、藤原定家（さだいえ）の孫為氏（ためうじ）との所領紛争を幕府に訴えた異母弟冷泉為相（れいぜいためすけ）の母阿仏尼（あぶつに）（『十六夜日記（いざよいにっき）』の記述者）が鎌倉に向かったのは好例である。

飯沼助宗・平宗綱は頼綱の子、長崎光綱は頼綱の弟（従弟とも）であるほか、大瀬・工藤も御内人と思われる。延引という条件つきではあるが、引付衆と同じように幕府の訴訟に関与することが認められた事実は、御内人の幕府内における拠点確保をさらに進めたのである。

時宗の神聖化

頼綱の専権は、時宗の神聖化にも及んだ。正応三年（一二九〇）九月、康元元年（一二五六）から弘安七年（一二八四）までの成敗＝判決は変更しないという追加法六一九条、いわゆる不易（ふえき）法が発令された。

「不易」とは、決められた期間の判決について再審を受け付けず、恒久的効力を発生させるものである。康元元年は、時頼が長時に執権職を譲った時、弘安七年は時宗の没した時であるが、長時の執権就任はあくまで時宗の代官であり、政村の執権時代も含めて、執権の正員は時宗にあったという認識であった。

すでに不易法は、正嘉二年（一二五八）には「三代将軍ならびに二位家（政子）の御成敗」に准じて泰時の判決が、さらに文永八年（一二七一）には時頼の判決が「改め沙汰に及ばず」とされていた。これに、時宗時代の判決が加えられたのである。

おそらく、平頼綱が関わっていたことはいうまでもない。それは、貞時の乳夫（乳母の夫）という立場を梃子に、北条氏の公文所執事として、幕政に大きな影響力を持っていた頼綱であっても、所詮は執権あるいは惣領家の被官でしかなかったことが考えられる。それを、時宗の権威・権勢が補っていたといって過言ではない。しかし、三度目のモンゴル襲来が懸念されるなか、弱冠十四歳の貞時が時宗後を継承することに、反対や不安視する向きがあったといわれる。そのようななかで、それを克服するには、モンゴルの侵攻を撃退した時宗の権威が必要であったことを意味する。不易法の発令は、その第一歩でもあった。

「得宗」とは何か

ところで、本書ではこれまで「得宗」ということばを極力避けてきた。従来、鎌倉幕府の政治史を、将軍独裁体制、執権政治体制、得宗専制体制という三段階論で考えることが一般的であった。もちろん、それぞれの時期の始まりがいつなのかについては、識者によって微妙に異なるものの、大枠は首肯されてきた。ところが、「執権」とはどのような立場なのか、あるいは「得宗」という名称はどのような由来によるものか、についても識者によって異なるというのが現状なのである。それは、「幕府」とはどのような権力体なのかによって、幕府の成立時期をいつに求めるか、多くの学説があることに似ている。

「執権」制については第二章で簡単にふれたので、本章では「得宗」について考えてみたい。一般に、北条義時の法名「徳崇」が「得宗」の由来といわれる。しかし、義時の法名は「観海（かんかい）」であって「徳崇」ではない。細川氏は、時頼が帰依した禅宗系の法号「徳崇」を義時に追贈したと指摘、その背景に、義時・時頼ともに庶子から家督を継承したという共通点をあげた。

では、本当に時頼が「徳崇」を義時に追贈したのだろうか。実は、すでに第七章冒頭に示した『若狭国税所今富名（さいしょいまとみみょう）領主代々次第』に、時宗を「時頼の嫡子、徳崇と号す」と載せているのである。秋山哲雄（あきやまてつお）氏によれば、この史料は正和（しょうわ）三年（一三一四）頃に作成されたものというから、時宗自身が号したのではなく、その没後に追贈されたとも考えられる。その時期を特定することは難しいが、正応三年の不易法と関連付けると、頼綱の可能性も否定しきれない。しかも、『若狭国税所今富名（さいしょいまとみみょう）領主代々次第』では、貞時・高時時代の若狭国にも「得宗御分国」とあり、「得宗」は貞時・高時にまで拡大されている。

では、時宗の「徳崇」が義時に遡るようになったのは、なぜかである。確証はないものの、十三世紀半ばには成立していた義時＝武内宿禰の後身伝承が参考になる。この伝承は建長六年（一二五四）、橘成季がまとめた説話集『古今著聞集』に載るもので、すでに細川氏が得宗家の正統性を根拠づける神話の成立と指摘する。しかし、この説話はあくまで義時と武内宿禰の関連性を示すもので、その子孫（時頼・時宗・貞時・高時）の正統性を示したものではない。

義時、「得宗」へ

ところが、十四世紀初頭に著述された『平政連諫草』には、「先祖右京兆員外大尹（義時）は武内大神の再誕、前の武州禅門（泰時）は救世観音の転身、最明寺の禅閤（時頼）は地蔵薩埵の応現」とあって、義時を武内宿禰の再来とするばかりか、泰時を救世観音、時頼を地蔵菩薩のそれぞれの示現として書き残している。義時・泰時・時頼が神格化され、あるいは観音・菩薩に仮託されることによって、義時個人から泰時・時頼と北条氏の惣領家系を特別視しているのである。しかもその時期は、正安二年（一三〇〇）閏七月の六波羅下知状に「得宗御領」と記述されて以降、同時代史料に「得宗」が散見する時期とも一致するばかりか、時宗・貞時・高時の治世を「得宗」と表記する『若狭国守護職代々系図』が成立したという正和三年（一三一四）頃ともほぼ一致する。

時宗の「徳崇」は、貞時・高時を対象とし、さらに武内宿禰説話の影響を受けて義時にまで延長され、その系統こそ得宗「家」と認識されるようになったと思われる。したがって、厳密な意味での「得宗」あるいは「得宗家」は十四世紀以降の賜物(たまもの)であって、それ以前には存在しなかったのである。本書があえて「惣領家」と記した理由も、そこにある。

（二）平頼綱追討と貞時の専制

頼綱の追討

正応六年（＝永仁元年・一二九三）四月十三日、鎌倉を大地震が襲った。山は崩れ、多くの家々が倒壊、大慈寺や寿福寺(じゅふくじ)、建長寺も顚倒(てんとう)して炎上した。『鎌倉年代記裏書』は死者二万三〇二四人、『鶴岡社務記録』も「死者二万余人」と記し、『親玄僧正日記(しんげんそうじょうにっき)』が「上下死去の輩、幾千人を知らず」、「死人鳥居辺りで百四十人」と記すほどの大惨事を鎌倉にもたらした。

余震が続き、鎌倉中が騒然とするなかで、二十二日早朝、北条貞時は謀叛の疑いあ

り と称して討手として武蔵七郎を差し向け、火をかけて合戦に及んだ結果、平頼綱・助宗父子はともに自害したという。経師谷が放火され、「火中死去の輩九十三人」に及んだというから、頼綱たちの居宅があったのであろうか。さらに小町の火は葛西谷の屋形に延焼、貞時の娘二人も焼死した。

また、合戦以前、父の悪行を貞時に進言した平頼綱の嫡子宗綱は尋問された後、宇都宮景綱に預けられたが、「忠ある仁」として佐渡国に配流されたという。景綱は泰盛の妹と結婚しており、弘安合戦でなんらかの処分を受けていた可能性がある。早くも、復帰の兆しが見られたといえる。さらに永仁三年四月、寄合の席で、景綱以下に新恩を与えることが決まったが、あるいは宗綱に関連した恩給だったのであろうか。

この事件は、関連史料がきわめて少なく、具体的内容はほとんどわからない。しかし、頼綱追討のわずか三か月後の七月、頼綱の一族（弟とも従弟とも）長崎光綱は、山内新阿弥陀堂の供僧二人分の奉仕を三位僧都御房に申しつけている。それは、頼綱殺害の直後、光綱が得宗家の執事として担当したものであって、頼綱追討によって利を得たのが光綱であったことを示している。二人のあいだにある内輪揉めを利用し、大地震に乗じて貞時が頼綱を追討した可能性がある。しかも、尾藤氏の系図（『続群書類従』第六輯下）には尾藤時景の養子久時に「正応に配流」という記述があり、追討対象は頼綱父子だけではなかったことになる。

『保暦間記』によれば、宗綱が佐渡流罪の後、召し返されて「官領」に就いたが、再び上総国に流罪になったという。また、既述『とはずかたり』には「平二郎左衛門（宗綱）が、将軍の侍所の所司とて参りし」とあるから、「官領」＝侍所所司への就任ということになろうか。貞時による頼綱の排除は、確実である。

引付の廃止と執奏の設置

頼綱追討の翌五月、貞時はいくつかの法令を制定し、幕政の基本方針を明らかにした（追加法六三五～六三九条）。とくに訴訟の公平を目ざし、また裁決の渋滞をあらためるとともに、所領をもたない無足の御家人の保護を打ち出した。引付制と越訴制である。

引付制は、幕府の訴訟制度の根幹をなし、越訴制は御家人の権利保護に有効であったが、幕府の裁断に対する再審申請制でもあったから、幕府（政権担当者）の権威を揺るがしかねない一面をもっていた。

そこで、北条宗宣（大仏流）と大江（長井）宗秀を越訴頭人に起用、さらに翌六月には五番制引付を三番制に改編して、北条時村（政村流）・同公時（名越流）・同師時（得宗家）を頭人に就け、訴訟の即決主義を採り入れようとしたが、事態は思うようには進まなかった。早くも十月には引付を廃止し、新しく執奏の制を定め、それまでの引付頭人三人と越訴頭人二人、それに弘安合戦で逼塞した北条顕時（金沢流）や宇都宮景綱からなる七人を任命した。課題はあったとしても、北条一族五人と安達泰盛の姻族二人というきわめて限られた人選といってよい（図15）。

さらに翌永仁二年六月、弘安合戦関係者の賞罰は今後取り扱わない旨の追加法六四三条が発令された。細川氏が指摘するように、賞のみならず罰までも対象としていることは、弘安合戦そのものの否定であり（顕時の任命はその象徴）、さらに頼綱の一族光綱の重用は頼綱専権の否定でもあって、そのうえで貞時自身への権力集中を模索し始めたのである。

一方、四月二十一日、北条貞時は護持僧親玄に、平頼綱等一廻忌の供養を依頼した。貞時の使者は「追善」ではないと伝えたが、親玄は一年の節目に当たり「怖畏」を感じての供養と理解した。頼綱の専権に対する貞時の掣肘であったとしても、光綱を重用し、宗綱を召還するなど、かれら御内人を無視できぬ権力構造ができあがっていたのである。

新たに設置された「執奏」制であったが、その権限は参考資料を提出して意見を具申するだけであり、裁決の最終決定権は貞時にあった。この制度は、引付にみられる合議制を廃止し、得宗貞時の直断が始まったことを意味した。

ところが、弘安合戦の賞罰に関する訴訟を停止し、さらに貞時が直接裁断した訴訟

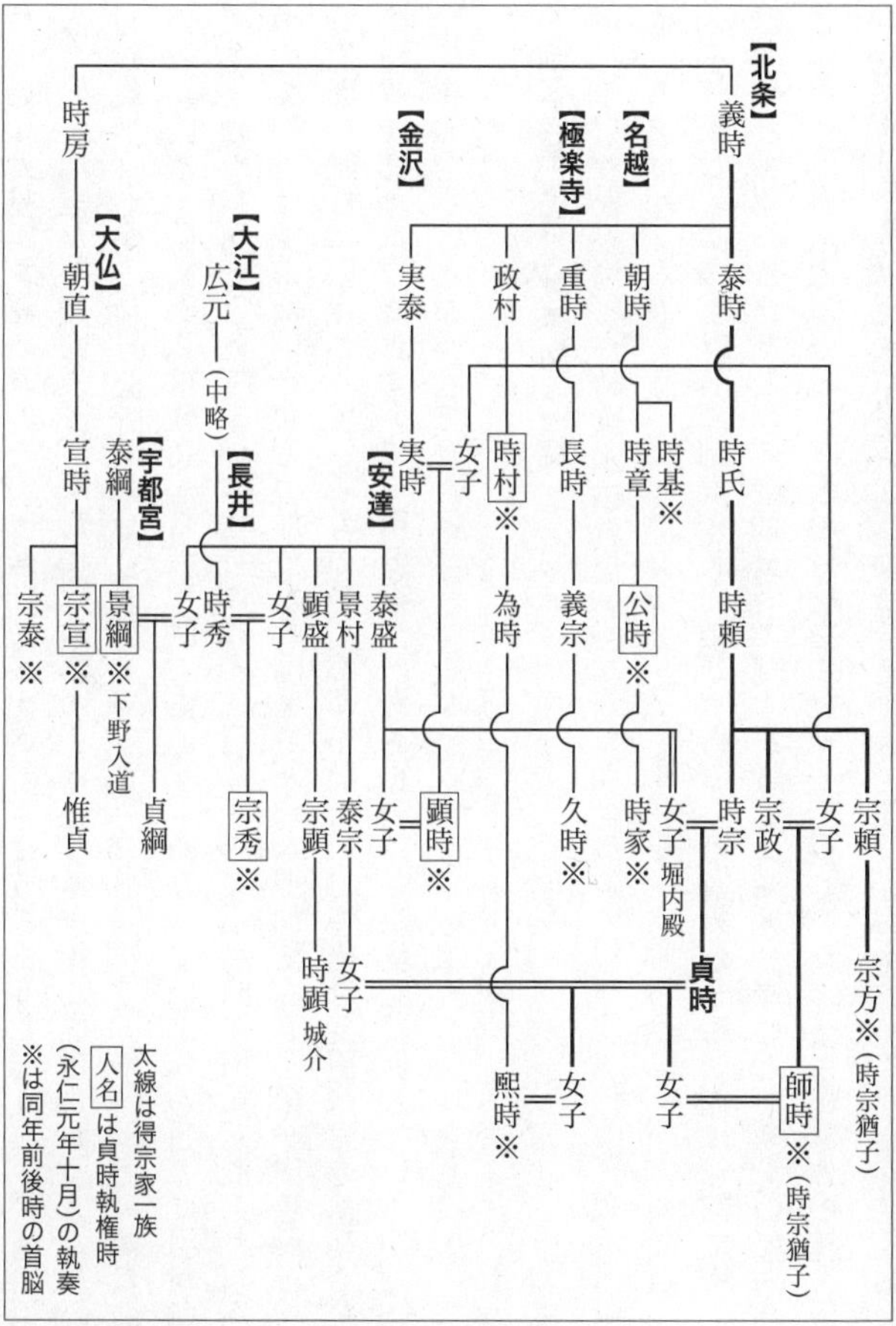

図15　貞時政権の幕府首脳（『尊卑分脈』等に拠る）

については越訴を認めないという追加法が出されたようである。しかし、愁鬱を含む人びとが増えたのであろう、十月には執奏の制はわずか一年で廃止され、五番制の引付が復活、北条時村・公時・時基（名越流）・顕時（金沢流）・宇都宮景綱が頭人に就いた。時基を除く四人は執奏からの異動であるが、時基もまた前年六月まで引付頭人であったから再任とみてよい。さらに、十二月になって、貞時が直接裁断した訴訟について越訴は認めないとする追加法を解除する新たな追加法六五〇条が出された。貞時直断の案件に限定されているものの、わずか数か月での方針変更はまさに朝令暮改の極みであった。それでいて、重要案件はなお貞時が裁決権を確保しているから、専制的権力を手放したわけではない。

永仁の徳政令・越訴制の改編

そうしたなかで、貞時は永仁五年（一二九七）三月、いわゆる永仁の徳政令と総称される追加法（六五七～六六〇）を発令した。すなわち、御家人間の所領の売買と質入を禁止し、この年以前に御家人が売却し、あるいは質入れした所領は無償で取りもどすことを認めるとともに、金銭貸借に関する訴訟は受理しないというものであった。これらは、御家人以外の人びととの権利をまったく無視し、ひとえに御家人の権利保護のみを目的にしたものであった。

一方、越訴の停止も発令されたが、越訴は御家人の権利を保護するうえで、重要な制度であった。その越訴の停止は、御家人保護の精神と矛盾するものといえる。ここに、権利を保護しようとする御家人の主張と、独裁政治を確立しようとする得宗貞時・（御内人）の主張との、矛盾しながらも妥協の一面をみることができる。

その後、御家人の反発もあり、越訴制は翌六年二月に復活、法曹官僚の中原（摂津）親致（ちかむね）および二階堂行藤（ゆきふじ）が越訴頭人に就いた。永仁元年段階では、北条宗宣と法曹官僚系御家人の大江宗秀が頭人であったが、今回は北条氏が排除され、法曹官僚にまったく委（ゆだ）ねられることになった。

しかし、正安二年（一三〇〇）十月、越訴制はふたたび廃止され、相州家人＝御内人五人がその機能を担当するようになった。貞時の管理下に置かれた越訴制であったが、十か月後には越訴方が復活、法曹官僚に替わって北条宗方（むねかた）と四年ぶりに大江宗秀が就任した。宗方は、貞時の従弟（いとこ）であるから、得宗家一族が初めて頭人として越訴方を取り仕切ることになった。

寄合の制度化

寛元四年（一二四六）当時、執権（経時・時頼）邸で開かれた「深秘の御沙汰」が、いわゆる寄合の原初形態であったが、文永三年（一二六六）、時宗邸に政村・実時・

泰盛が参会してもなお「深秘の御沙汰」であった。それは、十四世紀初頭の成立とされる『沙汰未練書』でも、「御寄合の事、評定衆中に宗（たる）人に御寄（せ）有り。秘密の内談これ在る也」とあるように、「秘密の内談」という認識であったから、職制上の公的組織であったとは考えられない。

しかし、「秘密の内談」が幕政に重要な役割を果たすようになると、その存在は公然化し、組織として認識されてくるのは当然であろう。たとえば、『建治三年記』の（一二七七）十月二十日条には、「深雨、御寄合」と固有名詞化して表れ、さらに問注所執事三善（太田）時連の職務日記『永仁三年記』にも、評定や引付と同じように「御寄合」の開催と四〜七名の参席者が記載されるようになる。

いわゆる「寄合衆」も、当初は単に「寄合」に参席する人びとであったが、「寄合」が重視されるのにともない、参席者も「寄合衆」として認識されるようになり、『鎌倉年代記』の北条時村履歴にある「正応二年五月、寄合衆と為る」がもっとも早い。細川氏は、これをもって「寄合衆が鎌倉政権の公的な役職として成立」したと述べ、寄合は幕府制度の一部になったという佐藤氏の指摘を支持している。

本来、非制度的な寄合・寄合衆が、幕政関係者に認識されるようになった過程は、得宗家の幕政運営が一部の選抜された有力者によって運営される形態が日常化された結果であった。その意味で、寄合が幕府制度の一部になったとの指摘は、実態として首肯できる。

実際の寄合

『建治三年記』には、寄合の開催が四日分記されているが、二日は山内殿（山内の時宗邸）、一日は評定の後に開催され、もう一日はわからない。七月二十三日条には、京都の長講堂（ちょうこうどう）や常盤井殿（ときわい）が炎上したことについて、西園寺の書状が到来、使者を派遣することについて、「評定以後、召しにより山内殿園殿に参るのところ」とある。評定は若宮大路幕府で行われ（時宗は出席していない）、その後、山内泉邸に赴いたのだから、寄合は基本的に時宗の山内泉邸で開催されたことになる。第七章で詳述したように、泰盛邸も松岡にあったから、評定よりも寄合重視の姿勢が読み取れる。

それに参席したのは、時宗は当然だが、三善（太田）康有（問注所執事）・佐藤業連・平頼綱（御内人）が二度、そのほかに安達泰盛らが時宗に召されたことがわかる。

また、『永仁三年記』は、同年正月から八月までの日記であるが、閏二月以降に七日分の寄合が記載されている。参席者がわかるのは、六月二十六日、評定後に開催された一日分だけである。当日は、臨時の評定であったらしく、貞時・宣時（のぶとき）（大仏流）・時村（政村流）・公時・宗宣・大江宗秀・中原親致・二階堂盛綱・二階堂行藤・三善（矢野）倫景、三善（太田）時連（問注所執事・康有の子）のほか、引付衆が参席した。

そのなかで、寄合に残ったのは貞時のほか、宣時・時村・公時・宗秀・行藤・倫景で、これに時連を加えた七人が寄合衆ということになる。なぜか、御内人は載っていない。寄合の実態を物語る数少ない史料によれば、とくに頼綱追討事件後、必ずしも御内人が寄合に参席したわけではない。得宗専制を担った御内人という評価は、少なくともこの段階では認められないというべきだ。

(三) 嘉元の政変と得宗専制

得宗貞時の専制

正安三年(一三〇一)八月、貞時は、執権職を北条師時に譲って出家した。同時に北条宣時も連署を退き、時村が後任に就いた。その直後、越訴制が復活、評定衆・四番引付頭人でもあった北条宗方(むねかた)は引付頭人を辞任し、越訴頭人に就いた。同時に、大江宗秀が五番引付頭人となり、直後に越訴頭人にも就いている。

師時・宗方ともに貞時の従弟(いとこ)であるが、時宗の猶子となり、さらに師時は貞時の女婿でもあった。したがって、貞時・師時・宗方は従兄弟でありながら、義理の兄弟でもあったし、師時の母は連署時村の妹であった。さらに四番引付頭人北条熙時(ひろとき)(時村の孫)は、貞時の女婿、五番引付頭人大江宗秀の母は安達泰盛の妹(貞時の母と実姉妹）という複雑な婚姻関係が確認できる（前掲図15）。

乾元元年（一三〇二）正月、六波羅探題北方の任を終えて鎌倉に帰着した宣時の子宗宣は、翌月、一番引付頭人に就いた。しかも、それまで一番頭人であった北条久時（重時流）は二番に、二番頭人の宗泰（宗宣弟）は三番頭人に就き、三番頭人時家（名越流）が退いたが、九月には五番制引付を八番制に拡大して五番頭人に復帰させている。佐藤氏が指摘するように、宗宣を一番頭人に就けるための異動であることは明らかである。宗宣は、その後、官途奉行、翌年八月には越訴頭人を兼任した。

嘉元二年（一三〇四）九月、八番制引付が七番制になると、宗方は四番頭人を兼ねて引付方に復帰し、十二月にはそれまで御内人が就いていた侍所所司に任ぜられ、さらに内管領に就いた。これによって侍所所司という立場から御家人を管轄し、内管領という立場から御内人を統轄して幕政の実権を掌握した。

当時の「寄合衆」のすべてを確認することはできないが、直近の史料『永仁三年記』によれば、宣時・時村・公時・大江宗秀・二階堂行藤（政所執事）・三善倫景（寺社奉行）・三善時連（問注所執事）が確認できる。そのうち、連署を辞退した宣時は出家し、その後は政治の表舞台にでることはなかった。翌年、寄合衆となった宗宣、内管領に就いた宗方が加わり、新たな寄合の構成メンバーが誕生したと思われる。

したがって、得宗家一族（師時・宗方）の二人に、得宗家に随従することの多い政村の子時村・熙時、さらに母方の従兄にあたる宗秀が貞時を囲み、侍所所司および内管領としての宗方、さらに宗宣を通じて引付方・越訴方を掌握させ、政権を担当し続ける体制を構築したといえる。ところが、その内部に強権を執行できる複数の存在は、貞時の思惑に反して、能動的に、あるいは自立的に対応し始めたのである。

嘉元の政変

嘉元三年（一三〇五）四月六日以降、鎌倉を大地震が襲い、二十二日には貞時の「鎌倉館」が焼失。おそらく鎌倉中が騒然とする二十三日深夜、連署時村が、誤って殺害されるという事件がおこった。子息・親類はなんとか逃げおおせたようである。

その後、御内人六名と御家人六名が捕縛され、五月二日になって、逃亡した和田茂明を除く十一名が斬首された。その二日後、宗宣・宇都宮貞綱を大将軍とする討手によって、「陰謀」が露顕したとして宗方が誅殺された。『鎌倉年代記裏書』によれば、貞時も同宿していた執権師時邸近辺の騒擾を聞いた宗方は、宿所から向かう途中、宗宣勢と遭遇、佐々木時清を討ち取ったが、多くの被官とともに誅殺されたという。

その背景を『保暦間記』は、「内執権（内管領）」と「侍所の代官（所司）」を兼ねた宗方が、執権に就いた師時を嫉み、さらに連署時村の孫で貞時の女婿でもある熙時とともに滅ぼそうと計画、多くの人びとを語らい、「仰せ」と号して、まず時村を夜討ちにしたと記す。ところが、その所業は「僻事（ひがごと）」、すなわち道理に合わないとして討手が斬首され、さらに「貞時のため」、宗宣・宇都宮貞綱が宗方を誅殺したというのである。

細川氏は、時村殺害から討手の処刑まで八日、宗方が追討されるまで二日を要しただけでなく、宗方側になんらの動きがないこと、当初、時村は「被誅」＝罪あっての殺害と京都に伝えられたことなど、疑問の多さの背後を推論している。すなわち、貞時の「仰せ」は事実であって、宗方に時村殺害を命じ、いっきに得宗家による専制体制をつくりあげようとしたが、予想以上の反発の多さに討手を斬首したものの収束せず、やむなく宗方討伐を命じざるをえなかったと説く。そのうえで、貞時・師時という得宗家と宗宣ら北条氏庶流との「暗闘」が根底にあったとも推考する。

その真偽のほどは判断しにくく、乾元元年、六波羅探題の任を終えて帰鎌した宗宣を、引付方再編のなかで一番頭人に据えた当事者でもある貞時の変貌（へんぼう）をどのように理解すべきかなど、検討すべき課題も少なくない。

少なくとも、「仰せ」と称して時村を討った宗方と、「貞時のため」と称して宗方を討った宗宣とは、貞時のもとで競合関係にあったことは認められる。それは、幕政上の実権をめぐる北条一族の内訌（ないこう）ともいえるが、幕政に与えた影響は大きく、まさに政変であった。

貞時の挫折

貞時は、引付制や越訴制の改編を繰り返すなかで、「執奏」を新設し、あるいは御内人、時には法曹官僚人を登用するも、引付制や越訴制をまったく否定することはできなかった。当然のことながら、北条一族を核に、姻戚関係を利用しようとする御家人など、さまざまな勢力があるなかで、貞時（ばかりではないが）はそれらを利用しつつ、幕府権力の一元化を図ろうとするも、限界があったというべきであろう。

時村の憤死によって、宗宣が連署に就任し、引付も五番となり、表面的には動揺も落ちついたかにみえた。しかし、何も変わらぬ現状に、その限界を悟った貞時は、以後、政治的な行動が見えなくなる。

延慶元年（一三〇八）八月、八代将軍久明が突然帰洛、かわってその皇子守邦親王が鎌倉幕府最後の将軍に就いたのも、何か恒例のように思われる。同じ頃、引付奉行人と思われる平政連が、内管領長崎宗綱を介して諫言の書を貞時に提出したなかには、毎月五日の評定、三日の寄合、六日の意見聴取への出席、連夜の酒宴の停止などが記されていたが、効果はなかったものと思われる。応長元年（一三一一）十月、貞時は四十一歳で没した。

第九章
北条高時と足利氏・新田氏

一　北条高時と後醍醐天皇

（一）高時と寄合

貞時から高時へ

正安三年（一三〇一）八月、北条貞時から執権職を継承した師時は、応長元年（一三一一）九月に病没、翌十月三日には連署宗宣が執権に、空席となった連署には熙時（時村の孫）が就いた。そして、その二十日あまり後、酒宴におぼれた貞時が病死した。ところが、翌年五月、宗宣は一年も経たずして病により辞任、翌月には連署熙時が執権職を継承した。しかし、熙時もまた、正和四年（一三一五）七月、病を理由に辞任、直後に病没し、執権職は北条基時（重時の曾孫）が継承した。この間、連署は置かれなかったが、六波羅探題北方を退いて帰鎌していた北条（金沢）貞顕が就いた。

貞時が病没した時、高時はわずか九歳。『保暦間記』によれば、貞時は死に際して、後事を内管領長崎円喜（高綱）と安達時顕に託したとも伝えられ、執権宗宣・連署熙時はともに蚊帳の外であった。

後事を託された長崎円喜は、平頼綱が滅ぼされた後、得宗家公文所の執事を継承した光綱の子であり、安達時顕は弘安合戦で誅殺された泰盛の甥宗顕の子である。後に、時顕の娘は高時と結婚しているから外戚ともいえるが、高時の娘は正中元年（一三二四）生まれ、嫡男邦時も同二年生まれであるから、九歳の高時との婚姻はいまだ成立していない。ただし、宗顕の母は執権にも就いた政村の娘だから、時顕は政村の外孫である（第七章図11）。おそらく、貞時が弘安合戦の賞罰を不問にし、泰盛方として不遇を託った北条（金沢）顕時と同じ頃、時顕も復帰したと思われる。佐藤進一氏は、正和元年六月以後、すなわち熙時の執権就任にあわせて五番引付頭人に就いた可能性を指摘する。

いずれにしても、幼い得宗が出現したためか、宗宣・熙時・基時と執権を受けつぎ、正和五年七月、高時は十四歳にして執権に就くと、六波羅探題北方・南方として、あるいは引付頭人として幕政に関わった三十九歳の貞顕が引き続き連署に就いた。若い執権を補佐できる豊かな経験が背景の一つであろう。

高時の幕政

では、高時の幕政はどのように運営されていたのだろうか。その実態については不

明な点が多いが、その特徴をまとめておきたい。たとえば、高時の執権就任直前に書かれた貞顕の書状には、

本日、寄合に出仕した時、安達時顕・長崎高綱の二人が申していうには、典廏（高時）の署判始め＝仕事始は来る十日に行いたい。それは貞時の先例である。また、基時の執権職辞退について、高橋九郎入道を召し寄せて申しつけた。

などと記されていた。すなわち、高時の署判始めの日程ばかりか、高橋九郎入道を呼びつけて、基時の執権職辞退の、強要ともとれる指示が、時顕・高綱の二人によってなされていたのである。高橋九郎入道は、得宗家あるいは基時の被官であろうか。

また、時宗・貞時ともに十四歳で執権（時宗は連署）に就いたという先例、さらに翌年三月、幕府からの急ぎの申し入れで除目（任官式）が行われ、高時が相模守に補任されたという『花園天皇宸記』の記述から、細川氏は、得宗は十四歳で執権に就き、十五歳で相模守に任じられるという慣例ができあがっていたと指摘する。現執権の更迭ともいうべき対応に、時顕・高綱の専権ぶりが理解できよう。

寄合合議制

正中三年（一三二六）三月、病気を理由に北条高時が執権職を辞したとき、貞顕は出家の暇＝連署辞任を長崎高資（高綱の子）に申し入れたが慰留されたため、さらに申し入れようとしたところ、中原（摂津）親鑑からも慰留された。その後、貞顕に執権就任を通達したのは高資であって、長崎父子・安達時顕・中原親鑑らの専権が確認できる。もっとも貞顕は、執権就任に「面目極まり無く候」と喜び、予想外のできごとに驚いてもいる。

この日、行われた評定には、貞顕のほか、北条惟貞（時房流）・中務権少輔・中原親鑑・二階堂行貞・長崎高資（以上は東座）、北条守時（重時流）・北条貞直（時房流）・北条高家（名越流）・北条藤時（重時流）・前讃岐権守（安達高景＝時顕子か）・後藤信濃入道（以上は西座）が出席、「評定目録ならびに硯役」＝書記は三善貞連（康連子・問注所執事）、孔子を御内人布施兵庫允、参否確認を御内人安東貞忠がそれぞれ務めていた。

議題は、神事・仏事・乃貢（年貢）三か条と記されているが、当日朝、すでに執権就任が貞顕に伝えられていた後に開催された評定は、空疎な議論となったであろう。

この評定で重要な点は、長崎高資が東座の末席に連ねていることである。佐藤進一氏は、御内人を理由に正式の評定衆ではなく、「評定奉行」と考えている。しかし、高貞顕の書状では貞連や布施、安東ら諸役担当を区別して記述しているのに対して、資は評定衆二階堂行貞に続いて記載されているから、やはり評定衆であろう。また、細川氏は、前讃岐権守を安達時顕の子高景に比定する。当時、時顕は四番引付頭人であったから、逆転現象ではあるが、そうであれば、親子で引付頭人・評定衆を勤めていたことになる。

御内人が評定衆に加えられることは、かってなかった。安達時顕・高景父子が引付・評定衆に就いていることとあわせて、寄合という「秘密の内談」のメンバーにとどまらず、表だった組織にも進出したことになる。

また、『保暦間記』によると、高時の後任には弟泰家が内定していたが、長崎高資は貞顕を後任の執権とした。そのため、怒った高時・泰家の母（城大室〈安達〉泰宗の娘）は泰家を出家させるとともに、貞顕暗殺を計画、驚いた貞顕はわずか四十日で辞任、出家したため、高資は守時（重時の玄孫）を執権に、惟貞を連署に就けたとある。

永井晋氏は、御内人五大院宗繁の妹を母とする高時の子邦時を擁する長崎氏と、泰宗の娘を母とする泰家を擁する安達氏による高時政権の内訌と指摘、「嘉暦の騒動」と表現する。御内人のあいだでも、権力の争奪があったのである。

ところで細川氏は、人事・闕所処分・官途推挙の関与実態を検討し、少数特定の人びとによる合議が行われていたことを明らかにした。たとえば、元徳二年（一三三〇）正月頃の貞顕の書状によると、小田時知・伊賀兼光・佐々木清高による官途の補任要請に対し、官途奉行中原高親（親鑑子）が披露したところ、貞顕は全員に賛成したが、時顕は兼光に反対し、親鑑も時顕に同調したらしい。すでに執権を退いた貞顕が、こうした官途推挙を検討する場にいるのは、寄合をおいて考えられない。だからといって貞顕の優位性が認められるわけではなく、限られたわずかな人びとによる合議で決められている。その結果、高時政権は、長崎高綱・安達時顕を首班とする合議制によって運営されていたと結論する。細川氏のいう「寄合合議制」である。

元弘元年（一三三一）八月、高時は高資の専権に抗して、一族の長崎高頼に高資誅伐を命じた。しかし、計画は事前に発覚、高資の糺問に高時は高頼の一存と応えるのみであったという。得宗でさえ御内人の専権になんら対処できない状況であった。

（二）幕末期の社会と後醍醐天皇

蝦夷蜂起・津軽の内紛

文治五年（一一八九）の奥州合戦後、奥州惣奉行に就いた葛西清重および伊沢家景が奥羽両国の御家人および民政を担当するようになった。さらに幕府は、院政期に成立した「東夷成敗権」によって蝦夷と夷島（北海道か）を支配し、『保暦間記』によれば、北条義時の代官として安藤五郎が派遣されたという。

その実態は不明な点が少なくないが、義時以降、奥羽両国に多くの所領を得た北条氏が被官を派遣し所領の支配に当たらせた。しかし、北条氏の所領が増えると、北条氏の被官と御家人との対立・抗争が多発し、北条氏との関係を深め、あるいは移住するなど、御家人もまた対応せざるを得なくなっていた。

こうした不安定要素は、北条氏の所領が集中する津軽方面で露呈した。すなわち、日蓮が西山殿に充てた書状に「去る文永五年の頃、東には俘囚起こり、西には蒙古より責め使い着きぬ」と記したように、モンゴルの襲来にも匹敵するような「俘囚」が決起する事件が発生していたのである。「俘囚」は、本来朝廷に帰属した蝦夷を示すことばであるが、大石直正氏によれば、安藤氏の支配に反発した北辺の住民「蝦夷」＝俘囚が蜂起し、結果的に安藤五郎が殺害されたというのである。

しかも、「文永五年の頃」の俘囚蜂起は未解決のまま、小康状態が続いた。元応二年（一三二〇）以来、出羽の蝦夷蜂起が解決しないなかで、正中二年（一三二五）六月、安藤季長は「蝦夷管領（代官職）」を取り上げられ、安藤宗季が新たに任命された。これに反発する季長と宗季の双方に「夷ら」が味方して戦うという内紛にまで発展した。

これに対して幕府は、正中三年（嘉暦元年・一三二六）三月、工藤祐貞を派遣、七月には季長を捕らえて鎌倉に移送した。しかし、現地では季長の郎従季兼に「悪党」や「津軽山賊」が加わり抵抗が続いたのである。翌年六月、幕府は「蝦夷追討使」小田高知、宇都宮高貞を派遣、嘉暦三年十月になってようやく「和談の儀」が成立したが、北条氏の支配に対する北辺の不満が解決したわけではなかった。

西の悪党

季兼に味方した「悪党」の類いは、北辺だけでなく全国的に、それぞれの地域で活動・暗躍していた。「悪党」という文言は、承久三年（一二二一）八月、六波羅の北条泰時が備前国八塔寺（岡山県備前市）に下した制札に「悪党の狩猟人」とあるのが古く、「清浄結界の地」を侵すような狩猟の人びとであった。しかし、寛元三年（一二四五）の追加法二五二条では、「盗賊・山賊・夜討・強盗」をはたらく「悪党」に懲粛を加えるべく守護や地頭に命じているが、この頃から、「悪党」の概念は拡大され、違反取り締まりの追加法が増えてくる。

弘安七年（一二八四）五月には、証拠が無くとも悪党との風評があっただけで捜査を始め、御家人であれば即座に六波羅探題に召還し、非御家人や凡下（一般庶民）に対しては、守護と幕府派遣の使者が相談して対処するよう指示している。ここでは、非御家人や凡下だけでなく、あろうことか御家人も悪党の対象となっているのである。

すでに弘長元年（一二六一）二月、守護や地頭が悪党を「見隠し聞き隠す」ことを禁止しているが、守護や地頭と悪党との関係がきわめて近いことを物語っている。
そのため、弘安九年二月、幕府は悪党を所領内に住まわせているだけで、所領三分の一を没収する厳しい措置を講じた。ところが、乾元二年（嘉元元年・一三〇三）六月には、「夜討・後藤・山賊・海賊」に限定して、それまでの流刑から斬刑に重罪化したが、悪党に与（くみ）する住民や地頭が少なくなく、幕府の命令が徹底されない現状を反映したものであろう。

なお、建治元年（一二七五）六月の追加法四六九条は、「西国の新関・河手」などの停止がすでに下知されていたが、違犯の事例が多かったのであろうか、「はなはだ猛悪」であるので、再度下知するというものであった。おそらく、新たに関所を設置して関銭や河手＝河川通行料を徴収する場合も「悪党」の行為と見なされたのであろう。それは、交通の要衝が、関銭や河手といった経済的利潤を得る対象であったことを示している。

多様な悪党

しかも、こうした交通の要衝地は、御家人・非御家人を問わずに重視していた。たとえば、元応元年（一三一九）十二月、備後国の守護長井（大江）貞重（さだしげ）は、代官を大（おお）

田荘の倉敷（年貢積み出し港）尾道浦（広島県尾道市）に乱入させ、放火・殺害・刃傷・追捕を行ったとして、高野山から訴えられている。貞重は、大江広元の玄孫にして、祖父泰重の代から六波羅探題の評定衆を務めていたが、一方で曾祖父時広以来、備後国の守護を歴任していたから、国内の交通網の情報は入手していたはずである。また、『峯相記』によれば、御内人安東蓮聖は、借上を営むとともに、数百貫の銭を投じて瀬戸内の海上交通の要港播磨国福泊（兵庫県姫路市）を築港するなど、経済・流通システムに深く関わり、ときには得宗家の権威を背景に強引な手段を用いたから、まさに悪党と同類であった。

ところで、代表的な悪党として楠木正成を思い起こす方は多いだろう。ただし、現在（二〇二一年）の高校日本史教科書では、せいぜい「河内の悪党的武士」とか「悪党に近い新興の武士」という微妙な記述に留まっている。

従来、永仁三年（一二九五）頃に確認される楠河内入道を河内国の楠一族と理解し、正成をその子孫と考え、その奇抜な戦いや不透明な行動から、「悪党」出身と考えられてきた。しかし、正成が活躍した地域に楠木の地名が見いだせないのに対し、駿河国入江荘（静岡市）には楠木村が確認されること、荘内の江尻津は巴川西岸に位置し、対岸にあった国府津の入江浦とともに機能した河口港であること、入江荘自体が得宗領であったことなどから、御家人ないし御内人だったとの指摘が出されている。入江荘が東海道にそった荘園であるとともに、河口港江尻津を要した、水陸交通路の交点であることを考えると、交通・流通に関わった安東蓮聖を連想させる。

しかし、幕府が新関や河手の禁止政策を掲げれば、それはかれら御内人の経済活動を阻害する要因ともなり、その政策の否定は、幕府あるいは得宗家の被官という立場と矛盾することにもなる。それでも、得宗家の権威以上の現実的不利益を考えたとき、御内人や御家人の立場を否定することも厭わぬ故に、「悪党」にもなりえたのである。

後醍醐天皇の倒幕計画

文保二年（一三一八）正月、大覚寺統の後宇多上皇は、持明院統の花園天皇に譲位を迫り、翌二月、尊治親王を践祚させた。後醍醐天皇であるが、東宮（皇太子）が兄後二条天皇の遺児邦良親王であることからわかるように、邦良が成長するまでの中継ぎであり、「一代の主」でしかなかった。

そのような立場を否定すべく、元亨元年（一三二一）六月には院政を停止し、摂政や関白を置かずに親政を進めて政治権力の一元化をはかった。さらに、文保の和談（両統迭立）を原則とする幕府に対し、近臣日野資朝・同俊基らに倒幕を企てさせた。得宗・御内人の専制に対する御家人の不満と「悪党」にみられる社会の離反を利用しての計画であった。しかし、元亨四年（正中元年・一三二四）九月、この計画は発覚し、多くの関係者が捕縛された。いわゆる「正中の変」である。正中三年（嘉暦元年・一三二六）三月、東宮邦良が夭折すると、幕府は、持明院統後伏見上皇の皇子量仁親王（後の光厳天皇）を立太子させた。この幕府の対応に、自身の子尊良親王に皇統を継承させようと考えていた後醍醐は、焦燥感を募らせた。自身の嫡系に皇統を継承させようとする後醍醐にとって、両統迭立に固執する幕府は好ましい存在ではなかった。

しかも、元徳二年（一三三〇）九月、後醍醐が期待した尊良の弟世良親王が病没し、自身の皇統を存続させるのが困難になった頃、幕府は量仁への譲位を後醍醐に強く求めるようになった。こうした諸条件が、後醍醐にふたたび倒幕の計画を進めさせた。

元徳三年（元弘元年・一三三一）五月、吉田定房の密告により日野俊基・文観らが捕らえられ、またしても計画が事前に発覚すると、八月、後醍醐は神器とともに奈良に行幸、ついで笠置山（京都府笠置町）に実質的に逃れたのである。翌月、これに呼応するかたちで、楠木正成は蜂起して赤坂城（大阪府千早赤阪村）に立て籠もった。

これに対して幕府は、北条貞直・金沢貞冬・足利高氏（後の尊氏）らを上洛させて笠置山を包囲した。そのさなか、持明院統の量仁親王は後伏見上皇の詔勅でもって践祚した。光厳天皇である。ここに、後醍醐・光厳という二人の天皇が併存する事態となった。

幕府勢の攻撃に笠置山は陥落、河内国に逃れ行く途中、後醍醐は宇治（うじ）の平等院（びょうどういん）で捕らえられた。翌年三月、後醍醐は隠岐に流され、近臣の多くが処罰された。「元弘の変」である。後醍醐の流島（るとう）で、事件は終息したかにみえた。しかし、この事件をきっかけに、次第に反幕勢力が結集、各地に戦乱は拡大していった。

二　足利氏と鎌倉幕府

（一）足利氏と足利荘

秀郷流藤原氏と清和源氏

足利氏といえば、尊氏に代表されるように清和源氏の一門である（以下、源姓足利氏）。しかし、その本拠地「足利」の開発は、まず鎮守府将軍藤原秀郷の子孫によって進められた。すなわち、『尊卑分脈』によれば、秀郷の子孫兼行は「淵名大夫」と号したというから、上野国淵名荘（群馬県伊勢崎市）の開発領主であろうが、その子成行が初めて「足利大夫」を称したと伝える（以下、藤姓足利氏）。その系譜をみると、兼行の子孫は淵名を起点に足利（栃木県足利市）や林（拝志・群馬県昭和村周辺か）を名のる子孫があらわれ、さらに成行の子孫は山上（群馬県桐生市）・佐野（栃木県佐野市）や阿曾沼（佐野市）・園田（桐生市）・大胡（群馬県前橋市）を称している。これらは、上野国から下野国にかけての一帯に位置しているから、いわゆる秀郷の子孫が両国に大きな勢力を有していったことが想像できる。

では、足利の地と源姓足利氏との関係は、いつ頃から確認されるのだろうか。源姓足利氏は、源義康（義国の子）に始まる。清和源氏と東国との関係については、多くの研究があるが、平忠常の乱（一〇二八〜三一）を平定した源頼信に始まり、平直方の女婿となって「鎌倉」を掌握した頼義、さらに義家・義光兄弟を経て強まったとみて大略誤りはないだろう。その後、義光の子義業は常陸平氏平清幹の女婿となり、その子孫は久慈郡佐竹郷（茨城県常陸太田市）を支配して佐竹を名のることになる。

一方、義家は「鎌倉」を拠点として相模国に対する影響力を強めつつ、子義国に下野守源有房の娘（義康の母）および上野介藤原敦基の娘（義重の母）を迎え、上野・下野両国への進出をはかった。受領層の任国支配に、源家との婚姻がどの程度有利にはたらいたか具体的にはわからないが、義家に秀郷流藤原氏との接点をもたらしたことは充分考えられる。あるいは藤姓足利氏と主従関係を結ぶなかで、足利郡に対する何らかの権益を手に入れたのであろうか。

源義国と足利荘

永久二年（一一一四）八月、上野国で雑物を略奪したとして国司から訴えられた

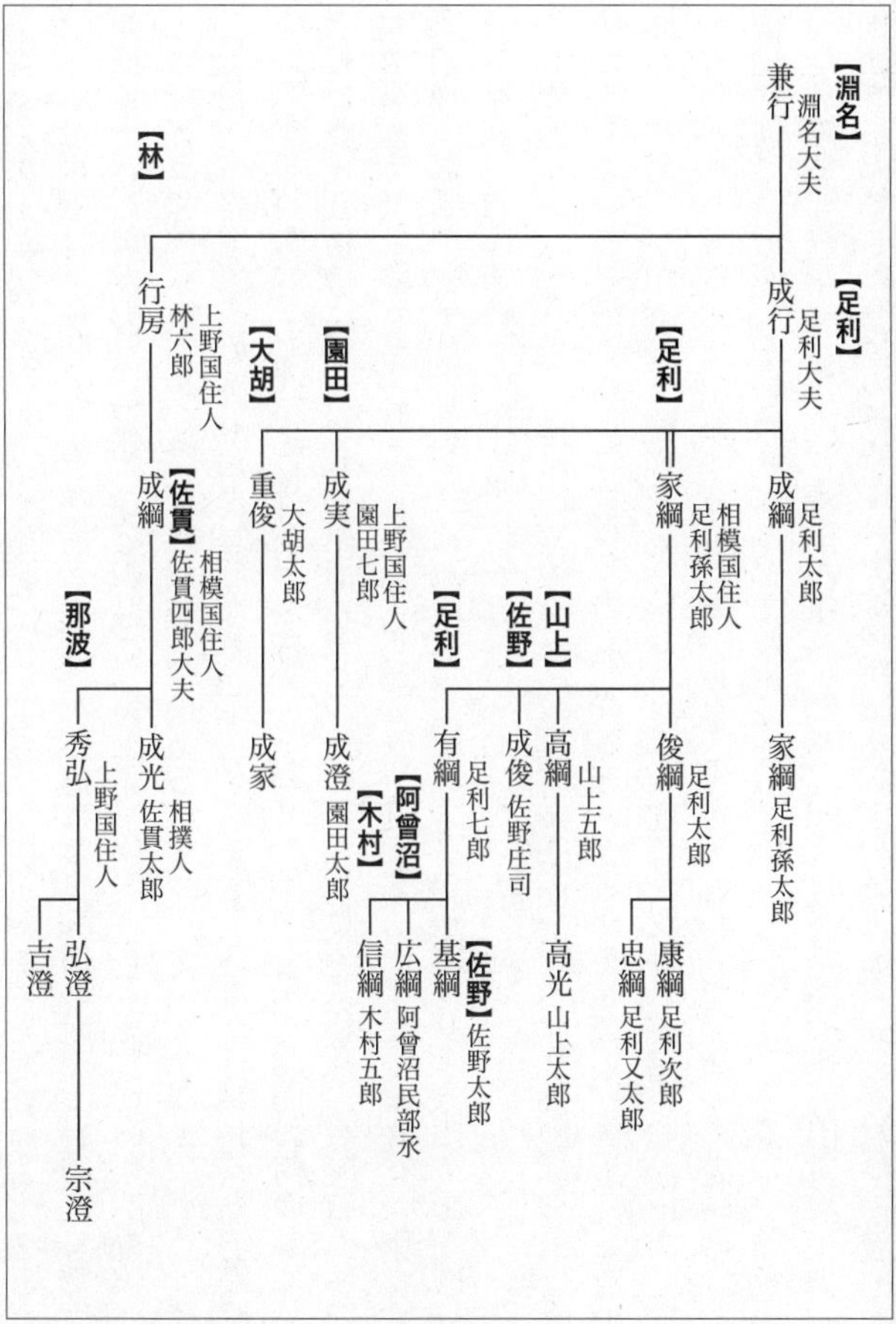

図16　秀郷流藤原氏略系（『尊卑分脈』等に拠る）

「郎党家綱」の召喚をめぐって、源義国は源為義（義家の嫡孫）と対立することになった。この家綱は、足利成行の孫で、足利郡を本拠に渡良瀬川の対岸上野国にも勢力を伸ばしていたが、『尊卑分脈』は家綱を「相模国の住人」とも記しているから、家綱との関係は父義家の代から受けつがれたのであろう。

ただし、義国はその後も在京し、天承元年（一一三一）九月に行われた鳥羽殿城南寺（京都市伏見区）の流鏑馬には射手を献じており、鳥羽上皇の北面に伺候していたと野口実氏は指摘する。なお、康治元年（一一四二）十月、足利郡内の所領を鳥羽上皇の御願寺である安楽寿院に寄進して足利荘を立荘するとともに、翌年には隣接する梁田郡（渡良瀬川以南の足利市）の一部を伊勢内・外宮に寄進して梁田御厨を成立させるなど、時に下国して在地経営にも関わっていた。

久安六年（一一五〇）、洛中の路上で右大将藤原実能と出会った義国は、狼藉を働いたとして実能の従者に馬から打ち落とされるという事件がおこった。かれの活動経歴からすれば、すでに老齢だったと思われるが、恥辱を受けた義国の郎従は実能邸を焼き払うという行動に出た。そのため、勅勘（天皇のとがめ）を蒙った義国は「下野国足利別業（別宅）」に籠居せざるをえなかった。

ところで、峰岸純夫氏は、寿永二年（一一八三）十月、義国の孫矢田義清が山城国中西寺に奉納した写経の紙背に「上野国新田住式部大夫・加賀介・従五位下義国」とあることから、久寿二年（一一五五）に没する義国が、晩年は新田郡に居住していた可能性を指摘している。「新田」が康治二年に寄進・成立した梁田御厨に隣接することを思えば、あるいは義国の子義重が後に新田荘を立荘するなど、上野国にもその勢力を扶植しようとしたことはいうまでもない。しかし、それは秀郷流藤原氏も同様であったから、とくに藤姓足利氏とのあいだに緊張関係が生ずることは充分考えられた。

源義康・義重兄弟と義朝・義平父子

そうしたなかで、為義と対立した義国が没すると、子の義康・義重兄弟は異なる対応を示すようになる。すなわち、久安（一一四五〜五一）頃に上洛した義康は、父義国と同じように鳥羽上皇に北面として仕え、蔵人や検非違使、さらに陸奥守にも任ぜられて「陸奥判官」とも称された。また、保元の乱（一一五六）に際しては、後白河天皇方に加わった義朝の軍勢四百余騎とは別に「陸奥新判官義康」が百余騎を従えて参陣している。

それに対して義重は、義朝の子義平を女婿に迎え、第一・二章で詳述した「大蔵合戦」（一一五五）に、家綱の子俊綱とともに義平勢に加わったと、峰岸氏は指摘する。この戦いに勝利した義朝は、翌年に起こった保元の乱に、武蔵国の多くの武士とともに「足利太郎」を動員している（古活字本『保元物語』）。足利太郎は、『吾妻鏡』に

「従五位下藤原俊綱〈字足利太郎〉」とある俊綱のことであろう。

ただし、『保元物語』は多くの写本があり、宝徳三年（一四五一）書写の奥書がある陽明文庫蔵本と金比羅宮蔵本を底本とする「日本古典文學大系」本には、足利太郎の名はない。古活字本は、近世初頭に版行されたものであるから、加筆された可能性もある。

藤姓足利氏の没落

足利家綱から足利荘を伝領した俊綱は、郡内の「棟梁」として数千町を支配したという。ところが、仁安年中（一一六六〜六九）、俊綱は女性問題がこじれて足利荘の領主職を没収され、その権利は足利荘の本家（上級領主）である平重盛（清盛の子）によって義重に与えられた。そのため、俊綱は上洛して愁訴したところ返還されたので、以後、平家に属するようになったという。保元の乱に義朝方に加わった俊綱が、平治の乱（一一五九）では義朝方として確認できないから、少なくとも、義朝の没落後は平家との結びつきをはかったのであろう。

なお、寿永二年（一一八三）二月、俊綱・忠綱父子は頼朝の叔父志田義広の蜂起に与して野木宮（栃木県野木町）の合戦で敗れると、俊綱はその被官桐生六郎に殺害され、忠綱もまた西国に落ち延び行方知れずとなった。小山氏とともに「一国（下野）

の両虎」と称された藤姓足利氏は、こうして滅び去ったのである。

(二)足利氏と源頼朝・北条氏

義康・義兼父子と義朝・頼朝父子

足利義康は、鳥羽上皇に伺候していた頃、藤原季範の養女となった熱田大宮司藤原範忠の娘と結婚した。永久二年(一一一四)、母方の祖父尾張員職から熱田社(名古屋市)の大宮司職を譲られた季範の縁戚には、白河法皇に仕え「夜の関白」と称された葉室顕隆と結婚した従姉妹や源仲政と結婚して頼政を出生した従兄弟友実の娘などがいたから、それらを通じて源家一族との接点もあったに違いない。

季範は、久寿二年(一一五五)に死去しているから、義康との婚姻もそれ以前のことであろう。しかも、季範の娘が源義朝と結婚し、そのあいだに頼朝が誕生したのは、久安三年(一一四七)のことだから、源氏との連携を考えた季範の思惑もあったのではないだろうか。義康の妻は、血縁的には義朝の妻の姪であるが、季範の養女(義朝の妻の姉妹)でもあったわけだから、義康と義朝は妻を介して義兄弟でもあった。しかも、保元の乱では、共に後白河天皇方として参戦したから、それぞれの子義兼と頼朝は、同じころ、同じような環境のなかにいた可能性が大きい。

頼朝の挙兵に、義兼がいつ加わったのかはっきりしない。石橋山の戦いに敗れた頼朝が、鎌倉に入ったのが治承四年（一一八〇）十月のこと。同年十二月、完成した新邸に移る頼朝に、北条時政・義時父子に次いで義兼が供奉（ぐぶ）している。必ずしも早い時期ではないが、保元の乱前後から記憶にあったであろう従兄弟義兼の参陣を、まったく知らない弟義経の参陣以上に頼朝は喜んだのではなかろうか。後に、義経の妻に家人河越重頼（かわごえしげより）の娘が選ばれたのに対し、早くも翌年二月、頼朝は特別に仰せて、義兼を北条時政の娘と結婚させている。義兼は、頼朝ばかりか北条氏との婚姻関係を手に入れ、さらに文治元年（一一八五）八月には、他の源氏一族とともに上総介に任命された。頼朝は、後見（こうけん）勢力の一翼に、あるいは自分を守る屛に、義兼を位置づけようとしたと思われる。

義兼と頼朝

頼朝との関係から、初期の幕政における足利義兼はきわめて枢要な位置を占めていた。文治四年（一一八八）正月六日、初めて垸飯（おうはん）を頼朝に献じたことが『吾妻鏡』にみえる。当時、この役割は幕政の中心的御家人、たとえば千葉常胤（つねたね）や三浦義澄（よしずみ）、小山（おやま）朝政（ともまさ）らが担当しており、幕府内の序列を表すものであったから、義兼がおこなったことの意味は大きい。なお、北条時政が垸飯役を初めて担当したのは、頼朝の没後、正治二年（一二〇〇）、新しい鎌倉殿頼家への献上であった。

また、他の源氏一門と比べても頼朝の信任は厚く、建久五年（一一九四）十一月には鶴岡八幡宮において両界曼荼羅の供養会を行っている。鶴岡八幡宮での供養会は、ほとんど頼朝が主催しており、源氏一門を含めて、御家人が主催する例はきわめて少ない。義兼は、平家追討や文治五年の奥州合戦にも従い、また、建久元年正月、大河兼任の蜂起には追討使として派遣された。これらの軍功に対しては多くの恩賞が与えられたらしく、河内国の荘園を支配していたことが『吾妻鏡』から確認できる。同六年三月、頼朝とともに上洛した義兼は、東大寺において出家、法名を義称と称したが、建久十年三月、頼朝の死の直後に没したと『尊卑分脈』は伝える。

足利氏の発展と北条氏

義兼の嫡子義氏は、時政の娘を母として生まれた。したがって、源頼家・実朝とは又従兄弟、北条泰時とは従兄弟のあいだがらになる。幕政における重要度に変わりなく、武蔵守や陸奥守を歴任、さらに左馬頭に任命されたが、仁治二年（一二四一）五月、出家して正義と称した。しかし、その後も寛元元年（一二四三）および建長元～六年（一二四九～五四）の正月には垸飯をその時々の将軍（藤原頼経・同頼嗣・宗尊）に献上した。とくに建長四年四月には、鎌倉に下着したばかりの宗尊親王に献上

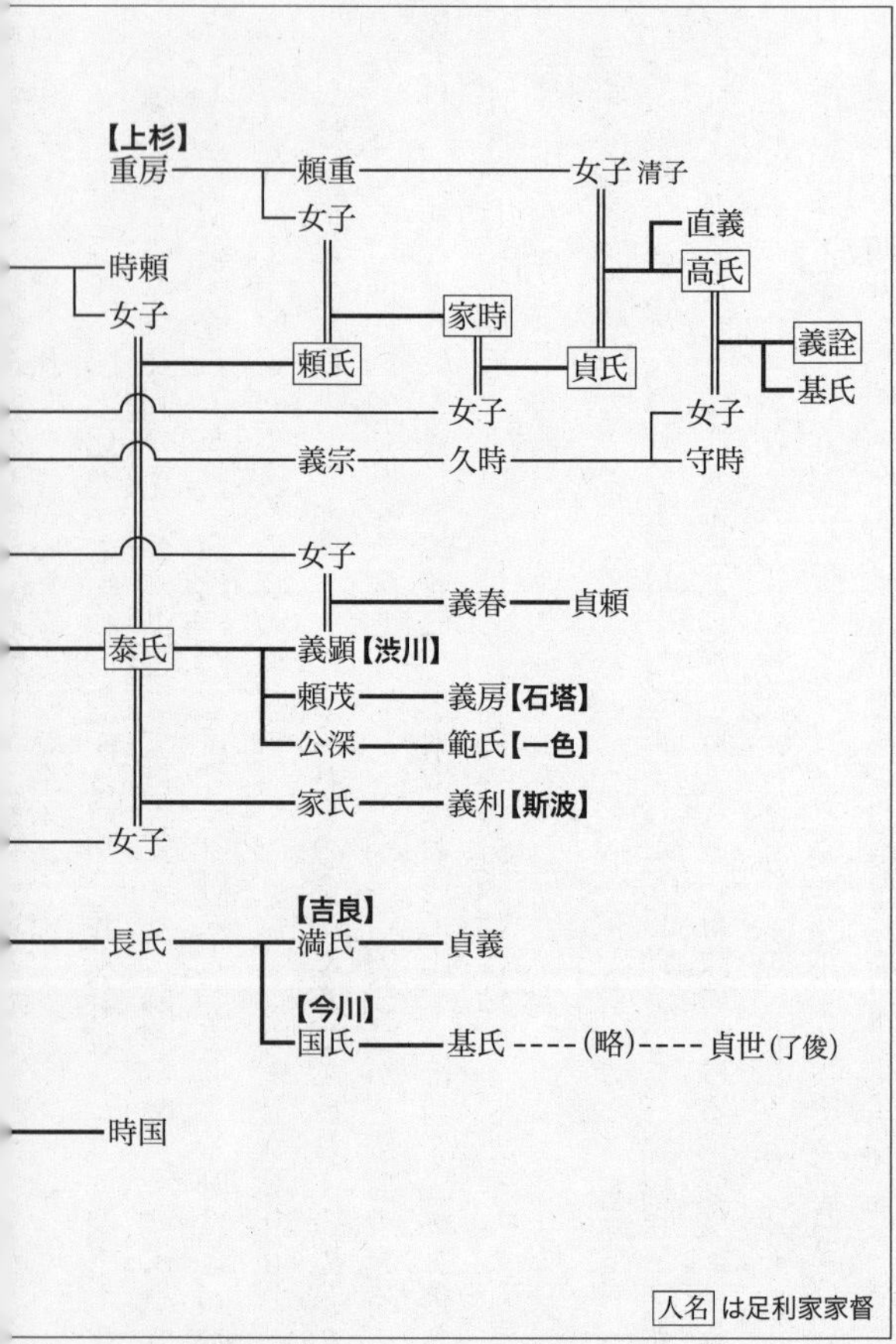
【上杉】
重房
頼重
女子
女子 清子
直義
高氏
時頼
女子
家時
頼氏
貞氏
義詮
基氏
女子
女子
義宗
久時
守時
女子
義春
貞頼
泰氏
義顕【渋川】
頼茂
義房【石塔】
公深
範氏【一色】
家氏
義利【斯波】
女子
長氏
【吉良】
満氏
貞義
【今川】
国氏
基氏 ----（略）---- 貞世（了俊）
時国
人名 は足利家家督

上〉・『吾妻鏡』等に拠る）

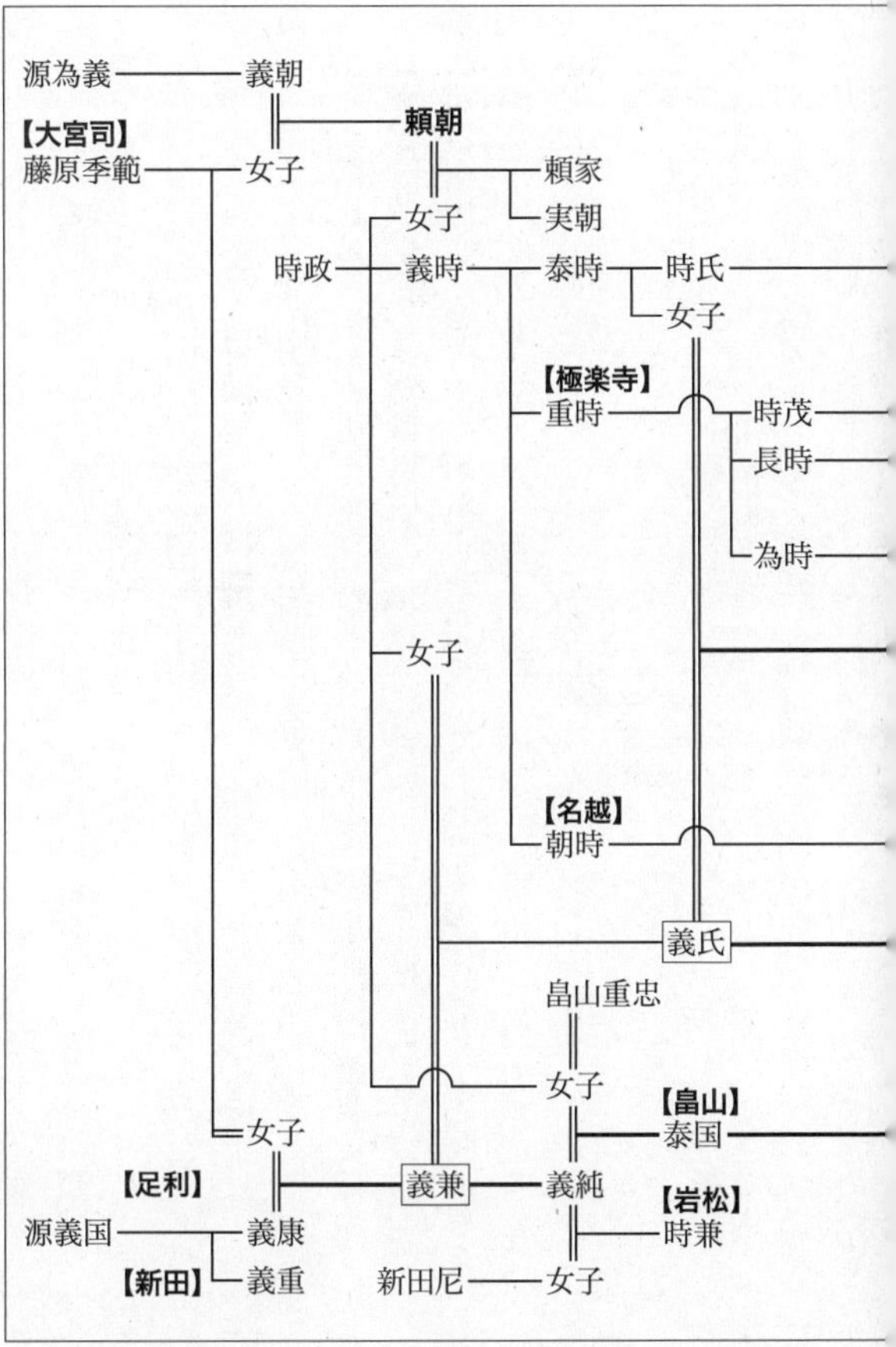

図17　足利氏と北条氏
(『尊卑分脈』・野津本「北条系図」・「北条系図」〈『続群書類従』第六輯

するなど、「関東の宿老」として存在しつづけたが、建長六年（一二五四）十一月に没した。

この義氏の時代は、和田合戦・承久合戦・宝治の合戦という多くの事件が発生したときでもあったが、終始、北条氏と連携して恩賞地を拡大していった。たとえば、『吾妻鏡』には美作国新野保（岡山県津山市）以下数か所を与えられたことがみえ、暦仁元年（一二三八）以前には三河国守護職にも任命された。義氏の子長氏の子孫が名のる吉良は、三河国吉良荘（愛知県西尾市吉良町）に由来する。

また、義氏は宝治の合戦で上総秀胤が滅亡すると、上総国守護職に任命されるとともに下総国埴生荘（千葉県成田市）を与えられた。埴生荘は子の泰氏に相続されたが、泰氏が自由出家（無許可の出家）したために没収、その後、北条実時に与えられたことは第六章で詳述した。この三河・上総両国の守護職は、幕府の滅亡時まで足利氏が継承したようである。

足利氏の所領支配

福田豊彦氏によれば、足利氏の基本的な所領は、義氏の時代に確立され、これを管理する家政機構も整えられたという。鎌倉時代末期における足利氏の所領と、その支配の実務を担当した人びとに関する資料が残されている。これをまとめた表7から、

表7　足利氏の所領と奉行人

	所　領	奉行人
I群	下野国－足利庄・田井庄 上野国－広沢郷 陸奥国－賀美郡 上総国－大佐貫 美作国－讃(美ヵ)甘庄・ 　　　　坪和東郷・坪和西郷 山城国－久多大見 (不明)放光寺・黒田保	南右衛門入道 横瀬五郎入道 駿河六郎二郎 粟飯原十郎 醍醐三郎入道 堀松三郎二郎 寺岡太郎左衛門尉
II群	上総国－市東郡・市西郡 安房国－朝平郡 相模国－愛甲庄・公田上村 　　　　宮瀬村 丹後国－宮津庄 美作国－稲岡南庄 阿波国－秋月庄 (不明)友子庄・賀治山村	三戸八郎左衛門入道 寺岡左衛門入道 彦部二郎左衛門尉 海老名七郎太郎 有木中務丞六郎 源民部七郎 村上助房
III群	三河国－額田郡・設楽郡・ 　　　　富永保 武蔵国(ヵ)－田宮郷 丹波国－八田郷・漢部郷・ 　　　　大田郷 備前国－宇甘郷 美作国－新野郷 筑前国－戸栗重富 (不明)田中郷・阿土熊	上杉三郎入道 倉持新左衛門尉 設楽太郎兵衛入道 梶原太郎左衛門尉 小嶋三郎 有富三郎 明石二郎左衛門尉 大炊助

多くの奉行人（被官）が所領の支配に関わっていたことがわかる。この多くの奉行人のなかで、南・三戸・彦部の諸氏は高一族に含まれるから、奉行人の筆頭は高・上杉の二氏であり、後の足利幕府の執事の家柄と一致する。また、当然のことながら、かれらと同姓の者が高氏・直義にしたがっており、さらに室町幕府の近習・奉行を始めとする下級役人の氏族名とも一致する。

かれらは、足利氏の所領内の地名と一致する者が多い。たとえば、寺岡は足利荘内の地名であり、横瀬は岩松氏の支配した新田荘内の郷名、彦部は陸奥国紫波郡内の郷名である。かれらが、その所領の以前からの領主なのか、足利氏から与えられた所領名を名のったかは明らかにできないが、足利氏の中核ともいうべき被官群であったと思われる。

表7の多くの所領は、足利氏の「奉行所」によって支配された。この奉行所が足利荘内におかれたか、鎌倉に置かれたかわからないが、訴訟を扱うとともに全体を組織的に統率する機関であった。

また、この奉行所の命をうけ、徴税をはじめとする一般的な支配の実務を担当したものが、各地におかれた公文所で、寄人と称された下級役人が実務を担当していた。おそらく、かれらを指示したのが奉行所の役人であり、奉行人だったのだろう。

三　足利高氏と鎌倉幕政

（一）得宗専制と足利一族

反発する足利一族

足利泰氏は、北条泰時の娘を母とし、それゆえ「泰」の一字を用いたのであろうが、泰時の子時氏の娘と結婚した。嘉禎二年（一二三六）には丹後守に任命され、翌年には宮内少輔に転任した。ところが、泰氏の子頼氏以降、得宗家との婚姻関係が認められないことは、前掲の図17を見ると気がつく。

泰氏の子頼氏は、足利氏の被官上杉重房の娘と結婚し、その子家時は北条重時の子時茂の娘と結婚、その子貞氏は重房の孫娘と結婚している。そして、家時の頃から足利一族のなかで北条氏に対立する者もあらわれてくる。たとえば、文永九年（一二七二）には家時の従兄弟にあたる渋川義春が佐渡国に配流されるという事件も発生している。六波羅探題南方の北条時輔が名越氏とともに時宗に反発するも、謀叛の疑いで排除された、いわゆる二月騒動の余波と考えられる。

なお、義春の母＝為時女について、為時を『北条氏系譜人名辞典』は時頼の弟為時（時定）とするが、『尊卑分脈』は義春の項に「苅田小柴相伝」とある。この「苅田小柴」は、陸奥国苅田郡小紫（宮城県刈田郡蔵王町）の誤りであろう。苅田郡を支配したのは中条家長の弟にあたる苅田義季であり、その娘は北条重時と結婚、ふたりのあいだに誕生したのが為時であった。為時は、母から譲与された所領を娘に与え、結婚した義春が「苅田小柴」＝小紫を相伝したのであり、為時は重時の子であろう。

また、吉良長氏の子満氏は越前国の守護職に就いたが、御内人平頼綱と対立した安達泰盛が追討された弘安合戦（一二八五）では、泰盛に味方して追討されている。越前国守護職は没収され、以後、庶子家のなかで守護に就いた事例は確認できない。

足利氏には、先祖源義家による「自分は七代の孫に生まれかわり、天下を取るであろう」という置文（遺訓・遺言）が伝来していたという。ところが、義家七代の孫とは、この家時であった。しかし、家時は義家の置文のように天下を取ることができないため、氏神八幡大菩薩に祈願、「自分の命を詰めるから、三代のうちに天下を取らせて欲しい」との置文を残して切腹したというのである。足利氏の一族で、九州探題にも任命された今川貞世の『難太平記』には、この家時の置文が実在したかのように書かれているが、真偽のほどは明らかでない。黒田俊雄氏は、足利の家に天下をねらう家訓のようなものがなかったとは言い切れないと指摘する。そして、家時三代の孫が高氏（後の尊氏）であった。

（二）足利高氏の倒幕行動

後醍醐の隠岐脱出と高氏

後醍醐が隠岐を脱出して、伯耆国船上山（鳥取県琴浦町）を本拠としたのは、元弘三年（一三三三）閏二月のこと。これに対して、隠岐の守護佐々木清高は船上山を攻撃したが、敗れて北陸に逃れた。この清高の敗戦をきっかけに、中国地方の武士たちが陸続と後醍醐方に結集し始めた。西日本における反幕闘争は、各地に波及していく。同時に、京都をめぐる戦いは熾烈をきわめ、一進一退の状況であった。

そこで高時は、名越高家と足利高氏の二人を大将とし、大軍をひきいて上洛させる。しかし、この命令に高氏は不満であった。一昨年の笠置山攻略は父の死後三日とたっていなかったし、今回もまたかれ自身が病中であった。三月二十七日、かれは妻（執権北条守時の妹）と二人の子、竹若と千寿（後の二代将軍義詮）をおいて鎌倉を出発した。三河国矢作（愛知県岡崎市）に着いた時、一族の吉良貞義に相談すると、かえって北条氏攻撃を勧められたと『太平記』にある。『梅松論』によれば、後醍醐の綸旨を得た細川和氏・上杉重能の二人は、近江国で高氏にこれを披露したとある。いずれが事実かわからないが、高氏の叛意は、上洛以前にはすでに決まっていたものであろう。

当時の六波羅探題は、北方が北条仲時(基時の子)、南方が北条時益(政村の曾孫)であった。かれらとの軍議の結果、高氏は山陰道、高家は山陽道をへて船上山に向かう。四月二十七日、京都を発した両軍勢であったが、早くも久我縄手(京都市伏見区)で赤松勢と戦った高家が戦死、軍勢は京都に逃げ帰った。しかし、高氏はそのまま丹波国に向かい、所領である同国篠村(京都府亀岡市)に到着、その日のうちに結城宗広、小笠原貞宗らに挙兵への参加を求めた。さらに二十九日、篠村八幡宮に北条氏打倒の願文を納めるとともに、九州の大友・島津ら諸氏にも参加を呼びかけたのである。

五月二日、鎌倉脱出をはかった竹若は殺害されたが、逃げのびた千寿は、九日になって新田義貞と合流した。

倒幕勢の六波羅攻撃

七日、京都への総攻撃が始まった。高氏勢は洛西、嵯峨方面から進攻、赤松勢は西南から、後醍醐の近臣千種忠顕は洛南から六波羅勢を攻撃、凄惨な戦いが各所でくり広げられた。しかし、どの戦場でも六波羅勢は敗退、仲時・時益は後伏見上皇・花園上皇と光厳天皇をともなって関東に赴き、ふたたび京都を奪い返す計画をたて、京を落ちのびた。

だが、かれらをねらう野伏がひしめいていた。ついに山科四宮河原（京都市東山区）あたりで、時益は頸を射貫かれて落命した。九日には、七百騎ほどに減った軍兵とともに、伊吹山のふもと、番場の宿（滋賀県米原町）に差しかかろうとすると、二、三千の軍勢がかれらを待ちかまえていた。どのくらい戦ったのであろうか、敵兵の姿は見えなかった。しかし、ここを越えても美濃以東には足利方の土岐氏や吉良氏が、かれらを待ちかまえていた。先の見通しをまったく失った仲時は、番場の一向堂（現在の蓮華寺）前で自刃、四百三十二人の敗残兵はつぎつぎに自害していった。六波羅勢は潰滅したのである。

六月四日、後醍醐らは船上山から京都に還り、建武政府を樹立した。

四　新田氏と鎌倉幕府

（一）新田氏と鎌倉初期幕政

新田荘と新田一族の自立

新田氏は足利氏と同族にして、源義国の子義重(よししげ)に始まる。父義国が下野国足利荘の別業(べつごう)に引退した過程は前節で述べた。義重もこの時、父とともに関東に下ったものと思われる。義重は、父義国および兄義康の支援を受け、足利荘とは渡良瀬川(わたらせがわ)をへだてた上野国新田郡（群馬県太田(おおた)市）に進出した。

かれがどのような手段で新田郡に土着し、開発を進めていったか不明な点も多い。しかし、保元二年（一一五七）には郡内の私領を京都の藤原忠雅(ふじわらのただまさ)に寄進、それが認められて義重は新田荘の下司職に任命された。その後、荘内の開発は進められたことであろう。仁安三年（一一六八）六月には、妻および子息義季(よしすえ)に荘内の一部を譲与した。また、義重は新田荘拡大のため積極的にはたらき、時には隣接する伊勢神宮領でもある園田御厨（群馬県太田市）と境界争いを起こすこともあった。

承安二年（一一七二）、義重は、他の子息にも所領の分割譲与を行ったとみられる。そのなかで、義範には荘外ではあるが片岡郡山名郷（群馬県高崎市）を、義俊には新田荘東部の高林や牛沢（太田市）と碓氷郡里見郷（高崎市）を、経義には新田荘東北部の額戸・長岡（太田市）を譲与し、それ以外は嫡子義兼（足利義兼とは別人）と義季に分与したらしい。ここに、義兼の新田氏、義俊の里見氏、義範の山名氏、義季の世良田氏、経義の額戸氏が成立する。

新田義重と源頼朝

治承四年（一一八〇）の源頼朝の蜂起に、新田一族はどのような対応を示したのであろうか。義重が新田郡の開発地を寄進した藤原忠雅は、平家との関係を深め、清盛の娘を子息兼雅の妻に迎えていた。この関係からか、義重は頼朝の蜂起と石橋山の敗戦を清盛に報告している。その後も自立の意志をもって頼朝の呼びかけにも応じず、本拠の寺尾館（群馬県高崎市）に立て籠もった。同年十二月、頼朝の蜂起も成功したと考えたのであろうか、安達盛長の仲介によって頼朝のもとに参陣した。もっとも、子息義範や孫の義成は、義重とは異なり、早くに頼朝勢に合流している。

この頼朝への帰属の違いが、以後の幕政で異なる待遇をうけることにもなる。たとえば、文治元年（一一八五）八月、義範は源氏の一族として伊豆守に任命され、建久四年（一一九三）五月には、義成が「遊君別当」に任命された。「遊君別当」は一時的な職名とも思われるが、その後、伊賀守に任命された。あるいは、世良田義季の子頼氏が三河守に任命されている。これに対して、義兼は惣領家でありながら、皇嘉門院の蔵人にして大炊助が唯一の任官である。惣領新田氏より庶子家が重用されたことを示している。

幕政と新田一族

鎌倉期を通じて、新田氏の動向は不明な点が少なくない。峰岸純夫氏は、新田義貞の滅亡によって惣領家の伝来文書が失われたのに対し、得川（徳川）・世良田両氏の氏寺であった長楽寺（群馬県太田市）のもとに集積された長楽寺文書と、岩松氏に関する正木文書が中心とならざるをえないからと指摘する。これは、中世の武士を研究する際によく見られる点である。

そのようななか、承久合戦に際して、六月十四日に展開された宇治川渡河作戦の軍功を『吾妻鏡』は記載する。ここに記載される仁田次郎太郎や江田兵衛尉・江田五郎太郎、青根三郎を、仁田＝新田と理解し、青根を荘内の地名大根と理解することも可能だが、仁田は伊豆国の御家人仁田氏とも考えられるし、大根＝青根も付会の危険がある。

しかも、『新田義貞公根本史料』が記すように、仁田次郎太郎を得川頼有に比定し、文永五年（一二六八）の譲状に勲功の所と記す但馬国上三江荘（兵庫県豊岡市）や相模国永用郷（神奈川県平塚市長持）は、承久合戦の軍忠によって与えられたという峰岸氏の指摘は首肯できても、それは惣領家の動向ではない。

また、山名義範の子孫にあたる俊行・行直兄弟は、建長六年（一二五四）に引付衆に加えられている。二人は、鎌倉殿の供奉人として『吾妻鏡』に記されることが多いが、引付衆という幕政への直接的関与は新田一族では極めて稀である。

新田惣領家の失態

そうしたなかで、仁治二年（一二四一）四月、新田政義は預かった四人を逃亡させたとして過料三千疋を八月中に弁償するよう命じられた。三千疋は三万貫に当たるが、後述する六条八幡宮の造営に最大の負担を求められた北条時宗でさえ五百貫文であったから、いかに莫大な過料であったかがわかる。期限通りに納付できたかわからないが、できたとすれば、それなりの経済的基盤を有していたことにはなる。

さらに、寛元二年（一二四四）六月、大番役を勤仕するため在京していた新田太郎は、所労と称してにわかに出家、しかも六波羅探題にも、番頭（大番役勤仕のための

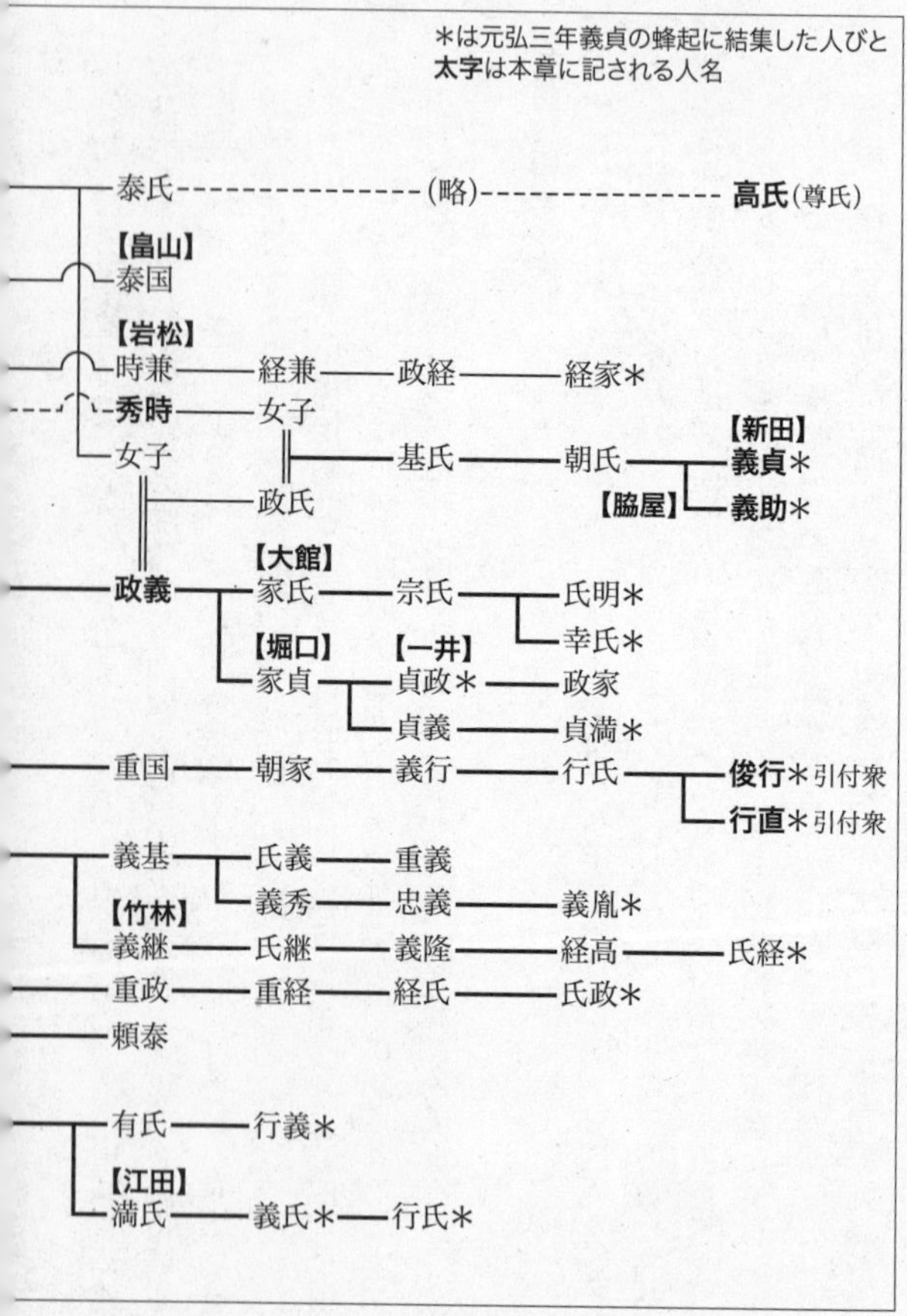
*は元弘三年義貞の蜂起に結集した人びと
太字は本章に記される人名
泰氏
(略)
高氏(尊氏)
【畠山】
泰国
【岩松】
時兼
経兼
政経
経家*
秀時
女子
【新田】
義貞*
女子
基氏
朝氏
政氏
【脇屋】
義助*
【大館】
政義
家氏
宗氏
氏明*
幸氏*
【堀口】
【一井】
家貞
貞政*
政家
貞義
貞満*
重国
朝家
義行
行氏
俊行*引付衆
行直*引付衆
義基
氏義
重義
義秀
忠義
義胤*
【竹林】
義継
氏継
義隆
経高
氏経*
重政
重経
経氏
氏政*
頼泰
有氏
行義*
【江田】
満氏
義氏*
行氏*

図」に拠る)

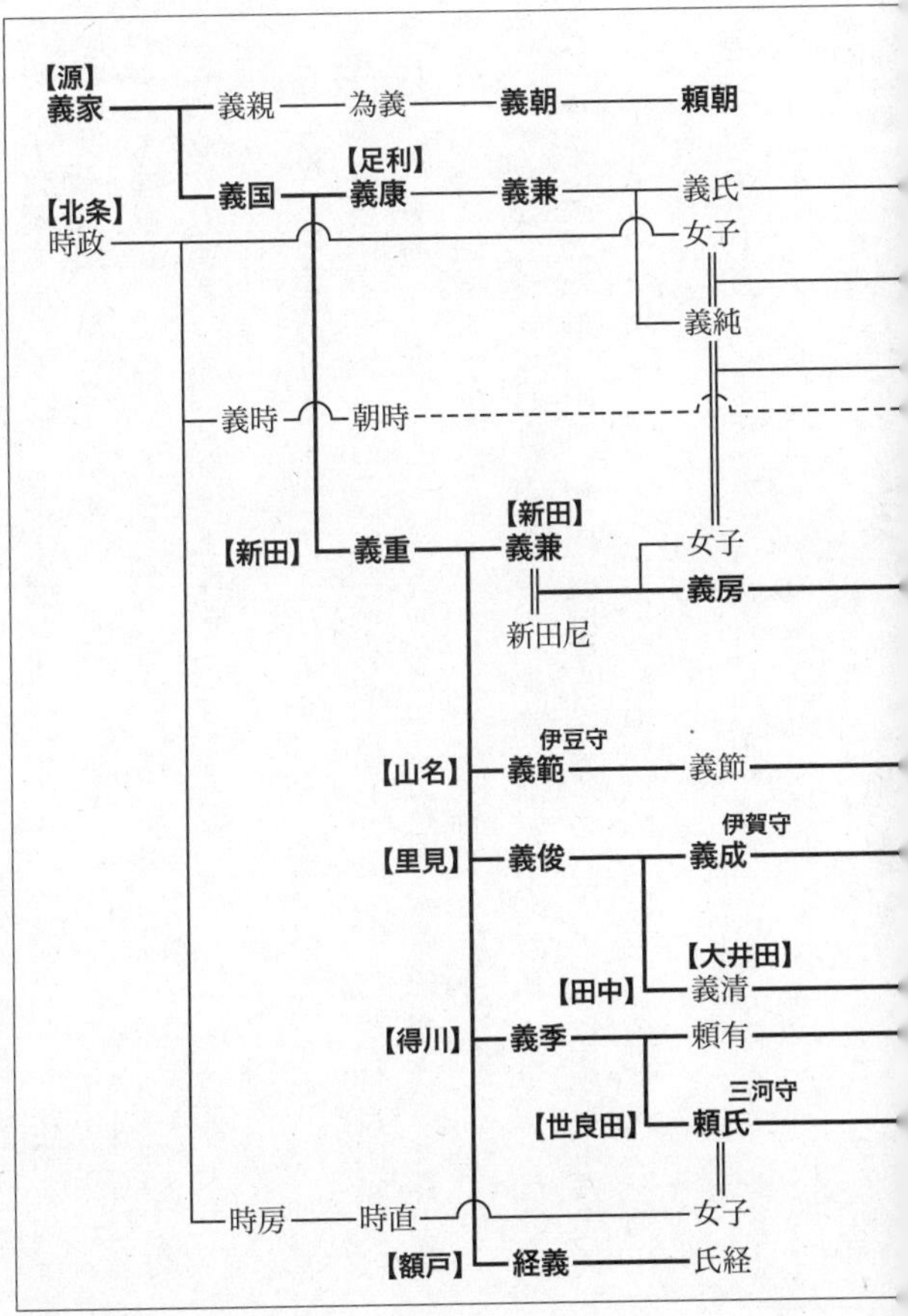

図18　新田氏と北条氏
(『尊卑分脈』・「山名系図」・〈『続群書類従』第五輯下〉・「前田家本北条系

引率者）である安達泰盛にも伝えていなかったために所領を没収された。新田太郎は、義房の子政義であろう。その十年後の建長六年（一二五四）七月、新田太郎は将軍御出時の供奉人役を差し障りがあると連絡して忌避している。この新田太郎は、自由出家した太郎政義の子政氏であろうか。とすれば、親子二代にわたって御家人役を忌避したことになるが、幕政に対する不満も考えられる。

三河守世良田頼氏の動向

政義が、自由出家によって莫大な過料を弁償したころ、一族の世良田頼氏は三河守として『吾妻鏡』に散見する。その多くは、鎌倉殿（藤原頼嗣や宗尊）外出時の供奉であり、時に御格子番衆や昼番衆であったが、特筆するできごともない。しかし、新田一族のなかで受領の官途を得たのは、頼朝当時の山名義範（伊豆守）だけであったし、さらに政義の自由出家、政氏の御家人役忌避の直後から、頼氏が『吾妻鏡』に頻出することからすれば、あるいは新田一族の惣領的立場として御家人役を勤仕していたのかもしれない。

ところが、弘長三年（一二六三）八月、鶴岡八幡宮放生会の供奉人役を命じられた時、「在国中」をもって忌避し、その後、同書では確認できない。峰岸氏は、「長楽寺系図」に文永九年（一二七二）、勘気を蒙って佐渡に流罪とあることから、同年二月に発生した二月騒動に関連して配流されたと指摘する。二月騒動については第七章を参照されたいが、北条氏と頼氏との関係は図18からわかるが、北条時宗側としてはわずかな関係からも、排除の対象と考えたのであろうか。もっとも、北条時章の嫌疑は誤解とわかり、その子孫はその後も幕政に関わっている。

なお、時章の孫にあたる秀時は、前田家本「北条系図」でしか確認できない人物であるが、新田基氏の母「平秀時女」のことであれば、その父政氏の母が「足利義氏女」であるなど、北条氏や足利氏との婚姻関係をわずかにもち続けたことになる。

御家人役にみる新田一族

建長二年（一二五〇）、閑院内裏の造営役が御家人に賦課された時、築地六本（六か所）を担当することになった「新田入道跡」、一本を担当する「山名人々」に対し、足利左馬頭入道（義氏）は「小御所」造営を担当した。なお、「～跡」は、～の子孫たちを示しているから、新田入道＝義重の子孫が負担したことを意味するが、「小御所」を義氏一人で負担する足利氏との格差は一目瞭然である。

また、文永十一年（一二七四）に罹災した六条八幡宮（京都市下京区）の復興に対し、造営料が御家人に賦課されたが、その台帳ともいうべき史料が残されている。ここでは、四六九人の御家人が「鎌倉中」（一二三人）、「在京」（二八人）、「諸国」（三一八人）に分けられ、北条時宗の五百貫文を最大に、二貫文を賦課された御家人まで、それぞれの負担額が貫高で記載されている。

この多くの御家人のなかで、約七割近くを占める一二三人の「鎌倉中」に居住する御家人に、新田一族は含まれていない。わずかに、「諸国」に分類される上野国の御家人として、里見伊賀入道跡（義成の子孫）と山名伊豆前司跡（義範の子孫）が記され、その負担額はそれぞれ七ないし六貫文である。図18に示された義成や義範の子孫に割り当てられたそれぞれの負担はさらに少額となり、足利左馬頭入道跡（義氏の子孫）の二百貫文と比べると、いかに少ないか理解できる。しかも、ここでは惣領家にあたる新田氏の名は確認できない。

新田氏が御家人役を負担していないとは考えられないが、少なくとも、御家人役負担の面からみると、山名・里見は惣領から自立した別個の御家人として幕府に把握されており、惣領家であるはずの新田氏の優位性は認められない。

上野守護と新田氏

幕政下における新田氏を考える時、注意しなければならないのは、新田荘のある上野国の守護についてである。この点については、諸説あって複雑であるが、文治五年（一一八九）の頼朝による奥羽侵攻に際し、比企能員が宇佐美実政とともに北陸道大将軍として「上野国高山・小林・大胡・左貫等住人」を動員している点から、これを守護とみるかどうかで見解が分かれる。また、『吾妻鏡』建久五年十二月一日条には頼朝が安達盛長の甘縄邸にやってきた時、上野国中の寺社を「一向管領すべし」とその場で仰せられたとあり、さらに建暦二年八月二十七日条には、盛長の子景盛が「上野国奉行」辞退を申し入れたものの許可されなかったとあることなどから、安達氏が上野国奉行人であったことがわかる。この国奉行を守護とみなすべきか、異なるものか、さらには安達氏が比企尼の女婿であったことから、近親者間の分業（守護＝比企氏、国奉行＝安達氏）とする見解まである。

しかし、比企氏が滅び、安達氏が弘安合戦で敗れると、以後、得宗がこれを掌握したことは、正応五年（一二九二）十月、北条貞時・宣時によって発給された関東御教書に、異国降伏の祈禱厳守を命じた武蔵・上野・伊豆・駿河・若狭・美作・肥後七か国の守護が得宗家であったことから明白である。また、『諏訪大明神絵詞』（『続群書類従』第三輯下）によると、内管領平頼綱が上野守護代であったとし、『梅松論』には新田義貞の蜂起に「当国守護長崎孫四郎左衛門尉」が対応したとあることなどから、御内人が守護であったとは考えられないものの、守護代としての行動とみることはできる。したがって、新田氏は新田荘のある上野国はもちろん、鎌倉時代を通じて守護に任命されず、足利氏と比較すると、恵まれた状況になかったことがわかる。

(二) 新田義貞の鎌倉攻略

義貞の踏ん切り

文保二年(一三一八)十月、新田義貞は新田荘八木沼郷(群馬県伊勢崎市)内の在家七軒、畠十五町七反を三二三貫文で売却した。当時、義貞の所領経営がどのようなものであったかは知ることができない。しかし、すでに述べてきたように、分割相続と庶子家の自立は、新田惣領家の一族に対する支配を弱体化させたと思われる。新田氏に対する幕府の冷遇、それに一族統制の破綻、これらが義貞を倒幕に向かわせた可能性は少なくない。

元弘二年(一三三二)、義貞は大番役を勤仕するため在京していた。すでに各地で騒乱が激発し、三月には後醍醐が隠岐に流され、六月には日野資朝・俊基が斬殺された。十一月に入ると、それまで行方のわからなかった楠木正成が紀伊国に現れ、さらに赤坂城(大阪府千早赤阪村)を奪い取ると、後醍醐の子護良親王も吉野(奈良県南部)で蜂起した。護良・正成を中心とする倒幕の波は、各地に波及していった。

幕府も鎮圧の軍勢を動員したため、義貞を始めとする在京中の武士も従わざるをえなかった。名越家時を大将とする大和道の軍勢に新田一族や里見一族が含まれていた。

『太平記』によれば、この陣中で義貞は被官船田義昌を護良のもとに派遣したところ、三月十一日になって、北条一族追討の令旨が下されたという。かれはこの令旨を得るや、四月初めには病気と称して帰国してしまった。

義貞の蜂起

上野国に戻った義貞は、一族を集めて倒幕の行動を開始しようとした。この時、北条高時はさらに京攻撃の軍勢を動員すべく、近辺の荘園から兵糧を集めようとした。その使者が義貞のもとにも派遣されたため、計画は発覚、高時は即座に義貞追討を命じたのである。

これに対して義貞は、弟義助の言を容れて鎌倉攻撃を決定、五月八日、新田荘内の生品神社（群馬県太田市）の社前で倒幕の行動を開始したという。その時は、一族を中心とした百五十騎ほどであったが、さらに里見・田中などの一族、越後国の新田氏も加わり、九日には武蔵国に攻め入っていた。同日、高氏の子千寿（後の義詮）が二百騎の軍勢とともに合流した。

これを迎え撃つため、北条貞国・長崎高重が派遣され、十一日には小手指原（埼玉県所沢市）で激戦が続いた。翌日には久米川（東京都東村山市）でも戦いがあったが、いずれも義貞勢の進撃を阻止することはできなかった。そのため、北条泰家（高時の弟）が鎌倉を出発、十四、五の両日、分倍河原（東京都府中市）でふたたび大規模な戦いが展開された。しかし、この戦いでも泰家勢が敗れたため、さらに金沢貞将・北条守時らが急ぎ派遣されたが、これも敗れて引き退かざるをえなかった。

ここで義貞は、軍勢を三手に分けた。第一軍は大館宗氏・江田行義を大将として極楽寺口に、第二軍は堀口貞満・大嶋守之を大将として巨福呂坂口に、さらに自身を大将とする第三軍は化粧坂口に、それぞれ進撃させることを決定し、十八日から攻撃を開始した。

鎌倉の攻防

この攻撃に、幕府勢も最後の防衛戦を試みた。総大将は、北条高成・時守および安達景氏である。さらに金沢越後左近将監が化粧坂口を、北条貞直が極楽寺口を、北条守時が洲崎を、さらに山内方面は金沢貞将がそれぞれ防衛することになった。同日午前十時頃、戦いが始まったと『太平記』は伝える。

よく知られているように、鎌倉は南は海に面し、他の三方は百メートル前後の山である。しかも、山の外側は傾斜が急であるのに、内側は緩やかになって、守るに易いという利点をもっている。この自然条件を活かして、幕府勢はよく戦った。しかし、攻撃する新田勢は大軍であった。金沢貞将は千葉貞胤の軍勢に敗れ、その日の晩には洲崎の守時勢も敗れて守時は自害、新田勢は山内周辺まで押し寄せた。

また、義貞自身は極楽寺口方面にも進撃。この日、午後二時頃には稲村崎をとおって鎌倉の前浜（由比ガ浜）に突入、民家を焼き払った。鎌倉中が騒々しくなって慌てふためいたが、その時、高時の被官長崎・諏訪氏らは決死の防戦につとめたため、かえって新田勢の大館宗氏は稲瀬川に討ち取られた。連日、鎌倉のうちそとで戦いがくり広げられた。

二十一日、義貞は干潟になった時期を見はからって、ふたたび稲村崎から鎌倉に突入した。極楽寺口の防衛戦も敗れ、これを守備していた貞直は前浜まで退いたものの、義貞の弟義助勢と戦い、郎従らとともに討ち死にした。翌二十二日、巨福呂坂の防衛戦も敗れて新田勢が突入した。この山内の戦いで、金沢貞将もよく防戦した。しかし、無勢もあって、いったん高時のいる東勝寺にもどったが、探題職の任命書が下されると、これをもってふたたび新田勢と戦い、討ち死にした。化粧坂口の防衛戦も破られた。各所で戦いがうち続き、鎌倉の各所で火の手があがった。

北条氏の滅亡

高時は、葛西谷の北条氏代々の墓所東勝寺にいた。かれのもとには、各所で敗れた北条一族や御内人がもどり始めていた。今や鎌倉も最期をむかえようとしていた。高時の眼前で一族が、そして、御内の者どもが腹を切り、あるいは父子・兄弟が刺し違えて死んでいった。そのなかで、高時も自害、残りの者が寺に火を放ち、また自害していった。その数、二百八十三人に達したと『太平記』は伝える。

九州では、すでに三月時点で挙兵した菊池武時が退けられたものの、五月二十五日には少弐貞経・大友貞宗・島津貞久らが鎮西探題を攻撃、支えきれずに北条英時が自害するなど、諸国の北条一族もつぎつぎに滅びていった。

しかし、北条氏一族やそれに与した被官群は容易に屈しなかった。とくに、陸奥津軽では建武政権に対する抵抗が「津軽大乱」と称されるほどに続いたが、それも建武元年十二月になってほぼ収束した。北条高時の遺児時行が、信濃国で蜂起、鎌倉を制圧する、いわゆる中先代の乱は、さらにその半年後である。

補論　幕府と官僚

（一）大江氏

幕府の官僚系御家人の筆頭は、大江広元であろう。幕府草創期、政所別当にも就任した広元については、上杉和彦氏『大江広元』に詳しい。下級貴族の出身でありながら、頼朝の側近として、守護・地頭の「文治の勅許」に深く関わり、頼朝亡き後は北条義時とともに幕政に大きく関わった重鎮である。しかし、その子孫は必ずしも順風ではなかった。

嫡子親広は、承元三年（一二〇九）十二月以降、建保五年（一二一七）八月まで政所別当として政所発給の下文に名を残し、承久元年（一二一九）、京都守護に任じられて上洛した。ところが、承久合戦では後鳥羽上皇に応じ、敗れて行方不明になった。「天文本大江系図」や「安中坊系譜」（『寒河江市史 「大江氏ならびに関係史料」』）では幕府の勘気を蒙った後に赦されたとあり、あるいは寒河江荘吉川邑（山形県西川町）に潜居して仁治二年（一二四一）に没したとある。確たる証拠もないが、父広元や弟時広、子の佐房が鎌倉方に留まったため、親広の子孫は処分されず、寒河江荘を伝領することになる。しかし、この一件があってであろうが、その子孫が幕政の中枢に復帰することはなかった。

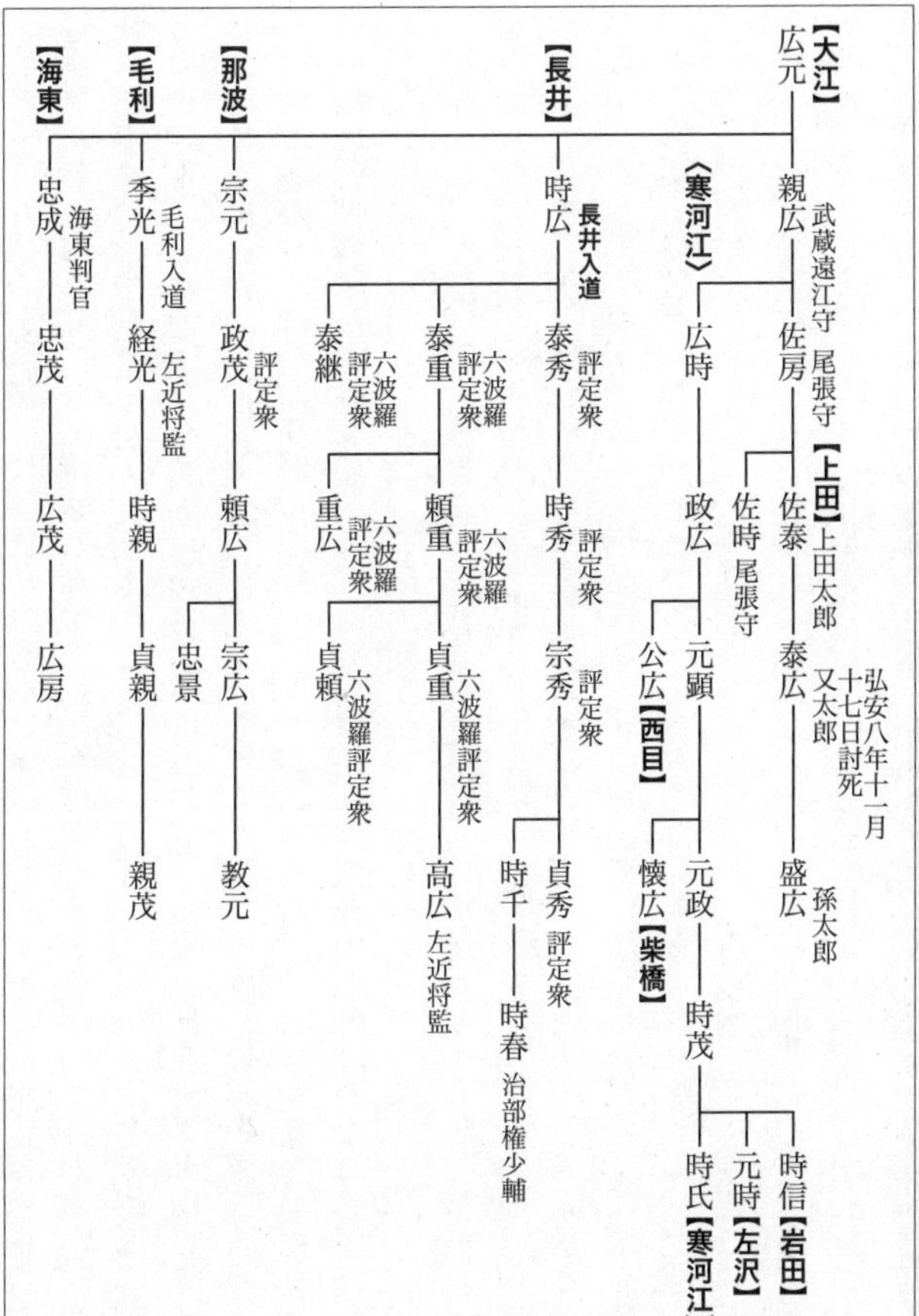

図19　大江氏略系（『尊卑分脈』・「安中坊系譜」等に拠る）

しかも、親広の失脚後、嫡子佐房は幕府に奉公したが、その孫泰広は弘安合戦に安達泰盛に与し討ち死にして没落した。これに直接関連するか不明ではあるが、寒河江荘の北端が得宗領に組み込まれ、永仁三年（一二九五）、時宗の後家覚山尼は御内人と思われる「工藤刑部左衛門入道知行分」の五か郷（山形県河北町）を円覚寺の塔頭仏日庵に寄進した。『尊卑分脈』や「天文本大江系図」には、佐房の弟広時の子孫が寒河江を名のり、ほかに荘域の地名「西目」「柴橋」「左沢」などを名のったとあるから、南北朝期の動乱を乗り切った大江一族は、寒河江荘内に分立したことがわかる。

しかし、天正十二年（一五八四）、最上義光に滅ぼされた。

次子時広は、置賜郡・成島荘・屋代荘・北条荘（山形県米沢市・長井市・南陽市等）を与えられ、「長井」を名のった。嫡子親広に比して多くの所領を得たのは、承久合戦によって親広が失脚したためであり、広元の後継者として大江氏の嫡流家となったからであろう。その子泰秀の系統が代々幕府の評定衆に任じられ、とくに宗秀は越訴頭人・執奏・引付頭人などにも就いて「寄合衆」にも加えられた。

一方、正安二年（一三〇〇）には時広の曾孫宗秀が、貞和四年（一三四八）にはその孫時春が、成島荘の成島八幡神社（山形県米沢市）修造を担当したことが棟札銘から確認できる。したがって、幕府滅亡後も時春の系統によって成島荘が支配されていたと思われるが、十四世紀末には隣接する伊達郡（福島県伊達市・伊達郡）を支配する伊達宗遠・政宗（戦国期の政宗とは異なる）父子の関与が確認され、長井氏の支配も終わったようである。

泰秀の弟泰重の子孫には、六波羅探題の評定衆に就いた者が多く、備後・丹後両国の守護職を相伝した。森幸夫氏は、御家人でありながら、蔵人や左衛門尉・検非違使に任官するなど、朝廷官職への欲求が強いと指摘する。

なお、泰重の曾孫高広は、笠置山が陥落した後、生け捕られた尊澄法親王（後醍醐天皇の皇子、後の宗良親王）を預かり、六波羅探題に移送している。長井一族は幕政、あるいは六波羅探題の要職を歴任し続けたことがわかる。ところが、その長井一族が、六波羅探題・鎌倉が攻略された元弘三年五月前後、どのように行動したか明らかにできない。

三子の那波宗元系では、建長七年（一二五五）、その子政茂が引付衆に加えられ、弘長三年（一二六三）九月に没すると、その孫忠景が六波羅評定衆に加えられたが、幕政に関わることはなかった。相模国毛利荘（神奈川県厚木市）を支配して毛利を名のる四子季光は、天福元年（一二三三）以来、評定衆の一員であり続けたが、宝治の三浦合戦で敗死し、一族の多くが没落した。そのなかで、経光のみは事件に関与せず、その子孫は安芸国吉田荘（広島県安芸高田市）を伝領し、戦国大名毛利氏として発展する。さらに、五子海東（大江）忠成も、寛元三年（一二四五）に評定衆に加えられたが、兄季光に連座して評定衆を罷免、その後、上洛して六波羅探題評定衆に加えられたが、幕政に復帰することはなかった。

（二）三善氏

草創期の幕府に大きな影響を与えた一人が、三善康信（出家して善信）であろう。頼朝の乳母の妹であった康信の母は、流人時代の頼朝に毎月三回、使者を送って京都の情勢を伝えていた。その関係から、以仁王の蜂起を頼朝に伝えたのも、康信の使者であった。頼朝の信任も厚く、広元とともに側近官僚として頼朝に仕え、元暦元年（一一八四）に問注所が設置されると、初代の執事（長官）に就いた。しかし、その担当範囲は広く、承久合戦に際しては京都攻撃を主張するなど、ときに積極的であり、頼朝没後は政子・義時の良き支援者でもあった。

康信の子行倫については、不明な点が多いが、康俊・康連は幕政に関与し、それぞれ矢野・町野・太田を家名とした。康信の後、問注所執事を継承したのは康俊の町野氏系で、ついでその子康持が継承したが、寛元四年（一二四六）康持がいわゆる「宮騒動」に関わって評定衆を除かれ、執事を罷免されると、その後は康連の太田氏系に継承された。平頼綱専権の一時期、中原親致が問注所執事に就いたものの、それ以外は三善氏が継承している。

　三善氏ということになるが、当然のことながら、評定衆や引付衆に加えられた者も多い。とくに、評定衆には当初から三善康俊・康連兄弟と甥倫重が就き、暦仁元年（一二三八）康俊が没すると、その子康持が評定衆に加わって即座に問注所執事を継承し、倫重没後はその子倫長が加えられるというように、三家三人

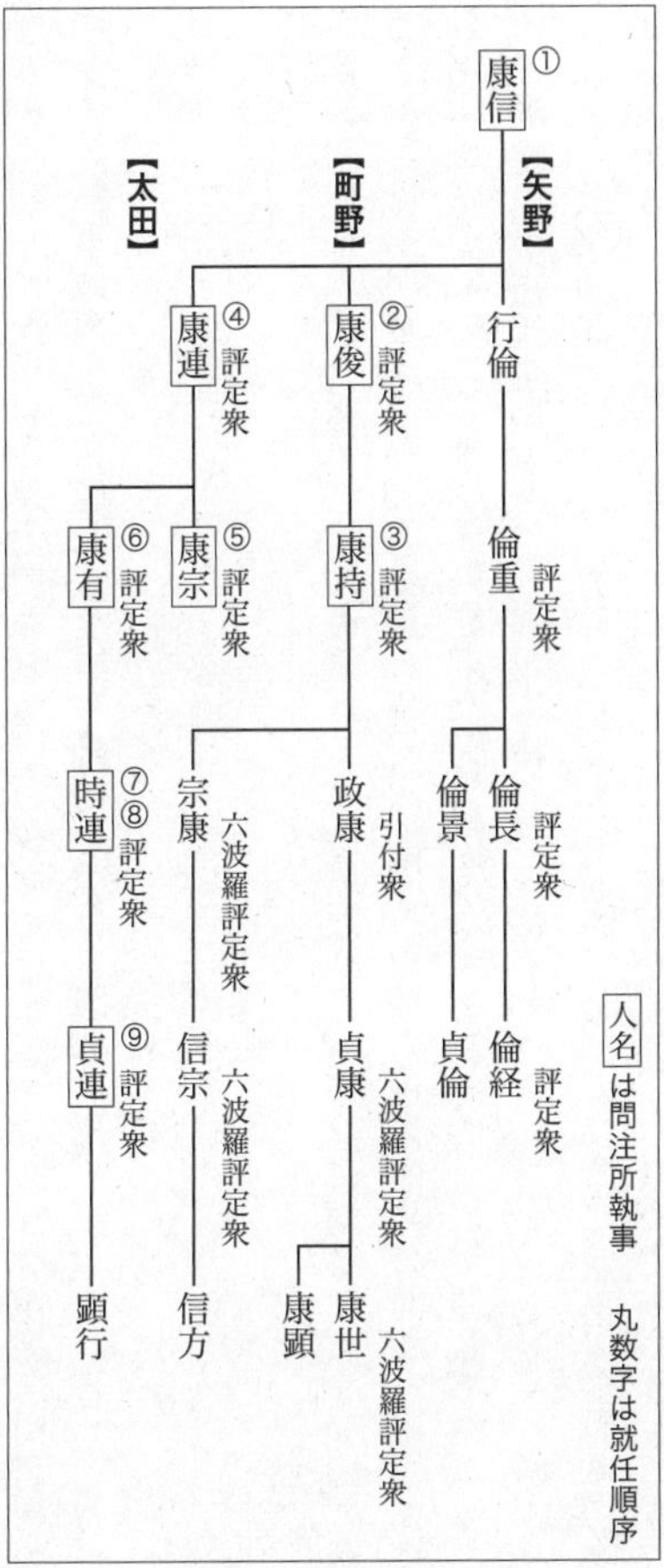

図20　三好氏略系（『関東評定衆伝』等に拠る）

制が続く。また、引付衆が設置されると、少なくとも二〜四人が評定衆・引付衆の一角を占め、幕政の中枢に確たる立場を維持し続けるのである。

(三) 二階堂氏

高校日本史の教科書に必ず記載される大江広元や三善康信に対して、まったく載ることのない二階堂氏だが、実は鎌倉幕府政治史に重要な役割を果たした官僚である。二階堂氏については、細川氏の詳細な分析があり、それを参考に整理しておこう。

二階堂氏の祖行政（ゆきまさ）が、『吾妻鏡』に初めて現れるのは、元暦元年（一一八四）八月のこと、公文所が新造され、立柱上棟を担当したのが三善康信と主計允（かずえのじょう）行政であった。翌々月、公文所の吉書始めに、別当大江広元のもと、中原親能らとともに行政も寄人（よりうど）として加わっている。すでに民部省主計寮の三等官（允）に任官しており、行政官僚としてスタートしていたのである。そのかれが、まだ覚束（おぼつか）ない頼朝の新政権に参加した理由は明らかでないが、母が熱田大宮司季範の妹であり、その姪（めい）が頼朝の母であったから、大宮司家を媒介しての勧誘であったことが指摘されている。建久元年（一一九〇）十一月、右近衛府の大将に任官、その直後に辞任した頼朝の「前右大将家」政所が翌年正月にスタートした際には次官（令）として加わっている。以後、頼朝の政権構築と運営に深く寄与した。

なお、本姓藤原行政の子孫が二階堂を称するのは、鎌倉・二階堂を本拠としたからであることはいうまでもない。「二階堂」は、奥州合戦によって平泉を制圧した頼朝が、中尊寺境内の大長寿院と称される壮大な「二階大堂」を見たことに始まる。頼朝は、数万の怨霊を宥め、「三界の苦果を救う」ことを目的に、鎌倉の地に大長寿院を模した永福寺を建立、二階堂と別称した。その地域を与えられたのが、行政であった。

その子孫について、図21（惣・庶は順不同）から、細川氏の指摘をもとにみていきたい。行政ののち、二階堂氏は行光（信濃流）・行村（隠岐流）に二分されると、行光の子孫はさらに行泰（筑前家）・行綱（伊勢家）・行忠（信濃家）、行村の子孫は元行（懐島家）・行義（出羽家）・行久（常陸家）・行方（和泉家）となって七家が成立するが、それがさらに十一家に分かれたという。そのなかで、筑前家の行頼系は六波羅評定衆に転じ、懐島家の行景が弘安合戦で討たれたため、九家が政権中枢部に残ったと指摘する。

しかも、行政が政所の次官（令）に就いたこともあってか、建保六年十二月、行光が執事に就任すると、代々「執事」就任者を輩出するようになる（図21の①〜⑮）。その多くは、行光系の子孫に継承されるのに対して、行村系でも執事二人が確認できるが、幕末期のことであった。細川氏は、鎌倉時代末期、行光（信濃）流の行忠系と行

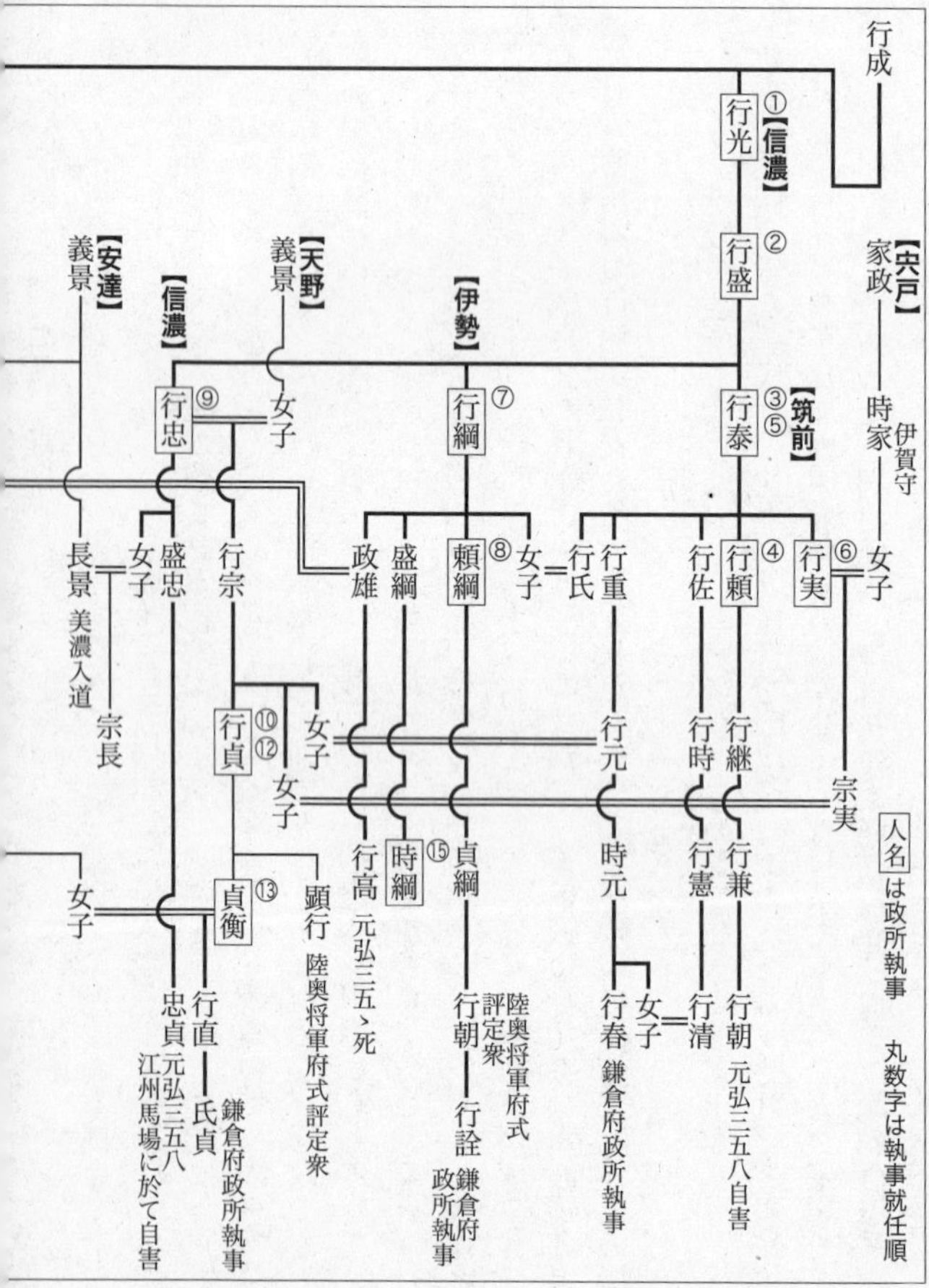

行成
【宍戸】家政
時家 伊賀守
女子
①【信濃】行光
②行盛
【筑前】③⑤行泰
⑥行実
宗実
④行頼
行継
行兼
行朝 元弘三五八自害
行佐
行時
行憲
行清
行重
行元
時元
女子
行春 鎌倉府政所執事
行氏
女子
【伊勢】⑦行綱
⑧頼綱
貞綱
行朝 陸奥将軍府式評定衆
行詮 鎌倉府政所執事
盛綱
⑮時綱
政雄
行高 元弘三五ヽ死
【天野】義景
女子
【信濃】⑨行忠
行宗
⑩⑫行貞
女子
女子
⑬貞衡
行直 鎌倉府政所執事
氏貞
顕行 陸奥将軍府式評定衆
盛忠
忠貞 元弘三五八 江州馬場に於て自害
【安達】義景
女子
長景 美濃入道
宗長
女子
人名は政所執事 丸数字は執事就任順

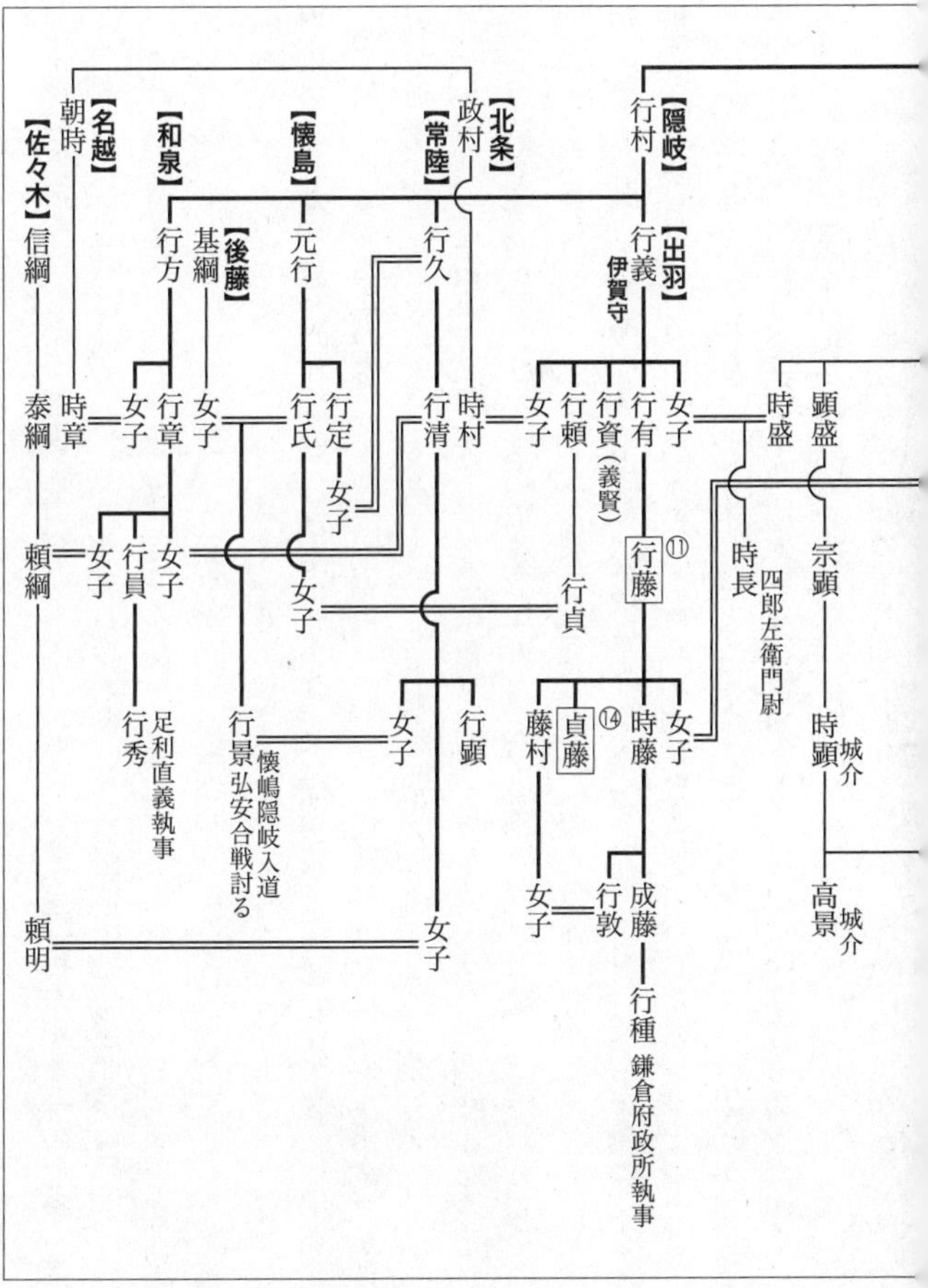

図21　二階堂氏略系（『尊卑分脈』等に拠る）

村（隠岐）流の行有系が執事・引付頭人・寄合衆に就き、評定衆止まりの七家、そして、そうした要職に就くことのできない諸家という家格秩序を設定する。

では、図21から、他の一面も考えてみたい。確認したすべての婚姻関係をまとめきるのは図面上できなかったが、二階堂氏諸家の婚姻圏をみると、少なくとも行光系と行村系との通婚が無いか、あっても、きわめてわずかであることに気づく。細川氏の指摘によれば、鎌倉時代末期に貞衡（執事⑬）の信濃家と貞藤（執事⑭）の出羽備中家で執事をめぐる「争奪」があったというが、その貞藤の姉妹と執事「争奪」から外れた行綱（伊勢家）の子政雄とのあいだに婚姻が成立しているのである。

しかも、安達義景の子孫が、二つの系統を媒介するかのように婚姻関係を設定している点にも留意したい。安達義景の子長景は、信濃家の行忠の娘と結婚した。その時期は、子宗長は二十一歳で弘安合戦に敗死したと『尊卑分脈』が記しており、文永元年（一二六四）頃であろう。当時、泰盛は評定衆にして三番引付頭人を兼ね、さらに越訴奉行にも就いた。引付衆であった行忠が評定衆に加えられたのも、そのときである。弘安六年十月、伊勢系の執事頼綱⑧が没すると、叔父（おじ）にあたる行忠⑨が執事職を継承したが、当時は泰盛が幕政に大きな影響力をもっていた時期でもあったから、この婚姻が行忠に影響を与えなかったとは言い切れない。

また、弘安合戦で敗死した宗顕の子時顕が城介を継承して幕政に復帰すると、少なくとも延慶二年（一三〇九）には「寄合衆」として活動しており、その娘が結婚した信濃系の貞衡⑬は、元徳元年（一三二九）に政所執事を父行貞⑫から受けついだ。もっとも、「争奪」の結果、貞衡の執事職は出羽備中家の貞藤⑭に移っているが、すでに時顕が引付頭人を辞した後の元弘二年（一三三二）のことである。

安達氏、二階堂氏のいずれが積極的だったかはわからないが、時の権力者との関係を意識し、あるいは幕政の遂行に事務官僚の支援は必須だったのであり、少なくとも補完の関係を築いたことが考えられる。

なお、北条氏との婚姻関係も政村流と名越流に限られ、得宗家との婚姻や乳母関係はまったく確認できない。あるいは、このことこそが、二階堂氏をして政所執事職を継承させた背景と考えることもできよう。有能にして突出せず、それでいて無関心でもない姿勢こそ、権力者にとって「良吏」だったのである。

エピローグ

御家人たちのその後

頼朝没後、幕政の権力をめぐる諸御家人の相克を描いてきた。多くの御家人が敗者となって没落した。しかし、すべての一族は全滅したのではなく、なんらかのかたちで、なかには明治維新まで生きながらえた子孫もいた。その概要は、関幸彦氏『その後の東国武士団』が要を得て簡潔である。

ところで、御家人といってもその実態はさまざまである。本書では、幕府中枢を扱うことが多かったため、とくに知られた御家人を対象とせざるをえなかったし、基本的には所領を基盤とし、幕府に奉公する御家人であった。取りあえず、ここでは「領主系御家人」と仮称しておこう。とはいっても、かれらは所領で農業経営を行うだけではなく、京都を中心とする他地域とも交流をはかり、経済活動に関与する事例も確認されている。

しかし、そのほかに、頼朝の幕府草創以来、行政のエキスパートとして、あるいは法曹官僚として政権運営に携わった人びとも、後に恩給地を得て所領経営にも関与しているのだから、領主系御家人と同じような一面をもった御家人であった。今日、かれらを「文士」と呼ぶことが増えてきたが、ここでは「官僚系御家人」と仮称しておこう。本書では、かれらについて断片的に述べたものの、補論というかたちでしか扱うことができなかったし、両者の違いを比較、検討することもできなかった。そこで、御家人たちの鎌倉後をみることによって、両者のその後をみていきたいと思う。

領主系御家人のその後

梶原氏は、景時の孫家茂が幕府に出仕していたことは第三章でも触れたが、後醍醐天皇が笠置山に籠もった時、派遣された幕府勢に「梶原上野太郎左衛門尉」がおり、かれが家茂の子孫であろうか。その後は尊氏勢に加わったようで、貞治四年（一三六五）、京都の六波羅蜜寺造営に関わった梶原景良は「関東御所」基氏の近習であった。さらに、鎌倉府関係の故実書で享徳三年（一四五四）の年次がある『殿中以下年中行事』（『群書類従』第二十二輯）には、鎌倉府の新造なった御所への公方移徙に関連して、鎧を献上する梶原下野守や同左京亮、その弟で御厩別当梶原伊勢守のほか、御所奉行梶原美作守が確認できる。かれらが、家茂の子孫かわからないが、鎌倉府に奉公する梶原氏の後裔であった。さらに次代が下るが、永禄二年（一五五九）の『小田原衆所領役帳』にも、六郷内新井宿を支配した梶原日向守や江戸馬込（ともに東京都大田区）を支配した梶原助五郎（朝景）が確認できる。

また、和田義盛の甥重茂は、義盛に与せず朝夷名義秀に討ち取られたが、その妻（義盛の弟宗実の娘）は越後国奥山荘（新潟県胎内市など）を安堵され、その子孫が継承した。しかし、分割相続による所領の狭隘化は、一族内部に相論を多発させ、和田茂明は得宗家の被官となり、嘉元三年（一三〇五）には連署北条時村の暗殺に加わるが、逃亡後も奥山荘中条を支配し続けた。南北朝、奥山荘を支配した和田一族の多くは、その文書に「三浦和田」と記すことが多くなる。そこには、鎌倉御家人三浦氏の一族であったとの自負が見え隠れしている。戦国期、和田一族は上杉氏の支配に組み込まれ、上杉景勝が会津、さらに米沢に異動されるとこれに従い、二百石の重臣として明治維新を迎えることになる。

三浦一族の佐原盛連の子たちは、北条泰時との姻戚関係から泰村に与せず、その子孫は、三浦介を継承しつつ得宗家の被官に組み込まれた。元弘三年（一三三三）五月、三浦介時継は足利・新田勢の鎌倉攻めに加わり、直義から所領を与えられた。ところが、北条高時の遺児時行が蜂起すると、時継はこれに与して斬首されるが、一方で時継の子高継や葦名盛員は足利方に与し、盛員は片瀬で戦死した。高継の子高通は、観応の擾乱に直義方に与して失脚するも、その後、復帰して相模守護職をふたたび与えられるが、そうした三浦氏の迷走は、根拠地が鎌倉の近くにあったことから、鎌倉府の影響を受けやすかったためと、山田邦明氏は指摘する。

ところで、葦名盛員の死後、その後は弟直盛が継いだといわれるが、十四世紀半ばの史料に「守護代葦名次郎左衛門尉」の存在が確認できる。さらに、南北朝期の戦乱が終わると、「会津郡の守護」と表現されるようになり、南奥の戦国大名として発展する。もっとも、佐竹義重の子義広が葦名盛隆の養子として葦名の名跡を継承するが、天正十七年（一五八九）六月、摺上原の戦いで伊達政宗に敗れて佐竹に逃れ、常陸国江戸崎領（茨城県稲敷市）を支配した。しかし、慶長七年（一六〇二）、徳川家康から所領を没収された兄佐竹義宣とともに秋田に移って角館（秋田県仙北市）領主となるも、寛永八年（一六三一）に死去、葦名の名跡も途絶えることになる。中・近世移行期も葦名氏は流転の歴史をたどったのである。

畠山重忠は、『吾妻鏡』で「性稟清潔」と形容され、『平家物語』には怪力の武人として頻出する。その謀殺後、重忠の妻（北条時政の娘）は足利義兼の子義純に再嫁し、その子泰国の子孫が畠山を名のった。その嫡流は、室町幕府の管領家（いわゆる三管領の一家）となり、泰国の孫貞国系は能登畠山氏となり、管領家の子孫とともに江戸幕府の高家となって家名を保った。一方、泰国のもう一人の孫高国の子孫は陸奥国安達郡（福島県二本松市）を支配したが、天正十四年（一五八六）七月、伊達政宗によって滅ぼされた。鎌倉以来の名門畠山氏は、葦名氏と同じく政宗によって滅ぼされたのである。

かれらは、幕府の政争に敗れ、幕府の中枢に残ることはなかったが、それが幸いしたというべきか、新天地で飛躍・発展の道を切り開いたといえる。

ところで、安達氏は、泰盛の甥泰宗（城太郎左衛門尉）が遠江国で自害したが、その娘は貞時の妻となって高時が出生した。また、顕盛の子宗顕は殺害されたが、その子時顕は、北条政村の係累であることが影響したか、あるいは平頼綱を否定した貞時によってか、幕政に復帰し「城介」を継承して五番引付頭人となり、「寄合衆」にも加えられた。しかもその娘は高時の妻となったというから、完全復帰である。しかし、鎌倉が足利千寿王（後の義詮）・新田義貞勢に攻撃されて高時以下が自害した時、「城加賀前司師顕・秋田城介師時」も同時に自害している。師顕・師時は時顕とその子高景の誤りと思われるが、北条氏とともに滅んだのである。幕府中枢に復帰したが故の族滅ということになる。比企氏も潰滅した一族であるが、頼家一辺倒の結果とみるべきで、得宗に頼った安達氏に近似する。

官僚系御家人のその後

幕府崩壊時における大江・三善・二階堂三氏の動向は、いずれも不明な点が多い。長井高広が、生け捕られた尊澄法親王を六波羅探題に移送したことはすでに触れたが、その後はわからない。

また、六波羅探題が陥落して北条仲時以下が鎌倉に逃げようとしたものの、元弘三年五月七日、近江国番場宿の蓮華寺で壮絶な最期を遂げたことは、『太平記』にも詳しい。『近江国番場宿蓮華寺過去帳』（『群書類従』第二十九輯）は、蓮華寺で討ち死に・自害した人びとが四百三十余名に及んだと記し、約百九十名の名が記載されている。そこには、二階堂伊勢入道行照のほか、六波羅評定衆として備後民部大輔康世・舎弟三郎入道善照・同彦太郎康顕・同孫太郎康明、六波羅奉行人として齋藤宮内丞教親・子息阿千丸・筑前民部大輔僑弘・同七郎左衛門尉家景らが載るが、細川氏は康世以下を三善一族（町野系）と推定する。

なお、『尊卑分脈』によれば、二階堂筑前家行頼の曾孫行朝や信濃家行忠の孫忠貞は、蓮華寺で自害している。したがって、二階堂伊勢入道行照以外は三善一族四名が、官僚系御家人として確認できるが、やはり少ない。

もちろん、官僚系御家人であるから、戦いに直接加わることがなかったことは充分考えられる。しかし、六波羅評定衆の長井氏を検討した森幸夫氏は、興福寺衆徒の強訴入京を阻止するなどの活動から、徐々に「武的側面」をも併せもつようになったと指摘する。そうした武的側面を有するようになった長井秀正（系譜不明）は、佐々木時信や常陸前司時朝とともに、迫り来る「官軍」を迎撃するため糺河原に発向している。しかし、秀正や行頼らの事例は例外的であって、六波羅陥落時にどのように対応したかわからない官僚系御家人は多い。それは、鎌倉でも同じで、『太平記』には足利千寿王・新田義貞両勢と幕府方との攻防を描いているものの、官僚系御家人の対応は記されていない。

ところが、幕府の倒壊後、後醍醐天皇のもとで構築される新政権の組織のなかに、こうした官僚系御家人の名が大量に確認されるようになる。たとえば、『建武年間記』（『続群書類従』第二十五輯）には、倒幕後に後醍醐の子義良親王・北畠顕家らが立ち上げた陸奥将軍府には、式評定衆に信濃入道行珍（二階堂行朝）、山城左衛門大夫（二階堂）顕行のほか、引付に長井貞宗が、あるいは成良親王・足利直義らによって設置された鎌倉将軍府の関東廂番衆に加えられた長井広秀、同泰広など、早くも建武政府に与したことがわかる。広秀は貞秀の子、泰広は『尊卑分脈』に載る甲斐守広泰の誤記と思われ、貞宗も系譜的に確認されないが、長井氏の一族である。

また、建武政府の組織が整備されるなかで、窪所番衆に加えられた大江貞重は、六波羅評定衆であり備後国守護でもあった長井貞重であろうし、雑訴決断所番衆に加えられた長井高広は、尊澄法親王を六波羅まで移送した人物で、貞重の子である。さらに武者所結番衆には、高広のほかに貞匡・頼秀・広秀が加えられ、町野信栄・信顕は三善一族であろう。

多くの官僚系御家人、とくに法曹官僚は、鎌倉幕府内での経験もあってか、幕府滅亡後も建武政府や鎌倉や多賀（たが）城に設置された組織に新たな活動の場を与えられたのである。その意味で、尊氏や義貞によって、北条氏一族とその関係者が排除されたにすぎず、とくに官僚系御家人は、政権を運営するノウハウを有するが故に、再就職できたのである。しかも、驚くべきことに（かどうか）、官僚系御家人と北条氏との婚姻関係は、とくに得宗家に関してはまったく確認できない。そこに（だけではないだろうが）、領主系御家人との違いがある。ときの権力者に、実は不即不離の関係を保ち、忖度（そんたく）もせず、それでいて破滅を避ける立ち位置こそ、官僚系御家人の真骨頂といえば過言であろうか。

幕府と御家人の関係は、御恩と奉公を媒介とした双務契約であったはずだ。しかし、幕府権力を背景に「一所懸命」の領地を経営（だけではないが）した領主系御家人に対して、官僚系御家人の違いは、幕府からの御恩はあくまで契約にともなう代償と考えたことにあるならば、官僚の生きざまは、いつの世もしなやかである。

領主系・官僚系それぞれの御家人は、鎌倉の幕府崩壊後も、建武の新政権を経て、室町の幕府あるいは鎌倉府、さらにはそれぞれの地域で生き残り、明治維新を迎えた場合も少なくない。鎌倉の幕府のもとで体験し、経験したかれらのＤＮＡは、ときに誤解を生じながらも、形を変えて生きながらえたのである。

あとがき

昨春（令和二年）から、新型コロナウイルス感染症に怯える二年間を過ごそうとしている。この「あとがき」を執筆している九月初旬、五十七年ぶりに東京を主会場に開催されたオリンピック・パラリンピック「TOKYO2020」が閉会式を迎えた。しかし、無観客で行われた開・閉会式や多くの試合など、予想だにしなかった。東日本大震災から十年を経て、復興五輪と銘打ったものの、いつの間にか、「コロナに打ち勝った（？）」大会として喧伝されている。そして、「多様性と調和」を謳ったこの経験を「未来へ」どのように継承していくか、これから問われてこよう。

今、累計百五十万人・死者一万六千人（全世界では二億一千万人・死者四百七十万人）を超えたコロナ感染者の激増、第五波といわれるこの惨禍がどのように終息するか、予測もつかぬ日々に、この鬱積した不安と不満のはけ口を見いだすことさえ容易ではなく、政策に対する不安・不満に向かうことも理解できる。

ちなみに、一万六千人は日清戦争中の戦・病死者一万三千人を超え、四百七十万人は第一次世界大戦における戦死者（諸説あるものの）の約三十パーセントに相当する。

現代世界が遭遇している未曾有の惨禍、まさにパンデミック(感染症の世界的流行)なのである。

少し横道にそれたが、そうした状況への対応策に対する不安・不満の背景に、言葉の軽さ、あるいは発信力の弱さも指摘されている。コロナ禍のもと、多用され、そして恣意的に使用される「エビデンス」もその一つであろう。科学的根拠に基づく判断が重要なことは、「研究」だけでなく、日常の会話にもあてはまることはいうまでもない。歴史学も同様で、歴史資料(根拠)を信憑性も含め検討して事実を導きだし、叙述され、口述される。しかし、その資料(根拠)から導き出される結果は、事実の一部であって全てでは無い。そのため、「〜と考えられる」とか「〜ではないだろうか」、「〜と思われる」と書かざるを得ず、反論・反証の余地を残す。ただし、「考えられる」、「思われる」背景に、根拠としての歴史資料があるのであって、単なる「思う」ではない。

ところが、「エビデンス」と唱えるだけで、それに立脚した科学的思考、あるいは近い将来への景色が展開されないと感じたとき、それは、狭隘(きょうあい)な発信力の吐露としか映らない。それは、「軽さ」で済まされるものではない。この惨禍に対する政策決定のプロセスについては、ありとあらゆる資料・データを歴史資料として残し、後世の評価に資することが必要である。それが、今の時代の言葉の「軽さ」を検証することにもなろう。

平成三十一年（二〇一九）四月、初期の鎌倉幕政史と個人像を描いた『北条義時』（ミネルヴァ書房）で、筆者は「変転する幕府政治のなかで、多くの御家人を滅ぼして頭角を現し」た北条氏の視点だけでなく、「滅ぼされた側にもそれなりの理由があったはず」だから、その点を描ききることによって、躍動感のある歴史像が導き出されることを述べた。さらに、「残された史料は一部であり、すべてではない」以上、「細かな事実の積み重ねのなかから……歴史事実を追求する」必要性を強調した。

本書もまた、多くの資料を根拠に用い、微細に書き継がれることが少なくないが、前著での視点から、北条氏を核としつつも、御家人側から見た幕政史を描こうとしたものである。しかし、われわれの得られる「エビデンス」も、制約された状況のなかでは、一部であって全てでは無いことを意識した（つもりである）。

本書刊行にあたり、KADOKAWAの井上直哉氏には、緻密に原稿を読み取られ、その誤りを含め、多くの指摘を受けた。聞けば、井上氏は「伊豆国北条の地」のご出身という。地の利を得た井上氏無くして、本書の刊行はなかったといってよい。また、本書の前提となる『鎌倉の豪族Ⅱ』（かまくら春秋社）は、畏友野口実氏の紹介によって執筆したものであった。野口氏とは、千葉県郷土史研究連絡協議会が刊行した『論集　千葉氏研究の諸問題』（昭和五十二年）に関わった時からの付き合いで、現在に至るまで半世紀近く、大きな刺激を受けてきた。

さらに、南房総市の「やぐら」調査にあたっては、雨降るなか、樋口正規氏が「やぐら」とその周辺を案内してくださり、歴史的人名・地名の表記・発音については黄淵熙氏（東北福祉大学教育学部准教授）および岩周宏展（周宏）氏（東北福祉大学総務部）にお世話になった。

筆者は、来春（令和四年三月）、東北福祉大学を完全退職する。平成二十九年三月に定年退職し、その後、嘱託教授として五年を過ごしてきたが、東北福祉大学の教員として最後の著書となる。上記の五氏を含め、多くの方々から、多くのご教示を得てきたことに深謝するものである。

令和三年九月七日

一日も早い平常の日々の到来を願いつつ

著者識す

主な参考文献（五十音順）

秋山哲雄「鎌倉期の若狭国守護と『若狭国守護職代々系図』」『遙かなる中世』一八　二〇〇〇年
『北条氏権力と都市鎌倉』吉川弘文館　二〇〇六年
『都市鎌倉の中世史』吉川弘文館　二〇一〇年
『鎌倉幕府滅亡と北条氏一族』吉川弘文館　二〇一三年
『鎌倉を読み解く　中世都市の内と外』勉誠出版　二〇一七年
秋山哲雄・細川重男『討論　鎌倉末期政治史』日本史史料研究会　二〇〇九年
浅野晴樹・齋藤慎一編『中世東国の世界1　北関東』高志書院　二〇〇三年
『中世東国の世界2　南関東』高志書院　二〇〇四年
阿部猛編『中世政治史の研究』日本史史料研究会　二〇一〇年
池谷初恵『鎌倉幕府草創の地　伊豆韮山の中世遺跡群』新泉社　二〇一〇年
石井清文『鎌倉幕府連署制の研究』岩田書院　二〇二〇年
石井　進「鎌倉幕府論」『岩波講座　日本歴史 中世1』一九六二年
『鎌倉武士の実像』平凡社選書　一九八七年
石井進編『中世の人と政治』吉川弘文館　一九八八年
石原比伊呂『北朝の天皇』中公新書　二〇二〇年

井上哲朗「房総半島における『やぐら』の存在形態」『中世房総の権力と社会』高科書店
一九九一年
上杉和彦『大江広元』吉川弘文館　二〇〇五年
上横手雅敬『北条泰時』吉川弘文館　一九六九年（一九五八年初版）
『日本中世政治史研究』塙書房　一九七〇年
「鎌倉幕府と公家政権」『岩波講座　日本歴史 中世1』一九七五年
『鎌倉時代政治史研究』吉川弘文館　一九九一年
『鎌倉時代―その光と影』吉川弘文館　一九九四年
上横手雅敬編『鎌倉時代の権力と制度』思文閣出版　二〇〇八年
上横手雅敬監修『古代・中世の政治と文化』思文閣出版　一九九四年
岡田清一『鎌倉の豪族Ⅱ』かまくら春秋社　一九八三年
（二〇〇一年新人物往来社から『北条得宗家の興亡』と改題して再刊）
『鎌倉幕府と東国』続群書類従完成会　二〇〇六年
『中世東国の地域社会と歴史資料』名著出版　二〇〇九年
「畠山重忠」『秩父平氏の盛衰』勉誠出版　二〇一二年
『北条義時』ミネルヴァ書房　二〇一九年
『中世南奥羽の地域諸相』汲古書院　二〇一九年
岡田清一編『河越氏の研究』名著出版　二〇〇三年
奥富敬之「陸奥国得宗領の研究（正・続）」『目白学園女子短期大学紀要』六・七号　一九

七〇〜七一年
「鎌倉北条氏の惣領制について」日本医科大学『文科研究誌』一　一九七二年
「鎌倉幕府・伊賀氏事件の周辺」日本医科大学『文科研究誌』二　一九七三年
『鎌倉北條氏の基礎的研究』吉川弘文館　一九八〇年
落合義明「北条時政と牧の方」『治承〜文治の内乱と鎌倉幕府の成立』清文堂　二〇一四年
折田悦郎「鎌倉幕府前期将軍制についての一考察（上）」『九州史学』七六　一九八三年
金澤正大『鎌倉幕府成立期の東国武士団』岩田書院　二〇一八年
川合　康『鎌倉幕府成立史の研究』校倉書房　二〇〇四年
川添昭二『北条時宗』吉川弘文館　二〇〇一年
鎌倉遺文研究会編『鎌倉時代の政治と経済』東京堂出版　一九九九年
『鎌倉時代の社会と文化』東京堂出版　一九九九年
『鎌倉期社会と史料論』東京堂出版　二〇〇二年
菊池紳一「武蔵国留守所惣検校職の再検討」『鎌倉遺文研究』二五号　二〇一〇年
「鎌倉幕府の政所と武蔵国務」『埼玉地方史』六四号　二〇一一年
「武蔵国留守所惣検校職の再検討」『秩父平氏の盛衰』勉誠出版　二〇一二年
木村茂光『初期鎌倉政権の政治史』同成社　二〇一一年
「大蔵合戦再考―一二世紀武蔵国の北と南―」『府中市郷土の森博物館紀要』二六　二〇一三年

黒田俊雄「中世の国家と天皇」『岩波講座　日本歴史 中世2』一九六三年
御家人制研究会編『御家人制の研究』吉川弘文館　一九八一年
五味文彦「源実朝―将軍独裁の崩壊」『歴史公論』五の三　一九七九年
『増補・吾妻鏡の方法』吉川弘文館　二〇〇〇年
坂井孝一『源実朝「東国の王権」を夢見た将軍』講談社選書メチエ　二〇一四年
『承久の乱　真の「武者の世」を告げる大乱』中公新書　二〇一八年
佐藤進一『鎌倉幕府訴訟制度の研究』畝傍書房　一九四三年
『増訂鎌倉幕府守護制度の研究』東京大学出版会　一九七一年
『日本中世史論集』岩波書店　一九九〇年
清水　亮『中世武士　畠山重忠　秩父平氏の嫡流』吉川弘文館　二〇一八年
清水亮編著『畠山重忠』戎光祥出版　二〇一二年
杉橋隆夫「執権・連署制の起源」『立命館文學』四二四〜四二六号　一九八〇年
「鎌倉執権政治の成立過程」『御家人制の研究』吉川弘文館　一九八一年
「牧の方の出身と政治的位置」『古代・中世の政治と文化』思文閣出版　一九九四年
鈴木由美「御家人・得宗被官としての小笠原氏―鎌倉後期長忠系小笠原氏を題材に―」『信濃』第六四巻第一二号　二〇一二年
関　幸彦『北条政子』ミネルヴァ書房　二〇〇四年
『北条時政と北条政子』山川出版社　二〇〇九年

『その後の東国武士団』　吉川弘文館　二〇一一年
『承久の乱と後鳥羽院』　吉川弘文館　二〇一二年
『その後の鎌倉』　山川出版社　二〇一八年
『敗者たちの中世争乱』　吉川弘文館　二〇二〇年
平雅行編『公武権力の変容と仏教界』　清文堂　二〇一四年
高橋慎一朗『中世の都市と武士』　吉川弘文館　一九九六年
『中世鎌倉のまちづくり』　吉川弘文館　二〇一九年
高橋秀樹『三浦一族の研究』　吉川弘文館　二〇一六年
田中　稔「史料紹介　野津本『北条系図、大友系図』」『国立歴史民俗博物館研究報告』五　一九八五年
田辺　旬「北条義時」『公武権力の変容と仏教界』　清文堂　二〇一四年
『鎌倉幕府御家人制度の研究』　吉川弘文館　一九九一年
千　葉　県『千葉県やぐら分布調査報告書』　一九九六年
永井　晋『鎌倉幕府の転換点』　日本放送出版協会　二〇〇〇年
『金沢貞顕』　吉川弘文館　二〇〇三年
『北条高時と金沢貞顕』　山川出版社　二〇〇九年
『鎌倉源氏三代記』　吉川弘文館　二〇一〇年
長村祥知「藤原秀康」『公武権力の変容と仏教界』　清文堂　二〇一四年
『中世公武関係と承久の乱』　吉川弘文館　二〇一五年

貫　達人『畠山重忠』吉川弘文館　一九七〇年（初版は一九六二年）
野口　実『坂東武士団の成立と発展』戎光祥出版　二〇一三年（初版は弘生書林　一九八二年）
『中世東国武士団の研究』高科書店　一九九四年
『列島を翔ける平安武士』吉川弘文館　二〇一七年
野口実編『治承～文治の内乱と鎌倉幕府の成立』清文堂　二〇一四年
『承久の乱の構造と展開』戎光祥出版　二〇一九年
羽下徳彦『惣領制』至文堂　一九六六年
服部英雄『蒙古襲来』山川出版社　二〇一四年
『蒙古襲来と神風』中公新書　二〇一七年
福島金治『安達泰盛と鎌倉幕府』有隣堂　二〇〇六年
『北条時宗と安達泰盛』山川出版社　二〇一〇年
福田豊彦『中世成立期の軍制と内乱』吉川弘文館　一九九五年
『室町幕府と国人一揆』吉川弘文館　一九九五年
藤本頼人「源頼家像の再検討」『鎌倉遺文研究』三三　二〇一四年
北条氏研究会編『北条氏系譜人名辞典』新人物往来社　二〇〇一年
『北条氏系譜人名辞典』新人物往来社　二〇〇一年
『武蔵武士の諸相』勉誠出版　二〇一七年
『北条氏発給文書の研究』勉誠出版　二〇一九年

細川重男『鎌倉政権得宗専制論』　吉川弘文館　二〇〇〇年
『鎌倉北条氏の神話と歴史』　日本史史料研究会　二〇〇七年
『北条氏と鎌倉幕府』　講談社選書メチエ　二〇一一年（二〇一九年『執権』と改題し講談社学術文庫として再刊）
細川重男編『鎌倉幕府の滅亡』　吉川弘文館　二〇一一年
本郷和人『新・中世王権論』　新人物往来社　二〇〇四年
『承久の乱　日本史のターニングポイント』　文春新書　二〇一九年
峰岸純夫『新田義貞』　吉川弘文館　二〇〇五年
「河越氏・畠山氏等秩父家と武蔵国留守所惣検校職」『秩父平氏の盛衰』　勉誠出版　二〇一二年
森　幸夫「伊豆守吉田経房と在庁官人北条時政」『ぐんしょ』再刊八　一九九〇年
『六波羅探題の研究』　続群書類従完成会　二〇〇五年
『北条重時』　吉川弘文館　二〇〇九年
『中世の武家官僚と奉行人』　同成社　二〇一六年
安田元久『北条義時』　吉川弘文館　一九六一年
『鎌倉開府と源頼朝』　教育社　一九七七年
『鎌倉執権政治―その展開と構造―』　教育社　一九七九年
『鎌倉御家人』　教育社　一九八一年

山田邦明『武蔵の武士団』有隣堂　一九八四年（二〇二〇年吉川弘文館より再刊）
山田邦明『鎌倉府と関東』　校倉書房　一九九五年
山野龍太郎「秩父重綱と『武蔵国留守所惣検校職』」日本史史料研究会編『日本史のまめまめしい知識』2　岩田書院　二〇一七年
湯浅治久『蒙古合戦と鎌倉幕府の滅亡』吉川弘文館　二〇一二年
湯山　学『武蔵武士の研究』岩田書院　二〇一〇年
『鎌倉府の研究』岩田書院　二〇一一年
『相模武士　一〜五』戎光祥出版　二〇一〇〜一二年
渡邊晴美『鎌倉幕府北条氏一門の研究』汲古書院　二〇一五年

［附記］本書の校正中、坂井孝一氏『鎌倉殿と執権北条氏』（NHK出版新書）が刊行された。そのなかで、①元久三年と推定される二月二十九日付の文書（『鎌倉遺文』一六〇四号）を「関東御教書」と考えられ、元久二年義時執権就位説を補強されている。しかし、この文書は奉書形式をとっていないため、「関東御教書」ではなく、元久二年執権就位の判断材料としては疑問が残る。また、②源頼朝の最初の妻（八重）は義時に再嫁し泰時が誕生したとの説を述べられている。しかし、『源平闘諍録』では相馬師常に再嫁したとある。同時代史料ではないものの、師常の子孫が伊豆山権現の塔頭般若院を開山したとの系図もあり、相馬氏と伊豆との関係が継続していることに留意したい（拙稿「鎌倉時代の相馬氏の姻族」『相馬郷土』三六、二〇二一）。

本書は、二〇〇一年四月に新人物往来社より刊行された
『北条得宗家の興亡』を大幅に加筆・修正したものです。

鎌倉殿と執権北条130年史

岡田清一

令和3年 10月25日　初版発行
令和3年 12月10日　再版発行

発行者●青柳昌行

発行●株式会社KADOKAWA
〒102-8177　東京都千代田区富士見2-13-3
電話　0570-002-301（ナビダイヤル）

角川文庫 22897

印刷所●株式会社暁印刷
製本所●本間製本株式会社

表紙画●和田三造

●お問い合わせ
https://www.kadokawa.co.jp/（「お問い合わせ」へお進みください）
※内容によっては、お答えできない場合があります。
※サポートは日本国内のみとさせていただきます。
※Japanese text only

ISBN 978-4-04-400617-4　C0121

◇◇◇